HANS PETER KUHN **odense**

HANS CHRISTIAN ANDERSEN 2005
WWW.HCA2005.COM
THE KINGDOM OF DENMARK
+
THE BIKUBEN FOUNDATION

Udgivet af / Edited by / Herausgegeben von **Odense Bys Kunstfond** · SKULPTUR I EVENTYRHAVEN 2005

Med essays af / With essays by / Mit Essays von Gernot Böhme, Helga de la Motte-Haber, Thorsten Sadowsky, Markus Steffens

Hans Peter Kuhn
odense

Med fotografier af / With photographs by / Mit Photographien von **Gerhard Kassner**

KEHRER

VÆRKER / WORKS / WERKE

28–36
Det frosne fakkeltog

37–41
Ude
(Farvevæg)

42–43
Inde – Ude
(En dag senere)

44–49
Inde
(Klangtæppe)

64–65
Heiersturm

66–67
Neues Rathaus

68–69
Raster

70–71
Salon du Livre

84–85
true colors

86–87
CHAOS A

88–91
Lichterfeld F 60

92–95
Lichtwechsel

96–97
Echtzeit 24

98–99
Aquarium

122–123
Advertising

124–125
MODULE

126–129
Installationen

130–131
Soundline

132–136
Mittwoch

INHOLD / CONTENTS / INHALT

7 FORORD
Skulptur i Eventyrhaven 2005

15 THORSTEN SADOWSKY
Strejftog gennem lys- og klangrum

51 HELGA DE LA MOTTE-HABER
I sansernes vekselspil

73 MARKUS STEFFENS
Perspektivisk

101 GERNOT BÖHME
Akustiske atmosfærer

137 HANS PETER KUHN
Biografi

141
Forfatterbiografier

143
Om vedlagte CD

144
Kolofon

7 PREFACE
Sculpture in Eventyrhaven 2005

15 THORSTEN SADOWSKY
Forays into Spaces of Light and Sound

51 HELGA DE LA MOTTE-HABER
Inter-Action of the Senses

73 MARKUS STEFFENS
In Perspective

101 GERNOT BÖHME
Acoustic Atmospheres

137 HANS PETER KUHN
Biography

141
Author's Biographies

143
About the enclosed CD

144
Colophon

7 VORWORT
Skulptur im Eventyrhaven 2005

15 THORSTEN SADOWSKY
Streifzüge durch Licht- und Klangräume

51 HELGA DE LA MOTTE-HABER
Im Wechsel-Spiel der Sinne

73 MARKUS STEFFENS
Perspektivisch

101 GERNOT BÖHME
Akustische Atmosphären

137 HANS PETER KUHN
Biographie

141
Autorenbiographien

143
Zur beiliegenden CD

144
Impressum

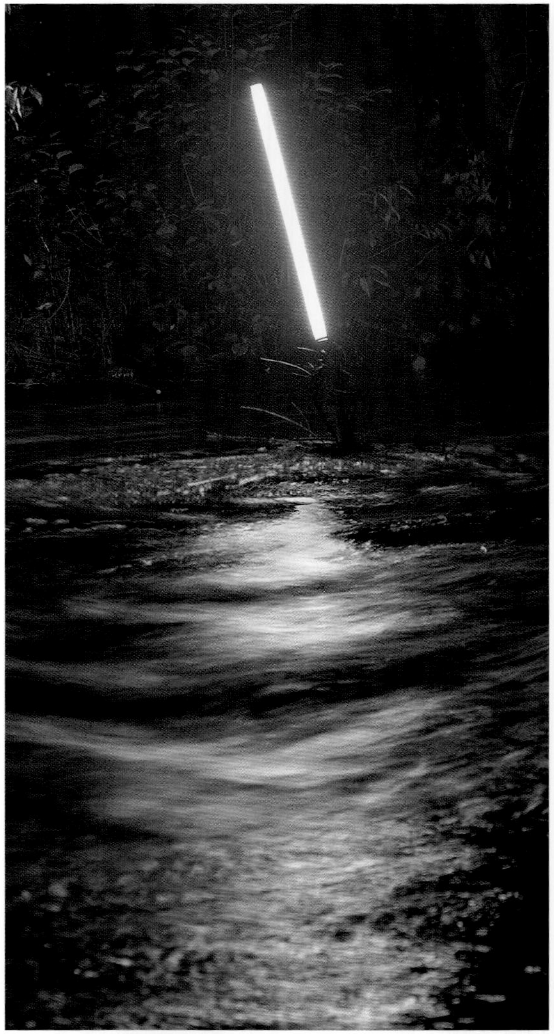

FORORD

Skulptur i Eventyrhaven 2005

Bag den stoute Odense Domkirke breder Eventyrhaven sig ud med sine grønne plæner skrånende ned fra kirken imod Odense Å. Her møder man Louis Hasselriis' statue af H.C. Andersen fra 1888, kommer over en let buet træbro og videre til rotunden og pergolaen, som blev tegnet i 1949 af den nu legendariske havearkitekt C.Th. Sørensen. Haven, der har sit udspring i Læseforeningens Have fra 1876, bærer præg af smukke træer, der har samme alder. Den ligger som et smukt åndehul midt i Danmarks tredjestørste by Odense, H.C. Andersens fødeby.

Den udendørs skulpturudstilling *Skulptur i Eventyrhaven* startede i 1961 og blev en biennale for dansk skulptur, der fortsatte til og med Odenses 1000-års jubilæumsår i 1988. Udstillingerne blev arrangeret professionelt af Dansk Billedhuggersamfund og finansieret af Odense Bys Kunstfond, som efter hver udstilling købte skulpturer til placering i byen, hvorfor Odense i dag har ikke mindre end 400 skulpturer placeret rundt om på pladser, torve, parker og langs åløb og cykelstier. Med enkelte undtagelser viste de udendørs skulpturudstillinger fortrinsvis dansk

PREFACE

Sculpture in Eventyrhaven 2005

Behind the sturdy Odense Cathedral, the green lawns of Eventyrhaven (Fairy-tale garden) slope down towards the stream running through Odense. Walking through the garden, before crossing an arched, wooden bridge and arriving at the rotunda and pergola designed in 1949 by the now legendary garden architect C. Th. Sørensen, you encounter a statue of Hans Christian Andersen, made by Louis Hasselriis in 1888. Incorporating the former garden of the Reading Society, laid out in 1876, Eventyrhaven is characterized by beautiful trees of the same age. It serves as a beautiful, recreational spot in the midst of Odense, Denmark's third-largest city and the birthplace of Hans Christian Andersen.

The first *Sculpture in Eventyrhaven* exhibition took place in 1961 and developed into a biennial, outdoor exhibition of Danish sculpture, lasting until the 1000th anniversary of the city of Odense in 1988. The exhibitions were organized professionally by the Association of Danish Sculptors and financed by the Odense City Art Foundation. After each exhibition, the Art Foundation purchased sculptures to be placed

VORWORT

Skulptur im Eventyrhaven 2005

Hinter der mächtigen Domkirche von Odense liegt der Eventyrhaven (Märchengarten), der sich mit seinen grünen Rasenflächen von der Kirche hinab bis zum Odense Å erstreckt. Hier begegnet man Louis Hasselriis' Statue von Hans Christian Andersen von 1888, und der Weg führt einen weiter über eine leicht gebogene Holzbrücke hin zu der Rotunde und der Pergola, die 1949 von dem inzwischen legendären Gartenarchitekten C. Th. Sørensen entworfen wurden. Der Garten, dessen Anlage ursprünglich auf die Lesevereinigung von 1876 zurückgeht, wird von schönen alten Bäumen geprägt. Er liegt wie eine grüne Oase im Zentrum von Odense, der drittgrößten Stadt Dänemarks und Geburtsort von Hans Christian Andersen.

Die Skulpturenausstellung *Skulptur im Eventyrhaven* fand erstmals 1961 statt und entwickelte sich zu einer Biennale für dänische Bildhauerkunst, die bis zum 1000-jährigen Stadtjubiläum Odenses im Jahre 1988 veranstaltet wurde. Die Ausstellungen wurden in der professionellen Regie der Dänischen Bildhauergesellschaft organisiert und von der Kunststiftung der Stadt Odense finanziert, die nach jeder Ausstellung

billedhuggerkunst, og udstillingerne blev både store publikums- og anmeldersucceser.

I 1988 stoppede udstillingerne, men i 1993 besluttede Odense Bys Kunstfond at genoptage dem i en ny organisation. Direktøren for Kunsthallen Brandts, Stadsdirektøren, Odense Kommune samt dennes Park- og Vejchef udgjorde den arbejdsgruppe, der praktisk gennemførte udstillingerne, dog således at man for hver udstilling valgte en billedhugger som kurator. Man besluttede sig samtidig for at arrangere udstillingerne hvert tredje år, altså som en triennale.

Den første udstilling efter reorganiseringen blev gennemført i 1993 med billedhuggeren Torben Ebbesen som kurator. Den anden blev gennemført i 1996, og da dette år samtidig var det år, hvor København var europæisk kulturby, blev det besluttet også at invitere udenlandske kunstnere. Udstillingens kurator var billedhuggeren Bjørn Nørgaard, og blandt de udenlandske kunstnere var Maria Eichhorn, Richard Wentworth og Sigurdur Gudmundsson, som Odense Bys Kunstfond også købte en skulptur af. I 1999 arrangerede billedhuggeren Mogens Møller udstillingen, denne gang igen kun med danske navne.

Tre år efter, i 2002, besluttede Odense Bys Kunstfond sig for at prøve noget nyt. En enkelt kunstner, Per Arnoldi, blev vist i Eventyrhaven, mens de resterende

around the city, which is why Odense today has no less than 400 sculptures, placed on squares and market places, in parks, and along streams and bicycle paths. With a few exceptions, these outdoor sculpture exhibitions showed mainly Danish sculptural art, and the shows became very popular with the public as well as the art critics.

The exhibitions stopped in 1988, but in 1993 the Odense City Art Foundation decided to revive them in a new organizational form. A team composed of the director of Kunsthallen Brandts, the director of the Odense municipality and the chief officer of Parks and Roads was put in charge of the practical realization of the exhibitions, while each exhibition was to be curated by a sculptor. At the same time it was decided that the exhibitions would take place every third year, i. e. as a triennial.

The first exhibition following this reorganization opened in 1993, curated by the sculptor Torben Ebbesen. The second took place in 1996, and since this was the year Copenhagen was the European Cultural Capital of the Year, it was decided to also invite artists from abroad. The exhibition was curated by the sculptor Bjørn Nørgaard, and the artists from abroad included Maria Eichhorn, Richard Wentworth and Sigurdur Gudmundsson – from whom the Odense City Art Foundation purchased a sculpture. In 1999, the sculptor Mogens

Skulpturen ankaufte, um sie in der Stadt aufzustellen. Deshalb befinden sich heute in Odense nicht weniger als 400 Skulpturen auf Plätzen, Märkten, in Parks und entlang des Flusslaufs und der Radwege. Von einzelnen Ausnahmen abgesehen, wurden in den Skulpturenausstellungen überwiegend Werke von dänischen Künstlern gezeigt, und diese Ausstellungen waren sowohl beim Publikum als auch bei der Kunstkritik sehr erfolgreich.

1988 wurde die Biennale eingestellt, doch 1993 beschloss die Kunststiftung der Stadt Odense, sie in einer neuen Organisationsform wieder aufleben zu lassen. Eine Arbeitsgruppe, bestehend aus dem Direktor der Kunsthallen Brandts, dem Stadtdirektor der Kommune Odense und dem Leiter des Amtes für Straßen- und Gartenbau, übernahm die praktische Organisation der Ausstellungen, wobei jedoch für jede Ausstellung ein Bildhauer als Kurator ausgewählt wurde. Zugleich wurde beschlossen, die Ausstellung in Zukunft alle drei Jahre, also als Triennale, zu veranstalten.

Die erste Ausstellung nach der Neuorganisation wurde 1993 eröffnet und von dem Bildhauer Torben Ebbesen kuratiert. Die zweite fand 1996 statt, und da in diesem Jahr Kopenhagen Europäische Kulturhauptstadt war, wurden auch ausländische Künstler eingeladen. Kurator dieser Ausstellung war der Bildhauer Bjørn Nørgaard. Zu den ausländischen Künstlern gehörten Maria Eichhorn, Richard Wentworth sowie

16 blev placeret i bydelen Vollsmose i Odense, hvor der bor mange borgere med indvandrerbaggrund. Udstillingen var et af de første initiativer i forbindelse med den byplanmæssige forbedring af området, der nu er inde i en særdeles positiv udvikling. En skulptur af Morten Stræde og tre af Thomas Bang har ved indkøb fra Odense Bys Kunstfond fået blivende placering i de grønne områder af Vollsmose.

Skulptur i Eventyrhaven har altid været en sommerbegivenhed begyndende i juni måned og sluttende tre måneder senere. Og med de nye udstillinger fra 1993 har det været vigtigt, at katalogerne afbildede de færdige værker på stedet, og ikke som man ofte ser det, at der kun vises skitser til værkerne.

Da udstillingen i 2005 skulle arrangeres, var det naturligt at lægge sig op ad fejringen af 200 året for H.C. Andersens fødsel. En opfordring til danske eller udenlandske kunstnere til at lave værker inspireret af eventyrdigteren i Eventyrhaven syntes både indlysende og samtidig banal. Odense Bys Kunstfond besluttede derfor, i lighed med udstillingen i 2002, at gå utraditionelle veje, idet man opfordrede én kunstner til at lave udstillingen og samtidig at flytte udstillingen til december måned, så den kunne være med til at afslutte H.C. Andersen-året. H.C. Andersen 2005 Fonden bifaldt denne idé, og sammen har de to fonde finansieret Hans Peter Kuhns *Det frosne fakkeltog*, en naturlig hyldest til eventyrdigteren, der

Møller curated the exhibition, this time going back to showing only Danish artists.

Three years later, in 2002, the Odense City Art Foundation decided to try something new. Just one artist, Per Arnoldi, was represented at Eventyrhaven, while works by the remaining 16 artists were placed in a neighbourhood in Odense named Vollsmose, housing many citizens with an immigrant background. The exhibition was one of the first initiatives in connection with the urban renewal plan for this area, at present undergoing a very positive development. One sculpture by Morten Stræde and three by Thomas Bang – purchased by the Odense City Art Foundation – are now permanently placed in the green areas of Vollsmose.

The *Sculpture in Eventyrhaven* exhibitions have always been a summertime event, starting in June and ending three months later. Since 1993, it has been considered important that the exhibition catalogue depict the finished works on location, instead of just, as was most often the case, showing only sketches of the works.

When the planning of the 2005 exhibition began, it was a natural step to link it to the celebration of the 200th anniversary of Hans Christian Andersen's birth. It seemed an obvious, even banal idea to encourage Danish or foreign artists to create works for Eventyrhaven inspired by the fairy-tale writer. Therefore, as

Sigurdur Gudmundsson, von dem die Kunststiftung der Stadt Odense auch eine Skulptur erwarb. 1999 organisierte der Bildhauer Mogens Møller die Ausstellung, dieses Mal wiederum ausschließlich mit dänischen Künstlern.

Im Jahre 2002 schließlich beschloss die Kunststiftung, einen neuen Weg zu beschreiten. Im Eventyrhaven wurde ausschließlich Per Arnoldi ausgestellt, während die übrigen 16 beteiligten Künstler in Vollsmose gezeigt wurden – einem Stadtteil von Odense, in dem viele Einwanderer leben. Die Ausstellung war eine der ersten Initiativen innerhalb eines städtebaulichen Plans zur Aufwertung dieses Stadtrandgebietes, das mittlerweile in einer sehr positiven Entwicklung begriffen ist. Eine Skulptur von Morten Stræde und drei Werke von Thomas Bang wurden von der Kunststiftung der Stadt Odense angekauft und haben dadurch einen festen Standort in den Grünanlagen von Vollsmose erhalten.

Skulptur im Eventyrhaven ist immer eine Sommerveranstaltung gewesen, die im Juni begann und drei Monate lang dauerte. Mit dem neuen Ausstellungsprofil seit 1993 wurde Wert darauf gelegt, dass im Katalog die fertigen Werke in situ abgebildet werden und nicht, wie sonst üblich, nur Entwürfe. Als die Ausstellung für das Jahr 2005 organisiert werden sollte, war es nahe liegend, sie in die Feierlichkeiten des 200. Geburtstages von Hans Christian Andersen einzubinden.

i 1867 blev æresborger i Odense og i den forbindelse hyldedes med et fakkeltog.

Hans Peter Kuhn har ladet sine 200 lysstofrør med ledsagende lyd starte i Munke Mose, et grønt område der støder op til Eventyrhaven, og ladet det fortsætte i selve haven. *Skulptur i Eventyrhaven* har herved vist, at det er en levedygtig organisme, som har en fleksibilitet, der kan tage tidens tendenser med ind sin planlægning, udformning og placering.

Samtidig med udstillingen i Eventyrhaven og Munke Mose, viser Kunsthallen Brandts en udstilling med Hans Peter Kuhn *Inde – Ude*, og nærværende katalog benytter samtidig lejligheden til at præsentere Kuhn med tidligere projekter, med projektet på Brandts og det store udendørsprojekt.

Jeg vil gerne takke arbejdsgruppen bestående af Direktøren for Kunsthallen Brandts, Karsten Ohrt, Stadsdirektør Jørgen Clausen, Odense Kommune samt Park- og Vejchef Per Glad, for rådgivning af Odense Bys Kunstfond også i denne forbindelse. En særlig tak går til inspektør Thorsten Sadowsky fra Kunsthallen Brandts, der i samarbejde med Carsten Seiffarth har kurateret det store projekt, og til udstillingssekretær Nanna Schmelling, der har holdt alle praktiske ender sammen. Endvidere skal lyde en stor tak til forlaget Kehrer Verlag og til Montana A/S, Odense Energi A/S, Dansikring A/S, Augustinus

in 2002, the Odense City Art Foundation decided to follow a non-traditional course by inviting a single artist to create the exhibition and at the same time moving it to the month of December, so that it would be part of the grand finale of the Hans Christian Andersen year. The HCA 2005 Foundation approved of the idea, and the two funds have jointly financed Hans Peter Kuhn's *Frozen Torchlight Parade (Det frosne fakkeltog)*, a tribute to the fairy-tale writer who in 1867 was made honorary freeman of the city and on that occasion was celebrated by a torchlight parade.

Hans Peter Kuhn lets his installation – consisting of 200 fluorescent tubes with accompanying sound – begin at Munke Mose, a green area adjoining Eventyrhaven, and continue into the garden itself. In this way *Sculpture in Eventyrhaven* shows itself to be a viable and flexible exhibition practice, able to incorporate contemporary trends in its planning, design and location.

Concurrent with the exhibition in Eventyrhaven and Munke Mose, Kunsthallen Brandts presents an exhibition of works by H. P. Kuhn entitled *Inside – Outside (Inde – Ude)*. This catalogue thus comprises a presentation of a selection of Kuhn's earlier projects, the project at Brandts, and the large-scale, outdoor project.

I would like to thank the team consisting of Karsten Ohrt, director of Kunsthallen Brandts, Jørgen Clausen,

Die Idee, dänische und ausländische Künstler einzuladen, vom Märchendichter des Märchengartens inspirierte Werke zu kreieren, erschien ebenso einleuchtend wie banal. Die Kunststiftung der Stadt Odense beschloss daher, genau wie bei der Ausstellung von 2002, ein neues Konzept zu wählen, indem man erstmalig einen einzelnen Künstler bat, die gesamte Ausstellung zu bestreiten, und diese gleichzeitig in den Dezember verlegte, so dass sie das Hans Christian Andersen Jahr abschließen würde. Die Stiftung H.C.Andersen 2005 begrüßte diese Idee, und beide Stiftungen stellten gemeinsam die finanziellen Mittel zur Realisierung von Hans Peter Kuhns *Der gefrorene Fackelzug (Det frosne fakkeltog)* bereit – eine Huldigung an den Märchendichter, der 1867 Ehrenbürger von Odense wurde und zu diesem Anlass mit einem Fackelzug geehrt wurde.

Hans Peter Kuhn lässt seinen Fackelzug aus 200 Leuchtstoffröhren mit akustischer Begleitung in Munke Mose beginnen, einer Grünanlage, die an den Märchengarten anschließt, und lässt diesen sich fortsetzen bis in den eigentlichen Garten. *Skulptur im Eventyrhaven* demonstriert mit diesem Projekt erneut seine Wandlungsfähigkeit. Es erbringt den Beweis, dass es in seiner Planung, seiner konkreten Gestaltung und bei Auswahl der Standorte aktuelle Tendenzen und Ereignisse einzubeziehen vermag.

Parallel zur Ausstellung im Eventyrhaven und in Munke Mose zeigt Kunsthallen Brandts eine Ausstellung

Fonden og Oticon Fonden for støtte til udstillingsprojektet og til kataloget.

Sidst, men ikke mindst, vil jeg takke kunstneren Hans Peter Kuhn, fordi han med dette projekt har været med til at sætte et smukt, poetisk og tankevækkende punktum for fejringen af 200-året for H.C. Andersens fødsel.

Borgmester Anker Boye
Formand for Odense Bys Kunstfond

director of the Odense Municipality, and Per Glad, chief officer of Parks and Roads, for acting as advisors to the Odense City Art Foundation in connection with this project. A special thanks is due to Thorsten Sadowsky of Kunsthallen Brandts who curated in cooperation with Carsten Seiffarth this large-scale project and to the exhibition secretary Nanna Schmelling who made all the ends meet. I also want to sincerely thank the Kehrer Verlag publishers as well as Montana A/S, Odense Energi A/S, Dansikring A/S, the Augustinus Foundation and the Oticon Foundation for supporting the exhibition project and the publication of this catalogue.

Last, but not least, I want to thank the artist Hans Peter Kuhn for his contribution, by way of this project, to a beautiful, poetic, and thought-provoking conclusion to the celebration of the 200th anniversary of Hans Christian Andersen's birth.

Mayor Anker Boye
Chairman of the Odense City Art Foundation

von Hans Peter Kuhn mit dem Titel *Innen – Außen (Inde – Ude)*, und der vorliegende Katalog nutzt gleichzeitig die Gelegenheit, Kuhns frühere Projekte, die Arbeiten in Kunsthallen Brandts und das große Parkprojekt zu dokumentieren.

Ich möchte dem Direktor der Kunsthallen Brandts, Karsten Ohrt, dem Stadtdirektor Jørgen Clausen und dem Leiter des Straßen- und Gartenbauamtes der Kommune Odense Per Glad dafür danken, dass sie als Mitglieder des Arbeitsausschusses die Kunststiftung der Stadt Odense erneut beraten haben. Ein besonderer Dank gebührt Thorsten Sadowsky von Kunsthallen Brandts, der in Zusammenarbeit mit Carsten Seiffarth das große Projekt kuratiert hat, und der Ausstellungssekretärin Nanna Schmelling, bei der alle organisatorischen Fäden zusammenliefen. Ferner geht ein großer Dank an den Kehrer Verlag und an Montana A/S, Odense Energi A/S, Dansikring A/S, die Augustinus Stiftung und die Oticon Stiftung für ihre Unterstützung der Ausstellung und des Kataloges.

Nicht zuletzt möchte ich dem Künstler Hans Peter Kuhn danken, weil er einen so schönen, poetischen und anregenden Schlusspunkt unter die Feiern zum 200. Geburtsjahr von Hans Christian Andersen setzt.

Anker Boye, Bürgermeister
Vorsitzender der Kunststiftung der Stadt Odense

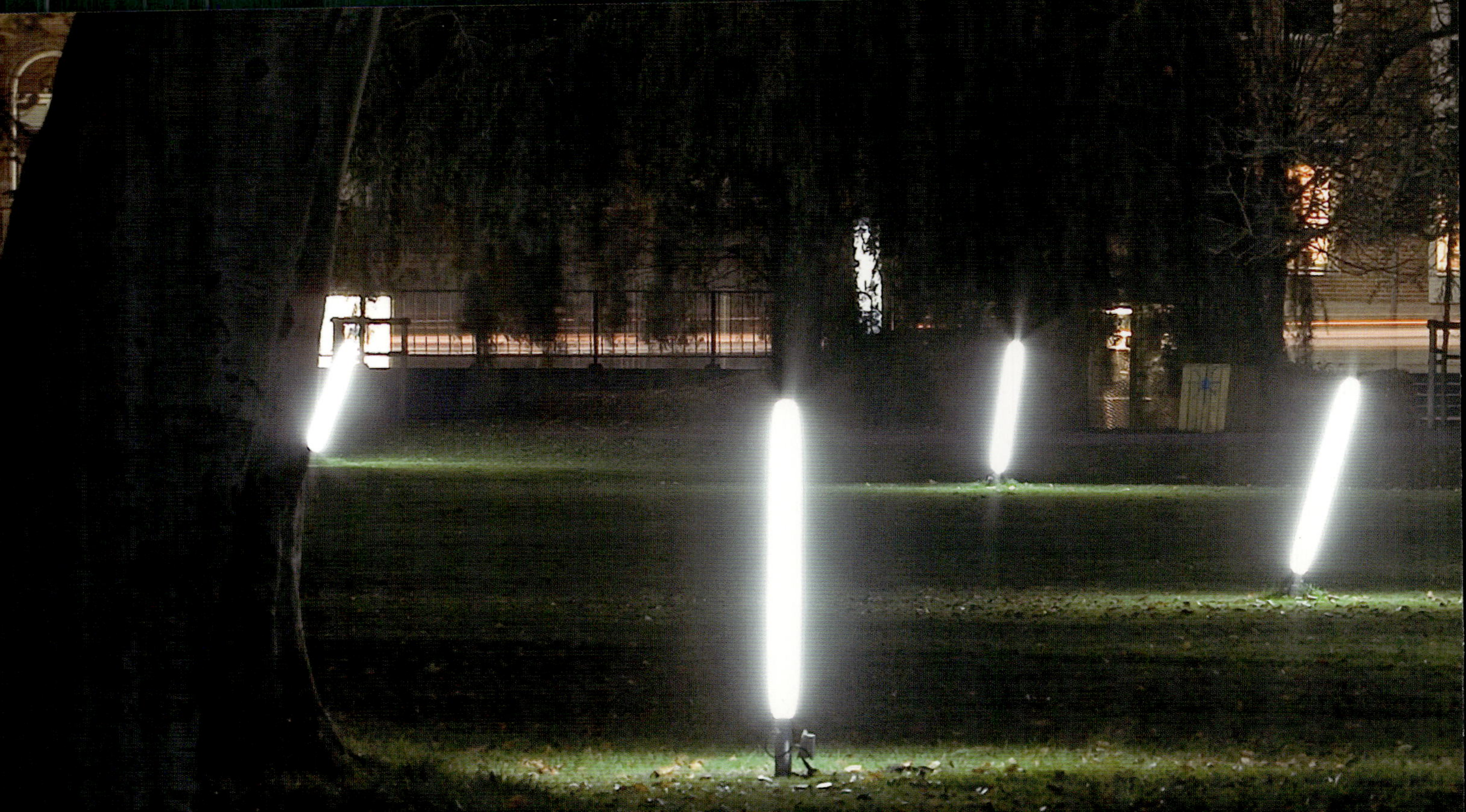

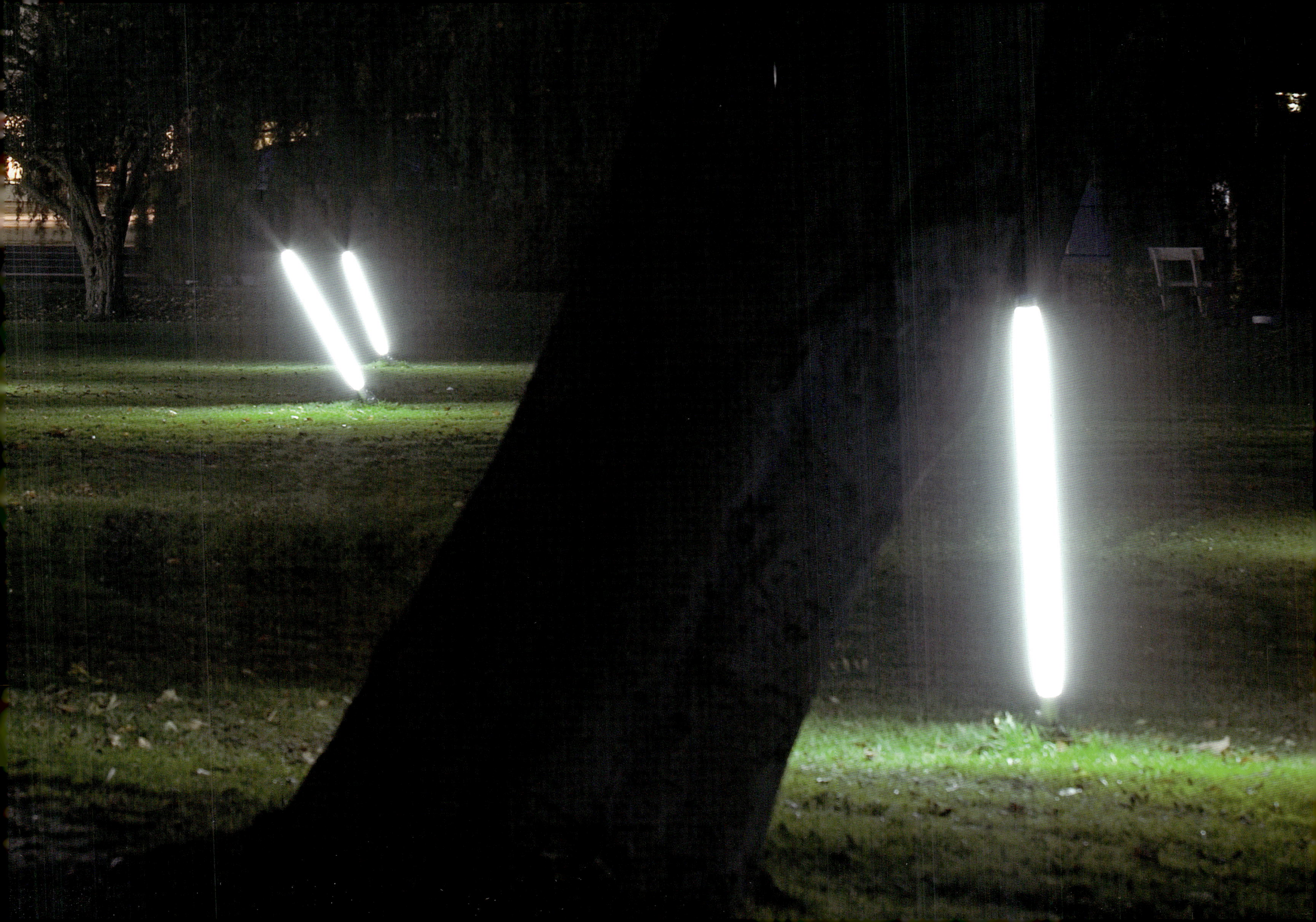

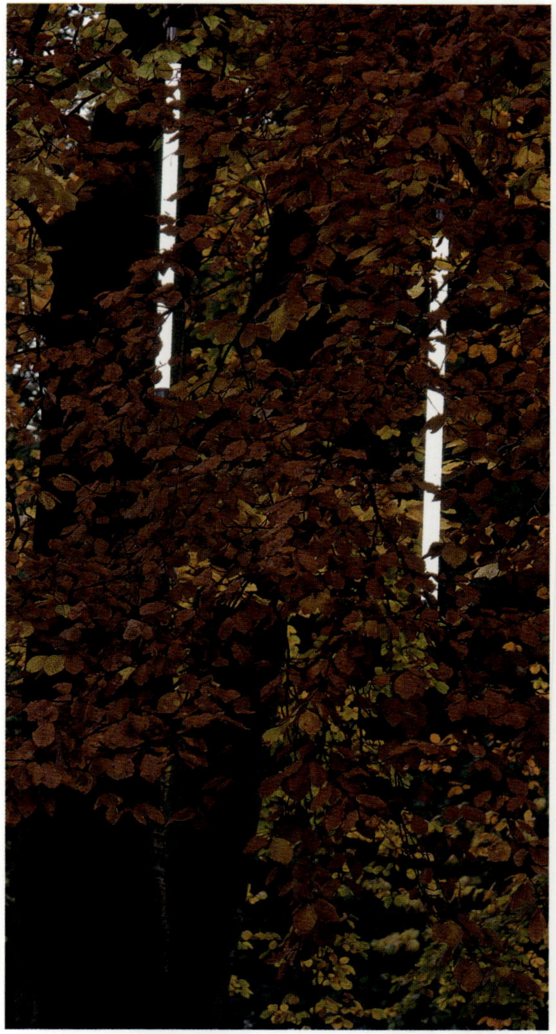

THORSTEN SADOWSKY

Strejftog gennem lys- og klangrum

»Endelig sætter en generel gåen på kryds og tværs ind [...] herhen, derhen over scenen, enhver med tiden ikke kun som en gående, undervejs, svingende med armene, agerende gående på den ene eller den anden måde, [...] et øjeblik ser det ud som om, alle gående ville drage af sted samtidig. Og nu rejser den første tilskuer sig nedenfor fra sit sæde, slutter sig til optoget, for et par øjeblikke, hvor han forvirret bevæger sig omkring på scenen som en hund eller en hare på en fodboldbane, og flygter. Og nu svinger den anden tilskuer sig op på scenen og prøver at gå med [...]. Og snart træder også den tredje tilskuer op på plateauet, fletter sig på stedet ind og mæandrer, fuldstændigt selvfølgeligt, med ind i det uophørlige optog. Kommen og gåen, kommen og gåen. Da er der blevet mørkt på pladsen.«
(P. Handke, Die Stunde da wir nichts voneinander wußten. Et skuespil, Frankfurt am Main 1995, 63f.)

I.
I Peter Handkes skuespil *Timen hvor vi ikke vidste af hinanden* bliver der ikke sagt et ord, og i stedet udfolder der sig en gangens retorik. Mennesker møder hinanden på en plads i en by, tilsyneladende tilfældigt, men samtidig måske styret af en usynlig hånd, går af sted, forfejler at mødes, vender og forsvinder til sidst igen. Scenehandlingen fremtræder her som

Forays into Spaces of Light and Sound

»A general to and fro finally sets in [...] here and there across the stage, each one in time becoming nothing more than a pure walker, underway, arms swinging, playing at walking like this or that, [...] one moment it seems that all those walking are being impelled synchronously. Then the first spectator tears himself from his seat, joins the procession and for a few moments wanders around like a dog or a rabbit on a football field, and exits. And now the second spectator throws him/herself onto the scene and tries out walking in tow [...]. And already the third spectator appears on the plateau, finds a place to merge and falls in – quite naturally – with the incessant calvacade. Coming and going, coming and going. Then the scene goes dark.« (P. Handke, Die Stunde da wir nichts voneinander wußten. Ein Schauspiel, Frankfurt am Main 1995, 63f.)

I.
In Peter Handke's play *The Hour When We Knew Nothing of Each Other*, no word is spoken, but what evolves instead is a rhetoric of walking. People meet on a city square – seemingly at random, though perhaps steered by an invisible hand – pass by, miss each other, turn back and finally walk off. The stage business here seems to be movement per se, the sensually perceptible movement of things, bodies,

Streifzüge durch Licht- und Klangräume

»Ein allgemeines Kreuz- und Quergehen setzt endlich ein [...] hierhin, dorthin über die Bühne, ein jeder mit der Zeit nichts mehr als pur ein Gehender, unterwegs, armeschwingend, so oder so das Gehen spielend, [...] einen Augenblick scheint es, alle Gehenden würden zugleich gefahren. Und jetzt reißt sich unten der Erste Zuschauer los von seinem Sitz, gesellt sich zu dem Umzug, für ein paar Augenblicke, die er auf der Szene herumirrt wie ein Hund oder ein Hase auf einem Fußballfeld, und flüchtet. Und jetzt schwingt sich der Zweite Zuschauer auf die Szene und probiert das Mitgehen [...]. Und schon erscheint auch der dritte Zuschauer auf dem Plateau, fädelt sich auf der Stelle ein und mäandert, vollkommen selbstverständlich, mit in dem unentwegten Zug. Kommen und Gehen, Kommen und Gehen. Dann ist der Platz dunkel geworden.« (P. Handke, Die Stunde da wir nichts voneinander wußten. Ein Schauspiel, Frankfurt am Main 1995, 63f.)

I.
In Peter Handkes Schauspiel *Die Stunde da wir nichts voneinander wußten* wird kein Wort gesprochen und stattdessen eine Rhetorik des Gehens entfaltet. Menschen begegnen sich auf einem städtischen Platz, scheinbar zufällig, vielleicht aber auch von unsichtbarer Hand gesteuert, gehen vorüber, verfehlen

bevægelse som sådan, som sanseoplevelsen af bevægelsen af ting, legemer, klange og lys, og i modsætning til det klassiske taleteater er det hørte ikke længere bundet til ord. Fodgængernes motorik, deres gangbevægelser, gestik og kropssprog definerer et ytringens rum, d. v. s., at selve gangen bliver retorisk og ligeledes læselig for publikum. Bevægelserne på

sounds and light, and – contrary to classical oral theatre – what is heard is no longer formulated in words. The motor activity of pedestrians, their walking movements, gestures and body language, defines the field of expression, i. e., walking itself becomes rhetorical and, so to speak, interpretable by the audience. The movements on the stage are accompanied

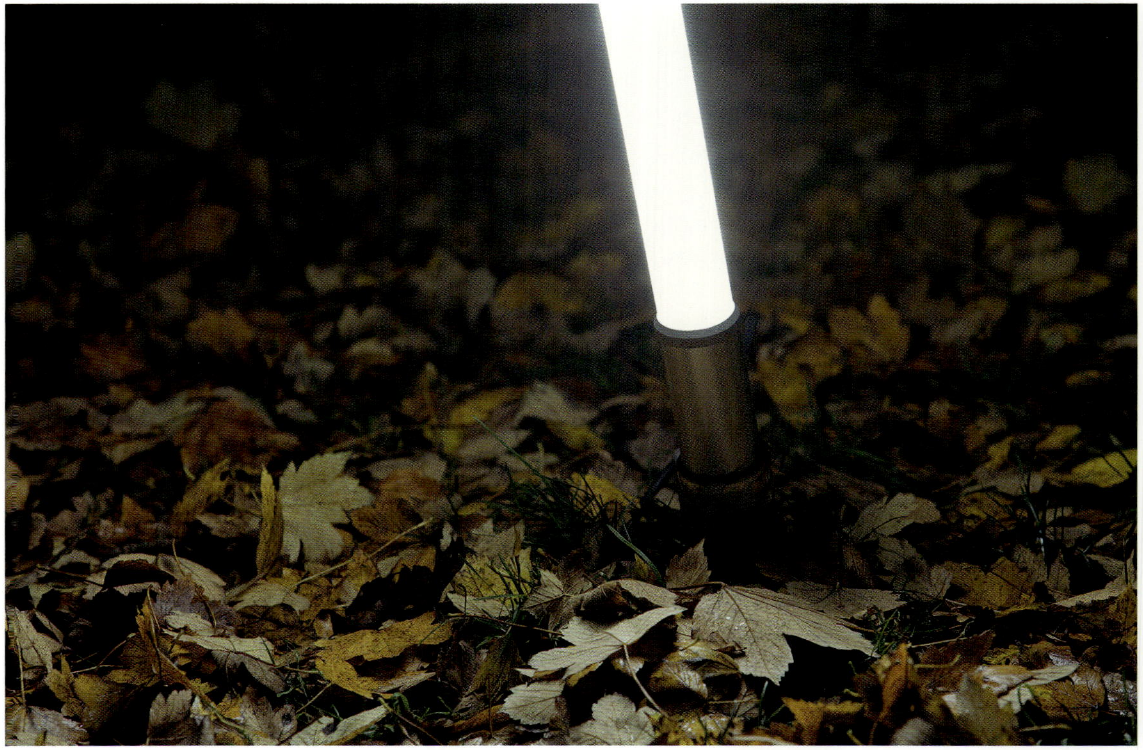

einander, kehren zurück und treten schließlich wieder ab. Das Bühnengeschehen erscheint hier als Bewegung schlechthin, als die sinnlich wahrnehmbare Bewegung von Dingen, Körpern, Klängen und Licht, und anders als beim klassischen Sprechtheater ist das Gehörte nicht länger in Worte gefasst. Die Motorik der Fußgänger, ihre Gehbewegungen, Gesten und Körpersprache definieren einen Raum der Äußerung, d. h. das Gehen selbst wird rhetorisch und gleichsam für das Publikum lesbar. Die Bewegungen auf der Bühne werden von einer Aufwertung des Auditiven begleitet, da auch non-verbale Bedeutungsträger wie Geräusche zu einem wichtigen Bestandteil des theatralischen Vokabulars werden. Handke zeigt den öffentlichen Platz in erster Linie als einen Ort der episodischen, flüchtigen und unverbindlichen Kontakte und der unerwarteten und überraschenden Impressionen. Am Ende werden auch die Zuschauer in diesen Strudel aus Bewegungen und rhythmischen Verschiebungen hineingezogen – der Beobachter verwandelt sich zum Beteiligten, der zum Spielball der Ereignisse wird.

Fortbewegungsweisen wie Gehen, Umherstreifen und Flanieren sind räumliche Äußerungen, die durch die leiblich-aktive Aneignung des Raumes auch eine bestimmte Wahrnehmungsform generieren. Während das unentwegte Kommen und Gehen der Menschen auf der Bühne, mit dem Peter Handkes Schauspiel endet, einem manischen Habitus zu entsprechen

scenen ledsages af en opvurdering af det auditive, da også non-verbale betydningsbærere som lyde bliver til en vigtig bestanddel af det teatralske vokabular. Handke viser først og fremmest den offentlige plads som et sted for de episodiske, flygtige og uforpligtende kontakter og for uventede og overraskende indtryk. Til sidst bliver også tilskueren draget ind i denne hvirvel af bevægelser og rytmiske forskydninger – betragteren forvandler sig til en deltager, der bliver til begivenhedernes kastebold.

Bevægelsesformer som gang, omstrejfen og flaneren er rumlige ytringer, der gennem den kropsligt aktive tilegnelse af rummet også genererer en bestemt erfaringsform. Mens den uophørlige kommen og gåen af menneskene på scenen, hvormed Peter Handkes skuespil ender, synes at svare til en manisk habitus, beskriver det at flanere derimod en tilbagelænet lade-sig-drive-med. Flanøren i Walter Benjamins forstand slendrer opmærksom og vidende, formålsløs og ubekymret på boulevarder og gennem passager og lader sig dermed påvirke af de mangfoldige æstetiske sansninger i byens orienteringssystem.[1] Flanørens tilbagelænethed og forvandlingen af byen til en sfære for den æstetiske og intellektuelle smag er ganske vist snarere undtagelsen. I stedet synes »afstumpningen overfor tingenes forskellighed«, som allerede filosoffen Georg Simmel for mere en hundrede år siden beskrev som styrende for den kollektive tilpasning af menneskene til de bymæssige omgivelser, at

by an upgrading of the auditory, since non-verbal signifiers such as noises become an important component of the theatrical vocabulary. Handke presents the public domain as, first and foremost, a locality for episodic, fleeting and non-committal contacts and unexpected and surprising impressions. In the end the audience is drawn into this maelstrom of movement and rhythmic shifts, transforming the spectator into a participant who becomes a plaything of circumstance.

Types of locomotion like walking, meandering, and strolling are spatial formulations that generate a certain form of perception via an active bodily appropriation of space. While a ceaseless coming and going of people on stage, which ends Peter Handke's play, seems to correspond to a manic deportment, sauntering, on the other hand, describes a laid-back letting oneself go. Walter Benjamin's *flaneur* saunters attentively and knowledgeably, aimlessly and nonchalantly along boulevards and through passageways and lets the diverse aesthetic sensations of the perceptual urban world work on him.[1] The imperturbability of the *flaneur* and the transformation of the city into a domain of aesthetic and intellectual pleasure is, nevertheless, more the exception. The rule seems to be a »deadening to the distinction between things,« which the philosopher Georg Simmel noted over one hundred years ago to be man's collective adaptation to his urban environment. In his essay *The Metropolis*

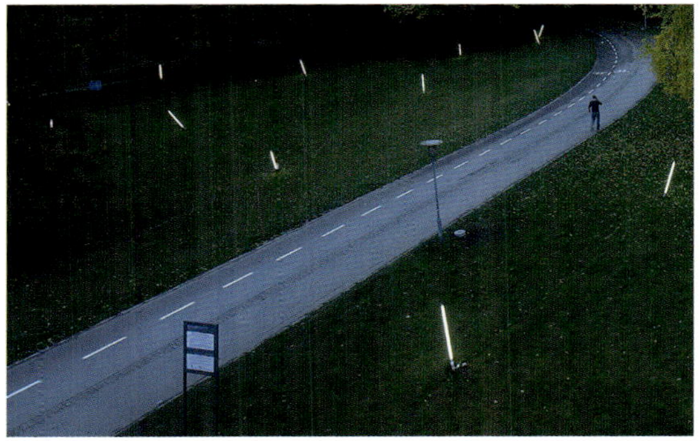

scheint, beschreibt das Flanieren hingegen ein gelassenes Sich-Treiben-Lassen. Der Flaneur im Sinne Walter Benjamins schlendert aufmerksam und kenntnisreich, ziellos und unbekümmert auf Boulevards und durch Passagen und lässt dabei die vielfältigen ästhetischen Sensationen der städtischen Merkwelt auf sich wirken.[1] Die Gelassenheit des Flaneurs und die Verwandlung der Stadt in eine Sphäre des ästhetischen und intellektuellen Genusses ist allerdings eher die Ausnahme. Stattdessen scheint die »Abstumpfung gegen die Unterschiede der Dinge«, die schon der Philosoph Georg Simmel vor mehr als hundert Jahren als eine kollektive Anpassungsleistung der Menschen an die städtische Umgebung beschrieb, die Regel zu sein. Simmel spricht in seinem Essay *Die Großstädte und das Geistesleben* von einer »Grautönung« der Wahrnehmung als Reaktion auf die visuellen und akustischen Überforderungen in der großen Stadt.[2] Tatsächlich scheint unsere Wahr-

være reglen. Simmel taler i sit essay *Storbyerne og åndslivet* (Die Großstädte und das Geistesleben) om en »gråtoning« af erfaringen som reaktion på den visuelle og akustiske overbebyrdelse i den store by.[2] Faktisk synes vores sanseerfaring i hverdagen at være forsynet med en beskyttelse mod påvirkning for at filtrere overfloden af indtryk. For ikke at overbebyrde kapaciteten af vores sanser, kan det, at overse og overhøre audiovisuelle påvirkninger helt igennem tænkes som en slags selvbeskyttelse. I klangøkologien taler man i dag om akustisk omverdensforurening gennem henholdsvis larm og lyde, der opleves som ubehagelige eller forstyrrende. Den voksende interesse for hørelsen viser sig samtidig fra en anden side med den tiltagende betydning af klangdesign i forbindelse med forskellige former for industri som for eksempel bilindustrien. Samtidig taler man om en lysforurening og lysemissioner, der forårsages af den uindskrænkede mulighed for at benytte kunstigt lys i byerne. Siden koloniseringen af natten med elektriciteten satte ind i det 19. århundrede, er udstrakte områder af mørke på tilbagetog. Det kunstige lys drager magnetisk øjet mod sig og afholder i byerne en permanent fest, under hvilken trafikbelysning, gadelygter og lysreklamer konkurrerer med hinanden. Borgerlig og merkantil selvbevidsthed deltager i lige høj grad i denne lysmøblering af byrummet, men ingen har indtil vundet overherredømmet i denne overblændingens væddekamp. Kunstigt lys er et af de mest forvandlingsdygtige medier, billigere og lettere

and Mental Life (Die Großstädte und das Geistesleben), Simmel speaks of a »gray tone« of perception as a reaction to the city's visual and acoustic overstimulation.[2] And indeed our everyday perception appears to be equipped with a protective shield that filters out the overkill of incoming impressions. Ignoring what eye and ear take in is certainly a form of self-protection. In sound ecology this is called acoustic pollution via noise or sounds that are felt to be unpleasant or irritating. The growing interest in the auditory, on the other hand, is shown in the increasing importance of sound design in different industrial branches such as that of car production. There is, at the same time, talk of light pollution and light emissions, sparked by the unrestricted use of artificial light in cities. Beginning with the electrification of the cities in the 19th century, the night has been increasingly colonized, sending large zones of darkness into retreat. Artificial light is a magnetic attraction to the eye and celebrates a permanent presence in the cities, where traffic lights, street lighting and neon advertising compete with each other. Both municipal and mercantile self-assertion participate in this illuminated embellishment of urban space though, up to now, no one has gained the upper hand in this contest. Artificial light is one of the most versatile of all the media, cheaper and lighter than other building materials, operational anywhere, formable and connectable at will and, at the same time, replete with symbolics, emotion, and sugges-

nehmung im Alltag mit einem Reizschutz versehen zu sein, um das Übermaß an Eindrücken zu filtern. Um die Kapazität unserer Sinne nicht zu überfordern, kann das Übersehen und Überhören von audiovisuellen Reizen durchaus eine Form des Selbstschutzes sein. In der Klangökologie spricht man heute von akustischer Umweltverschmutzung durch Lärm bzw. Geräusche, die als unangenehm oder störend empfunden werden. Das wachsende Interesse am Hören zeigt sich andererseits auch in der zunehmenden Bedeutung des Klangdesigns in verschiedenen Industriezweigen wie der Autoindustrie. Gleichzeitig ist von Lichtverschmutzung und Lichtemissionen die Rede, die durch die uneingeschränkte Kunstlichtfreiheit in den Städten verursacht werden. Seit mit der Elektrifizierung der Städte im 19. Jahrhundert die Kolonisierung der Nacht eingesetzt hat, sind ausgedehnte Dunkelzonen im Rückzug begriffen. Das Kunstlicht zieht das Auge magnetisch an und feiert in den Städten ein Fest in Permanenz, bei dem Verkehrsbeleuchtung, Stadtbeleuchtung und Leuchtreklamen miteinander konkurrieren. Bürgerliches und merkantiles Selbstbewusstsein sind gleichermaßen an dieser Lichtmöblierung des städtischen Raumes beteiligt, aber niemand hat in diesem Wettstreit der Überblendungen bislang die Oberhand gewonnen. Kunstlicht ist eines der wandlungsfähigsten Medien, billiger und leichter als andere Baustoffe, überall einsatzfähig, beliebig form- und schaltbar und zugleich voller Symbolkraft, Emotion und

end andre byggematerialer, muligt at placere overalt, kan formes og tændes efter behag og tillige fyldt med symbolkraft, emotioner og suggestion – når mørket gør sit indtog i byen, er det tid for de kunstige lystegn.[3]

II.

Den intermediale sammenfletning af lys og klange spiller en central rolle i den internationalt anerkendte installationskunstner og komponist Hans Peter Kuhns værk. I mere end 20 år har denne kunstner fra Berlin realiseret tildels særdeles omfattende lys- og klanginstallationer i urbane zoner, parklandskaber, forhenværende industrianlæg, såvel som på museer og i øvrige udstillingsinstitutioner. Allerede på grund af deres dimensioner alene stiller mange af disse installationer, i hvilke samspillet mellem musikalske, billedskabende og rumlige elementer kommer til udtryk, hørelsen og synet overfor en udfordring. Hele tiden drejer det sig for Kuhn om, med sine stedsspecifikke lys- og klanginstallationer, at gestalte audiovisuelle situationer, hvor æstetiske erfaringer træder frem som et veksel- og samspil mellem lys, klang og rum. Med lys og klange udformer Kuhn efemere og flygtige rum, der kan opleves med sanserne og på denne måde er reale, uden dog dermed at have en kropslig tilstedeværelse som noget konkret og håndgribeligt, man står overfor. I disse rum kan man bevæge sig omkring som i et landskab og – som blikket – lade øret vandre. Det hørte rum er et bevæge-

tiveness. Along with the advent of darkness in the city, the hour tolls for artificially lit signs.[3]

II.

The intermedial link between light and sound plays a central role in the work of the internationally renowned installation artist and composer, Hans Peter Kuhn. For over 20 years, this Berlin artist has carried out partly very large-scale light and sound installations in urban zones, parks, on former industrial premises, and in museums and exhibition halls. On the basis of their dimension alone, many of these installations – in which the coordination of musical, pictorial and spatial elements is operable – represent a challenge for both eyes and ears. For Kuhn his site-specific installations are all about mapping out audiovisual situations in which aesthetic experience is made available as the interaction and coordination of light, sound, and space. With light and audio, Kuhn designs ephemeral and fleeting spaces, i. e., phenomena that are sensually experienceable and thus real, yet are simultaneously without a concretely tangible identity that is physically present. Within these spaces you can move around in a landscape and let eye and ear roam freely. The audible space is a mobile one without any fixed borders, which by means of the coexistence and the simultaneity of the sound events is subdivided into near and far, over here and over there, right and left, fore- and background. Just as the stand-

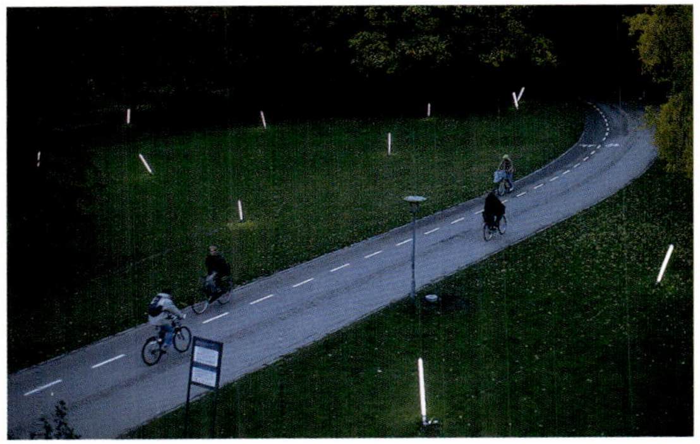

Suggestion – wenn die Dunkelheit in den Städten Einzug hält, dann schlägt die Stunde der künstlichen Lichtzeichen.[3]

II.

Die intermediale Verknüpfung von Licht und Klängen spielt eine zentrale Rolle im Werk des international renommierten Installationskünstlers und Komponisten Hans Peter Kuhn. Seit mehr als 20 Jahren realisiert der Berliner Künstler teilweise sehr großflächige Licht- und Klanginstallationen in urbanen Zonen, Parklandschaften, ehemaligen Industrieanlagen sowie in Museen und Ausstellungshäusern. Schon allein aufgrund ihrer Dimensionen stellen viele dieser Installationen, in denen das Zusammenwirken von musikalischen, bildnerischen und räumlichen Elementen zum Tragen kommt, eine Herausforderung für das Hören und Sehen dar. Stets geht es Kuhn mit seinen ort-

ligt rum uden faste grænser, der gennem klangbegivenhedernes samtidighed og deres opståen ved siden af hinanden inddeler sig i nær og fjern, her og der, højre og venstre, for- og baggrund. Ligesom placeringen af det følende og oplevende subjekt i væsentlig grad er medbestemmende for den æstetiske erfaring i betragtningen af et landskab, kan hørelsens erfaring

point of the probing and feeling subject in viewing a landscape is essentially co-determining his/her aesthetic perception, so is hearing not divisible from the space in which it takes place. The respective position in space is what defines the coordinates for the respective audible impression. Nevertheless, the audible space is distinguishable from the visual

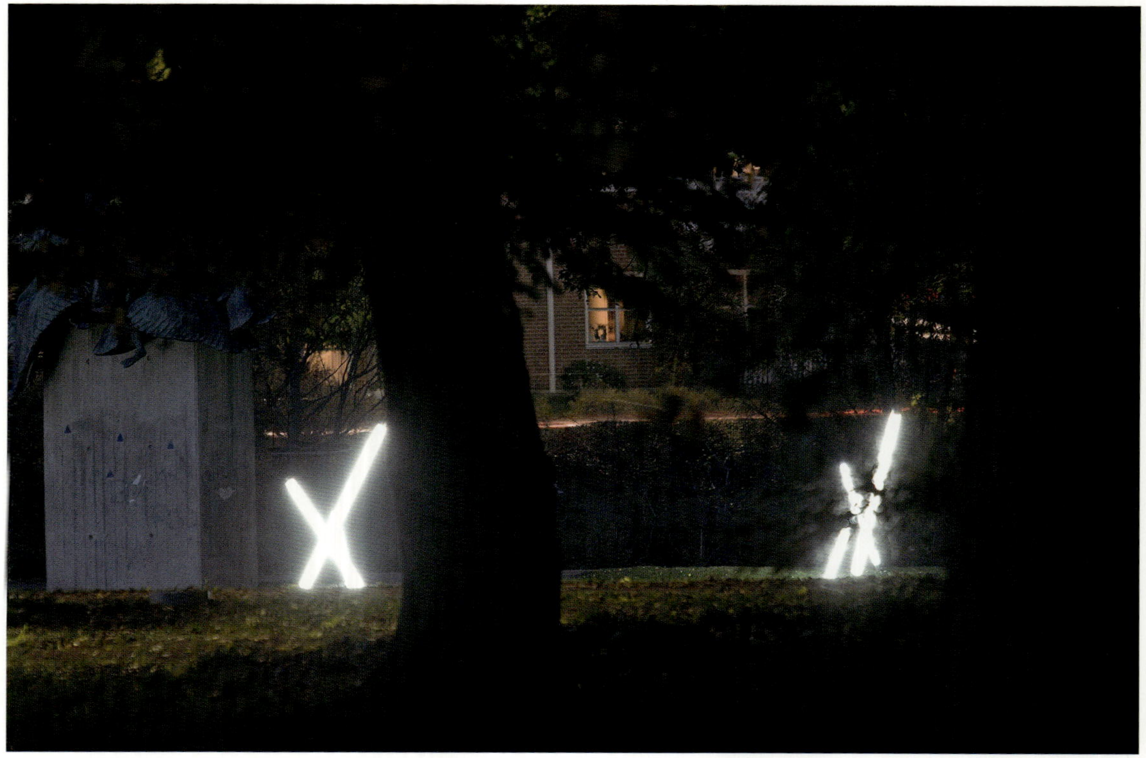

spezifischen Licht- und Klanginstallationen darum, audiovisuelle Situationen zu gestalten, in denen ästhetische Erfahrungen als ein Wechselspiel und Zusammenwirken von Licht, Klang und Raum bereitgestellt werden. Mit Licht und Klängen gestaltet Kuhn ephemere und flüchtige Räume, die als Erscheinungen sinnlich erfahrbar und in dieser Weise real sind, ohne aber zugleich als konkret fassbares Gegenüber körperlich anwesend zu sein. In diesen Räumen kann man sich umherbewegen wie in einer Landschaft und das Ohr – wie den Blick – schweifen lassen. Der gehörte Raum ist ein beweglicher Raum ohne feste Grenzen, der durch das Nebeneinander und die Gleichzeitigkeit der Klangereignisse in Nah und Fern, Hier und Dort, Rechts und Links, Vorder- und Hintergrund gegliedert wird. Ebenso wie bei der Betrachtung einer Landschaft der Standpunkt des fühlenden und empfindenden Subjekts die ästhetische Wahrnehmung wesentlich mitbestimmt, ist die Erfahrung des Hörens nicht von dem Raum zu trennen, in dem sie stattfindet. Denn die jeweilige Position im Raum bestimmt die Koordinaten für den jeweiligen Höreindruck. Gleichwohl unterscheidet sich der Hörraum dadurch vom visuellen Raum, dass man keine distanzierte Haltung zu ihm einnehmen kann. Zu jeder Zeit und aus allen Richtungen dringen Klangereignisse in das Ohr ein; Hören ist immer ein Mittendrin, ein Hineingestelltsein in die Welt.[4]

ikke adskilles fra det rum, hvor den finder sted. For den til ethvert tidspunkt givne position i rummet bestemmer koordinaterne for ethvert hørelsesindtryk. Ligeledes adskiller hørelsens rum sig fra det visuelle rum ved, at man ikke kan indtage en distanceret position i forhold til det. Til enhver tid og fra alle retninger trænger klangbegivenheder ind i øret; at høre er altid at være-midt-i, at være placeret i verden.[4]

III.

Installationen *Det frosne fakkeltog*, som Hans Peter Kuhn har realiseret i parklandskabet i hjertet af Odense i anledning af afslutningen af H.C. Andersen året, er af imponerende omfang. Den strækker sig over mere end 1 kilometer i længden, følger åløbet, der slynger sig gennem Munke Mose-anlægget, og folder sig ud, hvor parken tillader det, vidtstrakt i fladen, og inddrager endelig Eventyrhaven. Installationen består af omkring 200 lysstofrør, der i løs orden fordeler sig over det samlede parkanlæg, og som i forskellige vinkler er stukket i jorden, såvel som opstillet i åen og i bækkene og i Eventyrhaven desuden ophængt i træerne. Disse lystegn henviser til en historisk begivenhed, nemlig det fakkeltog, hvormed borgerne i Odense modtog H.C. Andersen den 6. december 1867, hvor han på rådhuset blev tildelt status af æresborger i sin fødeby. 200 år senere – den 6. december 2005 – bliver dette fakkeltog til digterens hyldest gentaget og samtidig får H.C. Andersen året 2005 denne dag sin festlige afslutning.

space by the fact that you cannot take up any kind of distancing position towards it. At any time and from all directions, sound events penetrate the ear; hearing is always something you are centred in, an immersion in the world.[4]

III.

The installation *Det frosne fakkeltog*, that Hans Peter Kuhn has realized in the heart of Odense's park to conclude the Hans Christian Andersen year, has taken on imposing dimensions. It is over 1 kilometre long, follows the course of the river that winds its way through the grounds of Munke Mose, spreads out broadly where the park allows it to and finally incorporates the Fairy-tale garden, Eventyrhaven. The installation is made up of 200 fluorescent lamps, which are loosely arranged across the entire park grounds, fixed into the ground in different places, erected in the river and the ponds, and further more placed hanging from the trees of the Fairy-tale garden. The string of lights points to an historical event, namely the torchlight parade with which the citizens of Odense on 6 December 1867 welcomed back Hans Christian Andersen, who came to the town hall to be awarded honorary citizenship in the city of his birth. 200 years later – on 6 December 2005 – this parade will be reproduced to honor the writer and at the same time ceremoniously conclude the Andersen year of 2005.

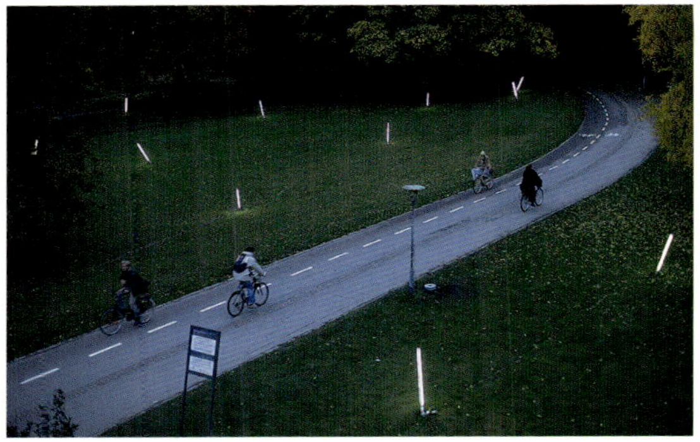

III.

Die Installation *Det frosne fakkeltog*, die Hans Peter Kuhn zum Abschluss des Hans Christian Andersen Jahres in der Parklandschaft im Herzen von Odense realisiert hat, ist von imponierenden Ausmaßen. Sie erstreckt sich über mehr als 1 Kilometer in der Länge, folgt dem Flusslauf, der sich durch die Munke-Mose-Anlage schlängelt, und entfaltet sich dort, wo der Park es zulässt, weiträumig in der Fläche und bezieht schließlich auch den Märchengarten (Eventyrhaven) mit ein. Die Installation besteht aus etwa 200 Leuchtstoffröhren, die sich in loser Anordnung über die gesamte Parkanlage verteilen und in unterschiedlichen Winkeln in den Boden gesteckt, in den Fluss und die Teiche gestellt und im Märchengarten teilweise in die Bäume gehängt sind. Diese Lichtzeichen verweisen auf ein historisches Ereignis, nämlich jenen Fackelzug, mit dem die Bürger von

Den patos, der i reglen kendetegner fakkeltog, bliver i Kuhns installation på samme tid afkølet og fastholdt, idet det historiske fakkeltog og dets nyiscenesættelse stivner i et lys-billede af kunstige lyslegemer. De, i parklandskabet svævende serielle lysstriber, genererer et *frosset*, rumligt struktureret bevægelsesbillede, et kunstigt illuminationens rum, der indskriver sig i parken, og som man skridter af og kan bevæge sig gennem. Den minimalistiske installation er her selv en forbigående fremtrædelse og ikke nogen blivende skulpturel gæst, da den efter få uger igen vil være forsvundet. Den temporære optræden af dette frosne lys-billede, der er halvt materie, og halvt skin, bliver ledsaget af hastigt susende lydstumper, der bevæger sig af sted fra de højtalere, der er fordelt over hele parken. Højtalerne er placeret i jorden og kan dermed kun anes på nært hold, hvorved indtrykket af et dynamisk bevæget og frit svævende klangrum synes at blive styrket yderligere. Men selv hvis lydkilderne havde været umiddelbart synlige, ville den visuelle rettethed mod disse ikke have haft nogen yderligere erkendelsesværdi, da højtalerne, som rene overførselsmedier, udelukkende reproducerer lagret akustisk materiale og ikke har noget med klanghændelserne selv at gøre. Dertil kommer, at hændelser for hørelsen grundlæggende har langt mindre skarpe omrids og dermed er langt vanskeligere at lokalisere end visuelle hændelser, og at et rum kan fyldes ud med lydhændelser således, at man føler sig fuldstændig omsluttet. Man betræder altså på en

The pathos – which, as a rule, is intrinsic to torchlight parade – is, as it were, cooled down and, at the same time, put on hold, in that the historical parade and its staged resurrection are mesmerized to an illuminated image of artificial light. The serial bars of light, hovering above the landscape, generate a *frozen*, spatially structured mobile image, an artificial field of illumination inscribed into the park, along which you can pace or through which you can move. Whereby the minimalist installation is itself a provisional phenomenon and not a permanent sculptural fixture, since it will disappear after a few weeks. The temporary appearance of this static light image, which is half solid and half insubstantial, is accompanied by scraps of sound that flit quickly past, moving along the loudspeakers scattered throughout the park. The loudspeakers are sunk into the ground and therefore only recognizable close-up, which seems to reinforce the impression of a freely floating field of resonance. But even if the sources of sound were immediately visible, the visual adaptation would allow for no new cognitive value since the loudspeakers, as purely transmissive media, simply reproduce recorded acoustic material and have in themselves little to do with the sound event. In addition, the sound phenomena are fundamentally less sharply defined and therefore much more difficult to locate than the visual ones, and at the same time a space lets itself be filled with sound in such a way that you feel yourself to be completely

Odense Hans Christian Andersen am 6. Dezember 1867 empfingen, als ihm im Rathaus die Ehrenbürgerschaft seiner Geburtsstadt verliehen wurde. 200 Jahre später – am 6. Dezember 2005 – wird dieser Fackelzug zur Huldigung des Dichters wiederholt und gleichzeitig das Andersen Jahr 2005 an diesem Tag seinen feierlichen Abschluss finden.

Das Pathos, das Fackelzügen in der Regel eigen ist, wird in Kuhns Installation gleichsam abgekühlt und zugleich auf Dauer gestellt, indem der historische Fackelzug und seine erneute Inszenierung zu einem Raum/Licht-Bild aus künstlichen Leuchtkörpern erstarrt. Die in der Parklandschaft schwebenden seriellen Leuchtstriche generieren ein *gefrorenes*, räumlich strukturiertes Bewegungsbild, einen künstlichen Raum der Illumination, der sich in den Park einschreibt und den man abschreiten und durch den man sich hindurchbewegen kann. Die minimalistische Installation ist dabei selbst eine vorübergehende Erscheinung und kein skulpturaler Dauergast, da sie nach wenigen Wochen wieder verschwunden sein wird. Das temporäre Auftreten dieses erstarrten Lichtbildes, das halb Materie, halb Schein ist, wird von rasch vorüberhuschenden Geräuschfetzen begleitet, die sich über die im ganzen Park verteilten Lautsprecher hinweg bewegen. Die Lautsprecher sind in den Boden eingelassen und deshalb nur aus unmittelbarer Nähe erkennbar, wodurch sich der Eindruck eines sich dynamisch bewegenden und frei

hvis måde et virtuelt rum, der i hørelseserfaringen fremtræder som springende, non-lineært og forgrenet.

Ud af natur- og hverdagslyde træder i installationen *Det frosne fakkeltog* en collage af klange, der af Hans Peter Kuhn er tænkt som en abstrakt-associativ tilnærmelse til H.C. Andersens litterære værk. Det ville unægtelig være en stor misforståelse, hvis man betragtede hans klanginstallation som en akustisk illustration af eventyrdigterens værker, der på en måde leverer lydsiden til den digteriske imagination. Snarere kan den opfattes som en invitation til parkens besøgende til at fordybe sig i en atmosfærisk klangverden, hvor det er overladt til den enkeltes oplevelse, hvilke associative fantasi- og stemningsrum han deraf sætter sammen. Kuhns valg af en *musique concrète*, der betjener sig hovedsageligt af den reale verdens klangreservoir, kan dog sagtens have noget at gøre med Andersens eventyrverden, for så vidt som det her på samme måde hyppigt er de små, oversete og overhørte ting, der oplever en opvurdering og samtidig bliver til aktører. Kuhns interesse for konkrete og naturlige klange er her først og fremmest æstetisk begrundet; det drejer sig for ham om den rent klanglige side af hans akustiske materiale, således at selv denne lydbevægelse værdsættes som musikalsk ytring. Ligeledes har enhver akustisk sansepåvirkning dog samtidig en tegnfunktion og narrative aspekter, idet den til enhver tid bliver forbundet med betyd-

surrounded. You therefore enter virtual space, so to speak, which presents itself to our ears as spasmodic, a-linear, as well as networked.

In the installation *Det frosne fakkeltog*, sound collages from nature and the everyday appear, which Hans Peter Kuhn comprehends as an abstractly associative musical approach to the literary work of Hans Christian Andersen. But it would be a crude misunderstanding to assume his sound installation to be an acoustic illustration of the master's tales, a sound that accompanies the poetic imagination, as it were. It is rather the artist's invitation extended to park visitors to immerse themselves in an atmospheric world of sound, in which it is left to each person's individual perception which associations of fantasy and mood he/she puts together. Kuhn's choice of *musique concrète* – predominantly made up of a reservoir of sounds from the real world – may have something to do with Andersen's fairy-tale world in so far, as it is, the little things we overlook and close our ears to in our everyday perceptual world that are here upgraded and, so to speak, turned into active participants. Kuhn's interest in concrete and natural sounds is, above all, aesthetically founded; what interests him is the purely auditory aspects of acoustic material, so that even mini-sound movement is appreciated as a musical expression. At the same time, however, each acoustic stimulus has a signifying function and narrative aspects, in that it is, to begin

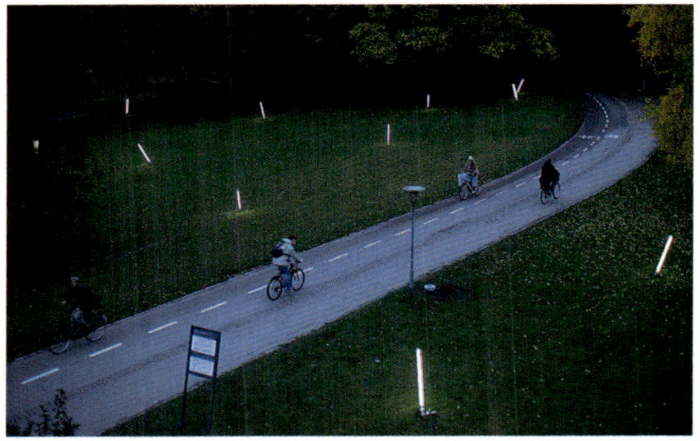

schwebenden Klangraumes noch zu verstärken scheint. Aber selbst wenn die Schallquelle unmittelbar sichtbar wäre, hätte das visuelle Ausgerichtetsein auf diese ohnehin keinen neuen Erkenntniswert, da die Lautsprecher als reine Übertragungsmedien lediglich gespeichertes akustisches Material reproduzieren und mit dem Klangereignis selbst nichts zu tun haben. Hinzu kommt, dass Hörereignisse grundsätzlich sehr viel weniger scharf umrissen und damit auch weitaus schwieriger zu lokalisieren sind als Sehereignisse, und zudem ein Raum derart mit Hörereignissen ausgefüllt werden kann, dass man sich gänzlich umhüllt fühlt. Man betritt also gewissermaßen einen virtuellen Raum, der sich der Hörwahrnehmung als sprunghaft, alinear und zugleich vernetzt darstellt.

In der Installation *Det frosne fakkeltog* treten aus Natur- und Alltagsgeräuschen collagierte Klänge auf,

ninger og optræder som tegn, der henviser til en hændelse eller situation. Kuhn forsøger gennem kompositoriske indgreb at reducere den henvisningskarakter, som lyden, ved at være lyden af noget, altid bærer med sig, idet han teknisk bearbejder klangene således, at de fremtræder mere abstrakte, åbne og flertydige.[5] Hans Peter Kuhn råder over et omfangs-

with, always linked to meanings and appears as a signifier that refers to an event or a situation. Kuhn, by means of compositional intervention, tries to reduce this referential character inherent to sound – as the sound of something – by reworking it technically in such a way that it appears more abstract, more open and more ambiguous.[5]

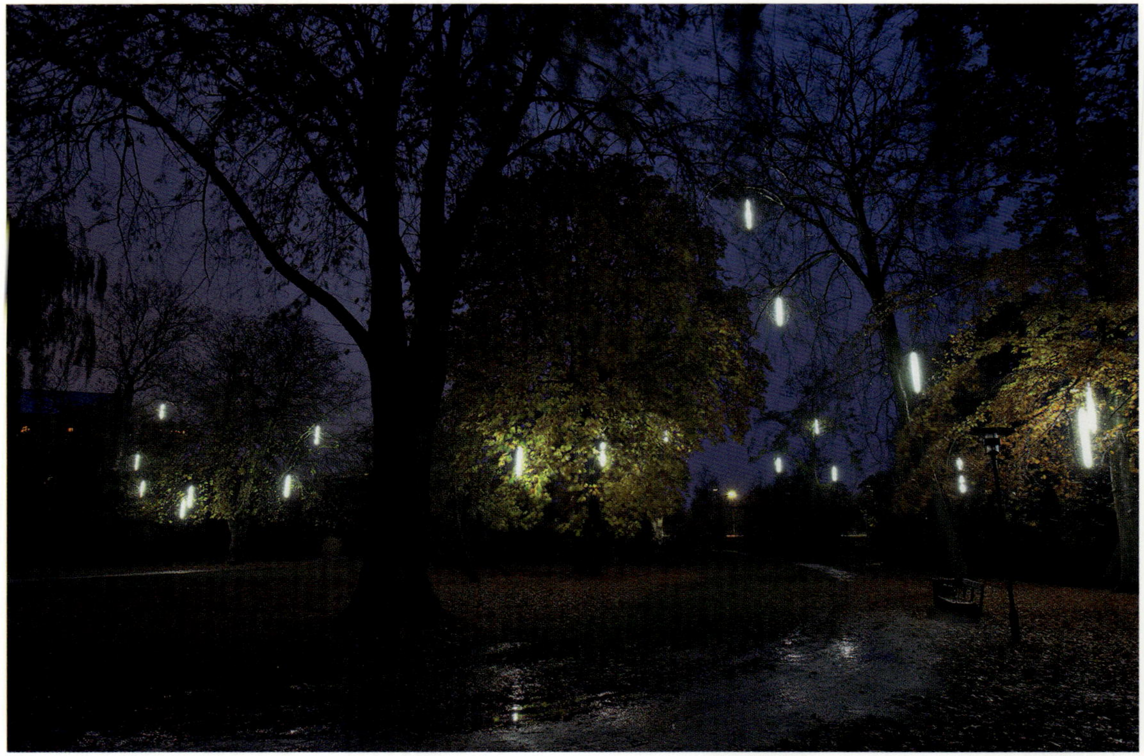

die Hans Peter Kuhn als abstrakt-assoziative musikalische Annäherung an das literarische Werk Hans Christian Andersens verstanden wissen will. Es wäre allerdings ein grobes Missverständnis, würde man seine Klanginstallation als eine akustische Illustration der Werke des Märchendichters auffassen, die gleichsam den Sound zur dichterischen Imagination liefert. Vielmehr kann sie als Einladung des Künstlers an die Parkbesucher verstanden werden, sich in eine atmosphärische Klangwelt zu versenken, in der es der individuellen Wahrnehmung des Einzelnen überlassen ist, welche assoziativen Phantasie- und Stimmungsräume er sich daraus zusammensetzt. Kuhns Entscheidung für eine *musique concrète*, die sich vorwiegend aus dem Klangreservoir der realen Welt bedient, mag mit der Märchenwelt Andersens insoweit etwas zu tun haben, als dass es hier gleichermaßen häufig die kleinen, übersehenen oder überhörten Dinge der alltäglichen Merkwelt sind, die eine Aufwertung erfahren und gleichsam zu Akteuren werden. Kuhns Interesse an konkreten und natürlichen Klängen ist indessen vor allem ästhetisch begründet; es geht ihm um die rein klanglichen Aspekte seines akustischen Materials, so dass selbst die kleine Geräuschbewegung als musikalische Äußerung wertgeschätzt wird. Zugleich aber hat jeder akustische Reiz eine Zeichenfunktion und narrative Aspekte, indem er zunächst immer mit Bedeutungen verknüpft wird und als ein Zeichen auftritt, das auf ein Ereignis oder eine Situation verweist. Kuhn versucht durch kom-

rigt arkiv med optagelser af konkrete lyde, der er hentet fra vidt forskellige ting og steder. Det naturlige akustiske materiale bliver under kompositionsprocesen underkastet en elektronisk bearbejdning, i hvilken udgangsklangene og lydene kommer under den »akustiske lup«[6] og gennem beskæring, opdeling, strækning, forstærkning, forstørrelse og ved at blive lagt oven i hinanden, bliver forbundet i en musikalsk collage. Gennem denne musikalisering bliver lydene til en hvis grad adskilt fra deres årsager, således at tilbageføringen af klangene til den synlige verdens fremtrædelser og kontekster – skrigene fra måger erindrer ikke kun om bestemte fugle, men i stedet samtidig om havet; Et vækkeurs ringen kalder dagens frembrud eller begyndelse frem i erindringen – måske ikke forhindres, men i det mindste gøres vanskeligere. I stedet for akustisk illustration handler det for Kuhn om, at skærpe iagttagelsen af det at høre klange, som man netop ikke kan se.

Det frosne fakkeltog er som mange andre intermediale installationer af Hans Peter Kuhn kendetegnet af en sammenfletning og en kompleks vekselvirkning af billede, klang og bevægelse. Koblingen af disse elementer finder sted i den besøgendes erfaring, der til forskel fra de traditionelle kunstformers vis-à-vis ser sig stillet midt i en slags energifelt, hvor de uden tidslige begrænsninger kan strejfe om efter behag, og som til enhver tid kan forlades. Magisk draget af lyset står publikum nu selv på scenen og bevæger

Hans Peter Kuhn has at his disposal an extensive archive containing recordings of concrete sounds extracted from the most varied of things and places. The natural acoustic material undergoes an electronic reworking during the process of composing, in that the initial sounds and noises are examined under an »acoustic magnifying glass«[6] and interwoven to a musical collage by means of cropping, dissecting, distending, reinforcing, enlarging, and overlaying. Such a musical remake removes the sounds, to some degree, from their origins, so that the direct feedback of the phenomena and contexts of the visible world are not prevented, but at least made difficult: birdcalls, such as those of a gull, not only recall a specific bird but also the sea, while the ringing of an alarm clock evinces the dawn or the beginning of a new day. Instead of an acoustic illustration, Hans Peter Kuhn is interested in sharpening our perception for hearing sounds that we in fact cannot see.

Det frosne fakkeltog is, as are many of Hans Peter Kuhn's other intermedial installations, characterized by a complex, interlocked interaction between picture, sound, and movement. The coupling of these elements takes place within the perception of viewers, who – in contrast to the traditional vis-à-vis forms of art on offer – are set down in the midst of a kind of energetic field in which they can walk around at will, with no prescription as to duration and departure is open-ended. Magically attracted by light, the public

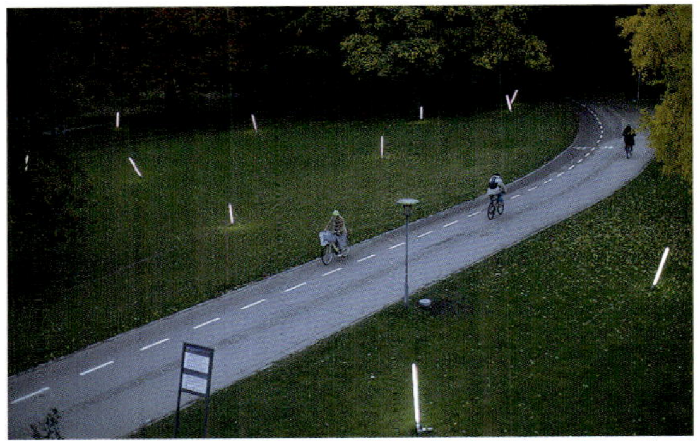

positorische Eingriffe, den Verweisungscharakter, den der Klang – als Klang von etwas – immer mit sich trägt, zu reduzieren, indem er die Klänge technisch so bearbeitet, dass sie abstrakter, offener und vieldeutiger erscheinen.[5]

Hans Peter Kuhn verfügt über ein umfangreiches Archiv mit zahlreichen Aufnahmen konkreter Klänge, die den unterschiedlichsten Dinge und Orten abgelauscht worden sind. Das natürliche akustische Material wird während des Kompositionsprozesses einer elektronischen Bearbeitung unterzogen, indem die Ausgangsklänge und Geräusche unter die »akustische Lupe«[6] genommen und durch Beschneiden, Zerlegen, Dehnen, Verstärken, Vergrößern und Übereinanderlegen zu musikalischen Collagen verknüpft werden. Durch diese Musikalisierung werden die Geräusche zu einem gewissen Grad von ihren Ursachen abgelöst, so dass die unmittelbare Rückbindung der Klänge an

sig gennem et statisk lydbillede, der samtidig afstikker de kunstige rammer, inden for hvilke klange, springende frem og tilbage mellem højtalere, genererer musikalsk bevægelse. Det stivnede lys sørger i denne forstand for grundstemningen – for den oplevendes atmosfæriske indstilling på klanghændelsernes optræden.

Oversat fra tysk af Esben N. Petersen

is itself on stage and moves through a static light-picture that, as it were, marks out that artificial framework within which the sounds that leap back and forth between the loudspeakers generate musical dynamism. The fixed light provides the basic mood, namely that of the recipient's atmospheric attunement to the performance of the sound events.

Translated from German by Jeanne Haunschild

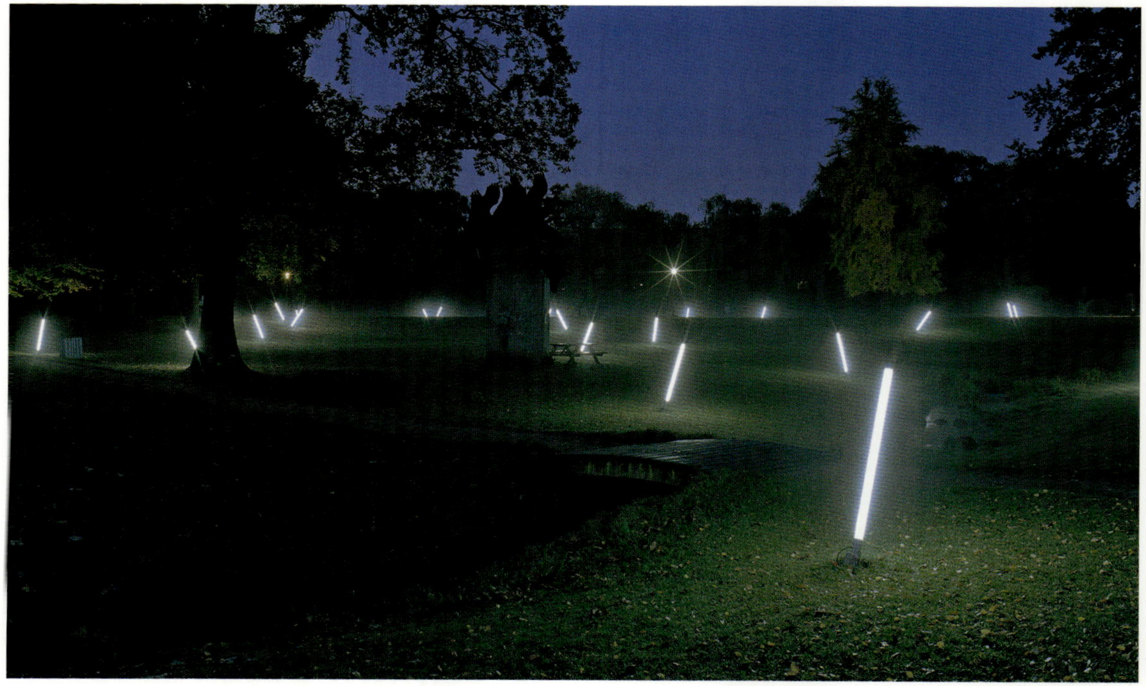

Erscheinungen und Kontexte der sichtbaren Welt – die Stimmen von Möwen etwa erinnern nicht nur an bestimmte Vögel, sondern eben auch an das Meer; das Klingeln eines Weckers wiederum ruft den Anbruch oder Neubeginn des Tages in Erinnerung – zwar nicht verhindert, aber zumindest doch erschwert wird. Anstelle von akustischer Bebilderung geht es Hans Peter Kuhn darum, die Wahrnehmung für das Hören von Klängen zu schärfen, die man eben nicht sehen kann.

Det frosne fakkeltog ist wie viele andere intermediale Installationen von Hans Peter Kuhn durch ein Ineinandergreifen und eine komplexe Wechselwirkung von Bild, Klang und Bewegung gekennzeichnet. Die Kopplung dieser Elemente findet in der Wahrnehmung der Besucher statt, die sich im Unterschied zum vis-à-vis traditionell dargebotener Kunstformen mitten hineingestellt sehen in eine Art energetisches Feld, in dem sie ohne jede Zeitvorgabe nach Belieben umherstreifen können und das jederzeit auch wieder verlassen werden kann. Magisch angezogen vom Licht steht das Publikum nun selber auf der Bühne und bewegt sich durch ein statisches Lichtbild, das gleichsam jenen künstlichen Rahmen absteckt, innerhalb dessen die zwischen den Lautsprechern hin und her springenden Klänge musikalische Bewegung generieren. Das starre Licht sorgt in diesem Sinne für die Grundstimmung – für die atmosphärische Einstimmung der Wahrnehmenden auf die Auftritte der Klangereignisse.

1 Cf. W. Benjamin, Die Wiederkehr des Flaneurs, i: samme, Gesammelte Schriften, udg. af R. Tiedemann og H. Schweppenhäuser, bd. 3, Frankfurt am Main 1972, 194f.
2 G. Simmel, Die Großstädte und das Geistesleben [1903], i: samme, Das Individuum und die Freiheit. Essays, Frankfurt am Main 1993, 196f.
3 Cf. G. Auer, Das Lichtwerk im Zeitalter seiner technischen Reproduzierbarkeit, i: Ch. Brockhaus (udg.), Stadtlicht – Lichtkunst, Køln 2004, 66ff.
4 Cf. P. W. Schutt, Räume hören? Didaktische Überlegungen zur musikalischen Räumlichkeit und räumlichen Musikwahrnehmung, i: Konzert – Klangkunst – Computer. Wandel der musikalischen Wirklichkeit, udg. Institut für Neue Musik und Musikerziehung Darmstadt, Mainz 2002, 83f.; M. Gilles, Theater als akustischer Raum. Zeitgenössische Klanginszenierung in Deutschland und den USA, Berlin 2000, 148ff.
5 Cf. V. Straebel, Zwischen Musique Concrète und intermedialer Erfahrung, i: Hans Peter Kuhn. Licht und Klang, udstillingskatalog, udg. af B. Schulz, Heidelberg 2000, 16f.
6 Ibid, 17.

1 Cf. W. Benjamin, Die Wiederkehr des Flaneurs, in: idem, Gesammelte Schriften, ed. by R. Tiedemann and H. Schweppenhäuser, vol. 3, Frankfurt am Main 1972, 194f.
2 G. Simmel, Die Großstädte und das Geistesleben [1903], in: idem, Das Individuum und die Freiheit. Essays, Frankfurt am Main 1993, 196f.
3 Cf. G. Auer, Das Lichtwerk im Zeitalter seiner technischen Reproduzierbarkeit, in: Ch. Brockhaus (ed.), Stadtlicht – Lichtkunst, Cologne 2004, 66ff.
4 Cf. P. W. Schutt, Räume hören? Didaktische Überlegungen zur musikalischen Räumlichkeit und räumlichen Musikwahrnehmung, in: Konzert – Klangkunst – Computer. Wandel der musikalischen Wirklichkeit, publ. by Institut für Neue Musik und Musikerziehung Darmstadt, Mainz 2002, 83f; M. Gilles, Theater als akustischer Raum. Zeitgenössische Klanginszenierung in Deutschland und den USA, Berlin 2000, 148ff.
5 Cf. V. Straebel, Zwischen Musique Concrète und intermedialer Erfahrung, in: Hans Peter Kuhn. Licht und Klang, exh. cat., ed. by B. Schulz, Heidelberg 2000, 16f.
6 Ibid., 17.

1 Cf. W. Benjamin, Die Wiederkehr des Flaneurs, in: ders., Gesammelte Schriften, hg. von R. Tiedemann und H. Schweppenhäuser, Bd. 3, Frankfurt am Main 1972, 194f.
2 G. Simmel, Die Großstädte und das Geistesleben [1903], in: ders., Das Individuum und die Freiheit. Essays, Frankfurt am Main 1993, 196f.
3 Cf. G. Auer, Das Lichtwerk im Zeitalter seiner technischen Reproduzierbarkeit, in: Stadtlicht – Lichtkunst, hg. von Ch. Brockhaus, Köln 2004, 66ff.
4 Cf. P. W. Schutt, Räume hören? Didaktische Überlegungen zur musikalischen Räumlichkeit und räumlichen Musikwahrnehmung, in: Konzert – Klangkunst – Computer. Wandel der musikalischen Wirklichkeit, hg. vom Institut für Neue Musik und Musikerziehung Darmstadt, Mainz 2002, 83f.; M. Gilles, Theater als akustischer Raum. Zeitgenössische Klanginszenierung in Deutschland und den USA, Berlin 2000, 148ff.
5 Cf. V. Straebel, Zwischen Musique Concrète und intermedialer Erfahrung, in: Hans Peter Kuhn. Licht und Klang, Ausst.-Kat., hg. von B. Schulz, Heidelberg 2000, 16f.
6 Ibid., 17.

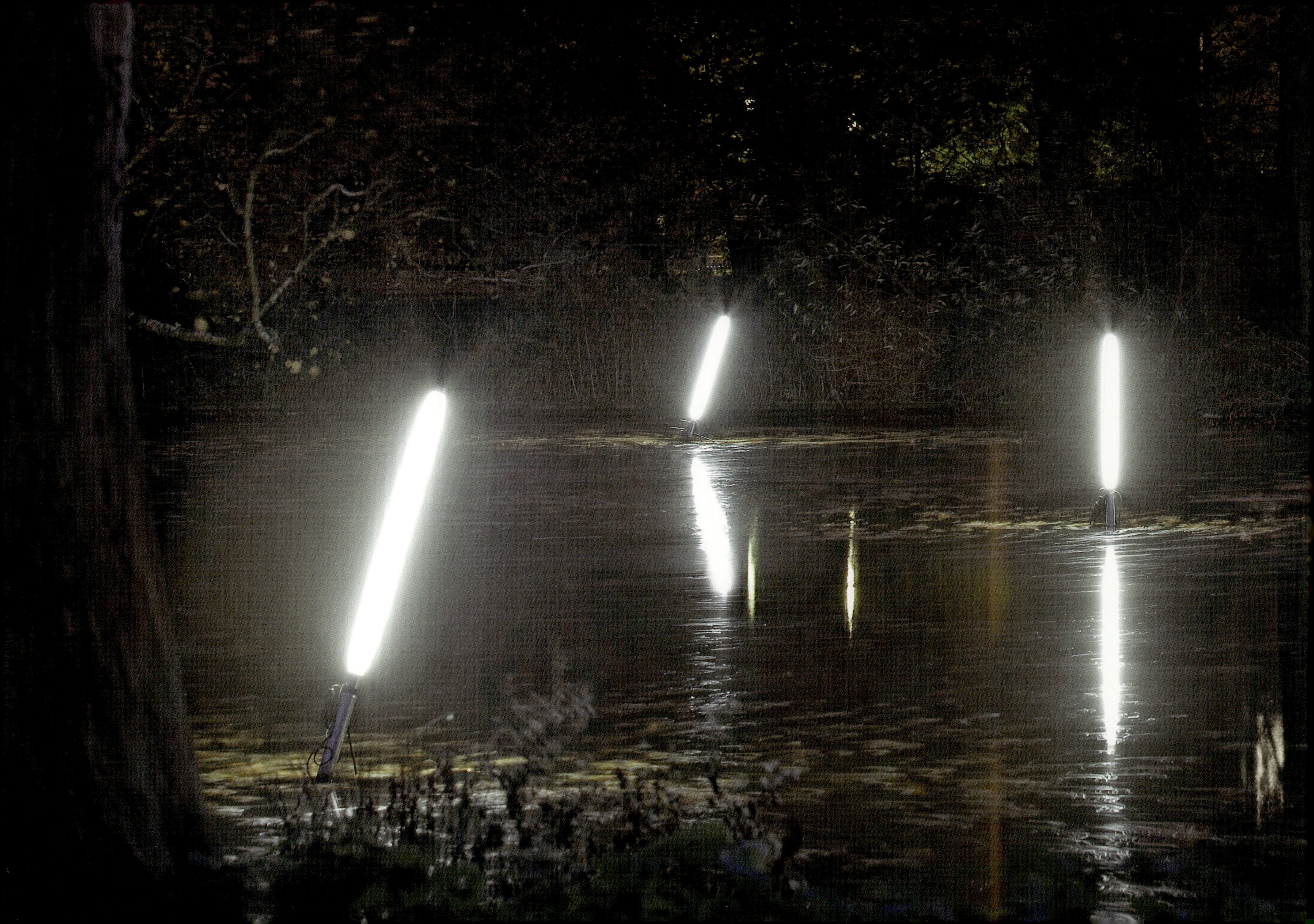

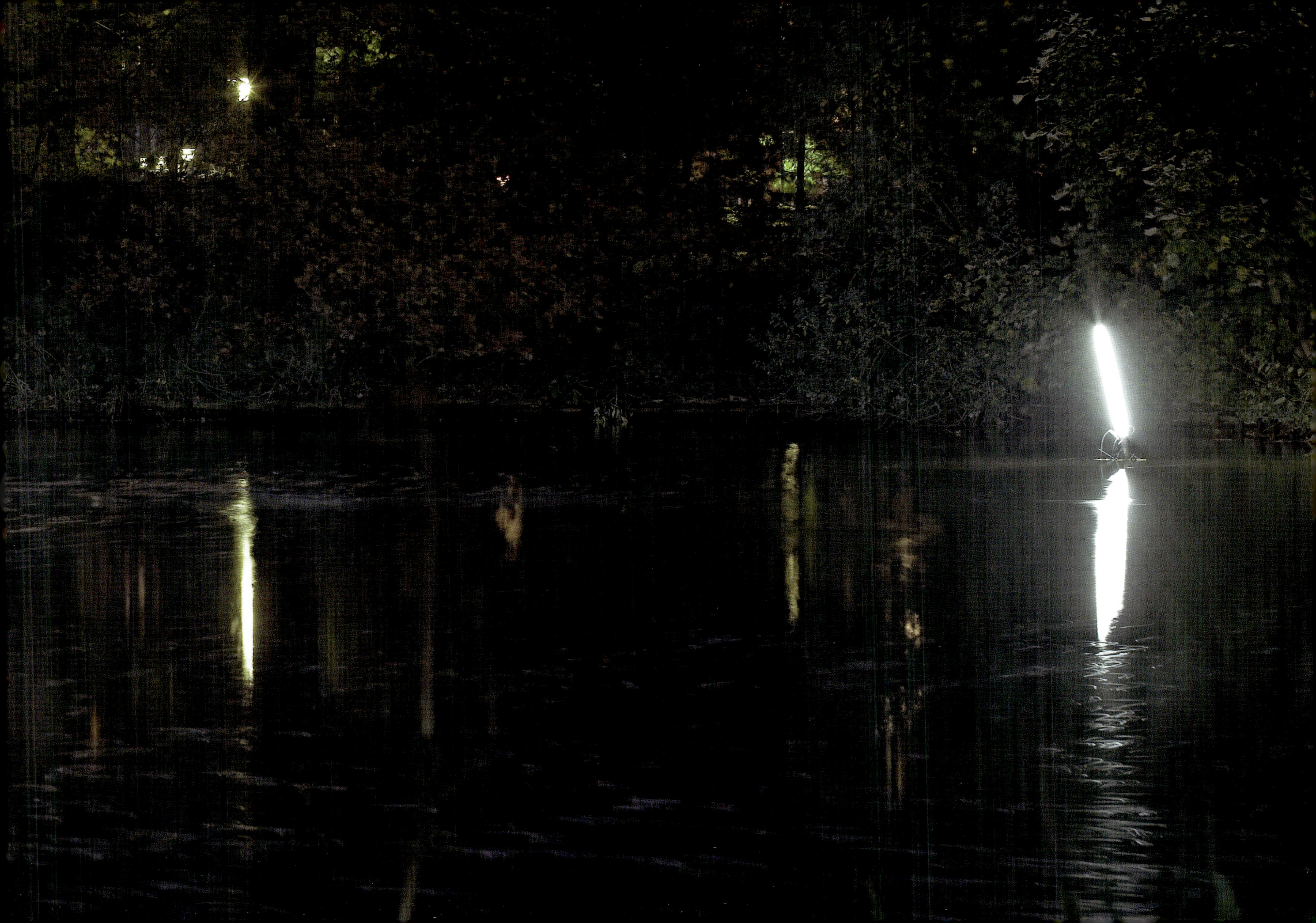

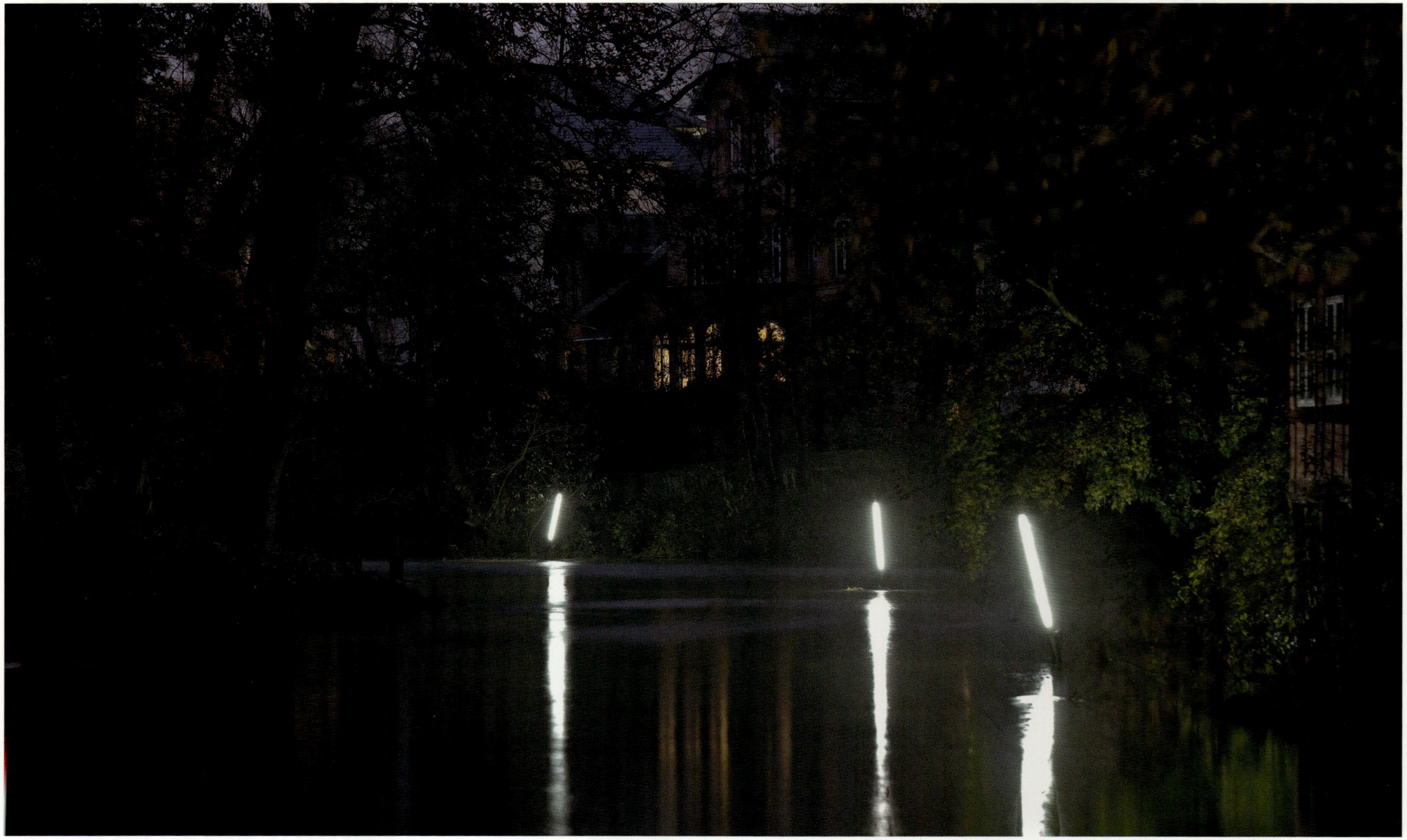

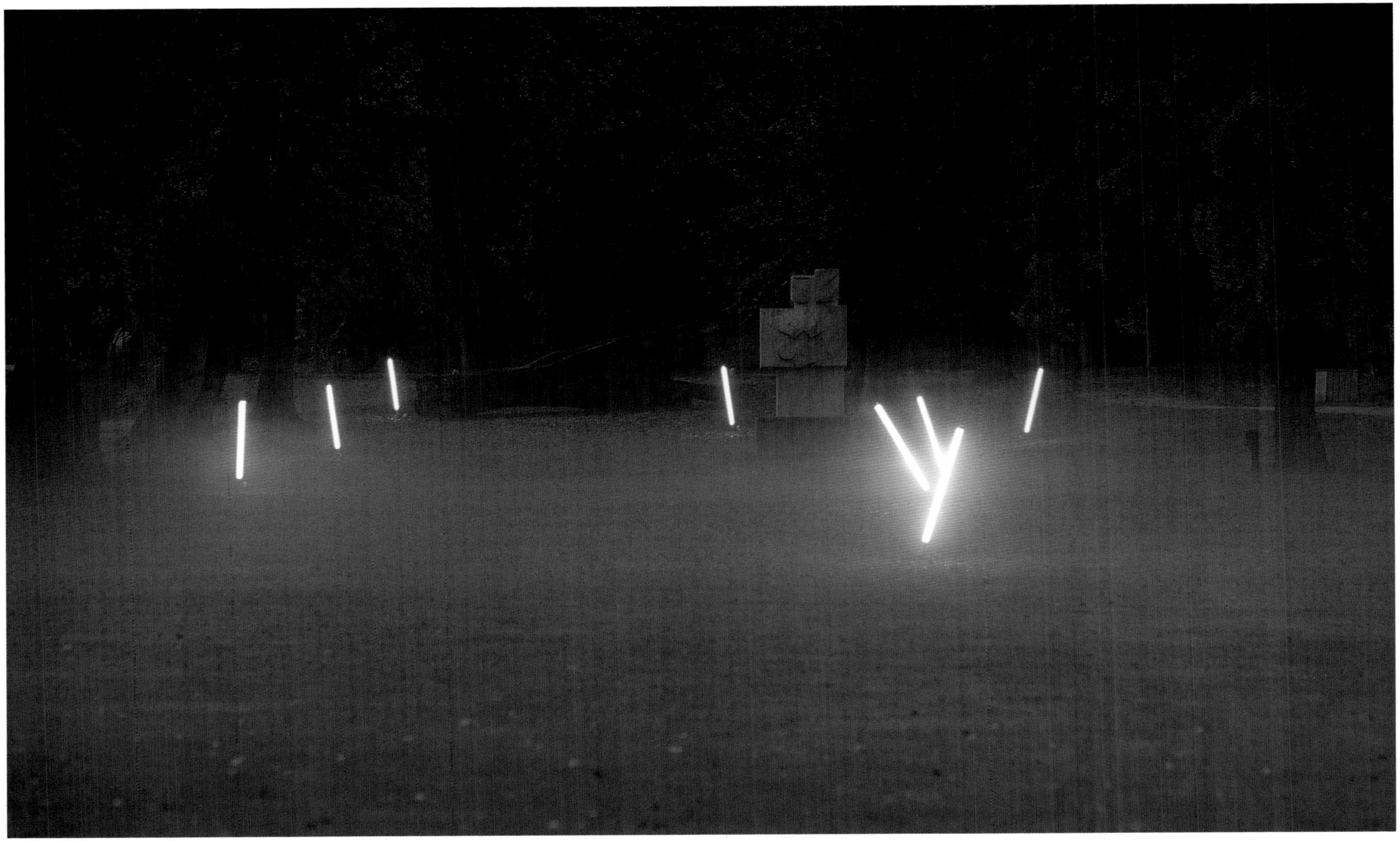

Det frosne fakkeltog

Lys- og klanginstallation 2005
Eventyrhaven og Munke Mose, Odense (DK)
Lysstoflamper, højtalere, kunststofrør, elektronik

Den grundlæggende idé til denne lys- og klanginstallation i parkanlægget Munke Mose i det indre Odense baserer sig på den historiske begivenhed, at H. C. Andersen den 6. december 1867 blev modtaget med et stort fakkeloptog af borgerne i sin hjemby. Dette er blevet taget som en anledning til at afslutte festlighederne i anledning af hans 200 års fødselsdag med et tilsvarende fakkeltog. Lys- og klanginstallationen fortsætter det oprindelig fakkeloptog, men som et *fastfrosset* og dermed tidsligt ubegrænset fakkeloptog. I stedet for de brændende fakler, med deres bevægelige lys, er det her lysstofrør, der retlinede og ubevægelige tjener som lyslegemer. Lysstofrørene, der monteres i dertil fremstillede beholdere, vil i Munke Mose-delen af parken henholdsvis blive stukket i jorden og stillet i åen og bækken. Da alle lamperne har hver deres forskellige vinkel, opstår det tilsyneladende tilfældige billede af en øjebliksoptagelse af fakkeltoget, der standser i sin bevægelse og fastholder sit lys i fremtiden. På den ene side forlænges borgernes hyldest til digteren, og på den anden side fastholdes festivalens afslutningsoptog dermed helt konkret, for en tid i byen, som et tredimensionelt fotografi.

Det frosne fakkeltog

Light and sound installation 2005
Eventyrhaven and Munke Mose Park, Odense (DK)
Fluorescent lamps, loudspeakers, plastic tube, electronics

The idea for this light and sound installation in Odense's inner city park Munke Mose is based on a historical event: on December 6, 1867, the citizens of Hans Christian Andersen's home city welcomed him with a big torchlight parade. The celebration of his 200th birthday concluded with a similar torchlight parade. The light and sound installation extends this torchlight parade in a *deep-frozen* and thus temporally unlimited form. Fluorescent lamps, which are straight and unmoved, take the place of burning torches with their flickering lights. These fluorescent lamps, assembled in suitable casings, are pressed into the ground in Munke Mose Park or in the river and ponds. Since the lamps all stand at different angles, they produce the seemingly chance image of a snapshot of the torchlight parade in which movement is arrested in motion, its light preserved for the future, and thus, on the one hand, prolonging the citizens' homage to the poet and, on the other, concretely preserving the festival's concluding parade for a while, like a three-dimensional photo. In the smaller part of the park – in Eventyrhaven (Fairy-tale garden) – the same lamps are raised, hanging like stripes of light in the trees.

Det frosne fakkeltog

Licht- und Klanginstallation 2005
Eventyrhaven und Munke-Mose-Park, Odense (DK)
Leuchtstofflampen, Lautsprecher, Kunststoffrohr, Elektronik

Die Idee für diese Licht- und Klanginstallation in Odenses Innenstadtpark Munke Mose basiert auf der historischen Begebenheit, dass Hans Christian Andersen am 6. Dezember 1867 von den Bürgern seiner Heimatstadt mit einem großen Fackelzug empfangen wurde. Dies wurde zum Anlass genommen, die Feierlichkeiten anlässlich seines 200. Geburtstages mit einem ebensolchen Fackelzug abzuschließen. Die Licht- und Klanginstallation setzt diesen Fackelzug als *eingefrorenen* und damit zeitlich unbegrenzten Fackelzug fort. Statt brennender Fackeln mit ihren bewegten Lichtern dienen gradlinige und unbewegte Leuchtstoffröhren als Leuchtkörper. Diese Leuchtstoffröhren werden – in dafür geeignete Gehäuse montiert – im Munke-Mose-Park in den Boden gesteckt, bzw. in den Fluss und die Teiche gestellt. Da alle Lampen einen unterschiedlichen Winkel haben, entsteht das scheinbar zufällige Bild einer Momentaufnahme des in der Bewegung erstarrten Fackelzuges, der sein Licht in die Zukunft bewahrt. Damit wird zum einen die Verehrung der Bürger für den Dichter prolongiert, zum anderen ganz konkret der Abschluss-Fackelzug des Festivals wie ein dreidimensionales Photo noch für eine Weile

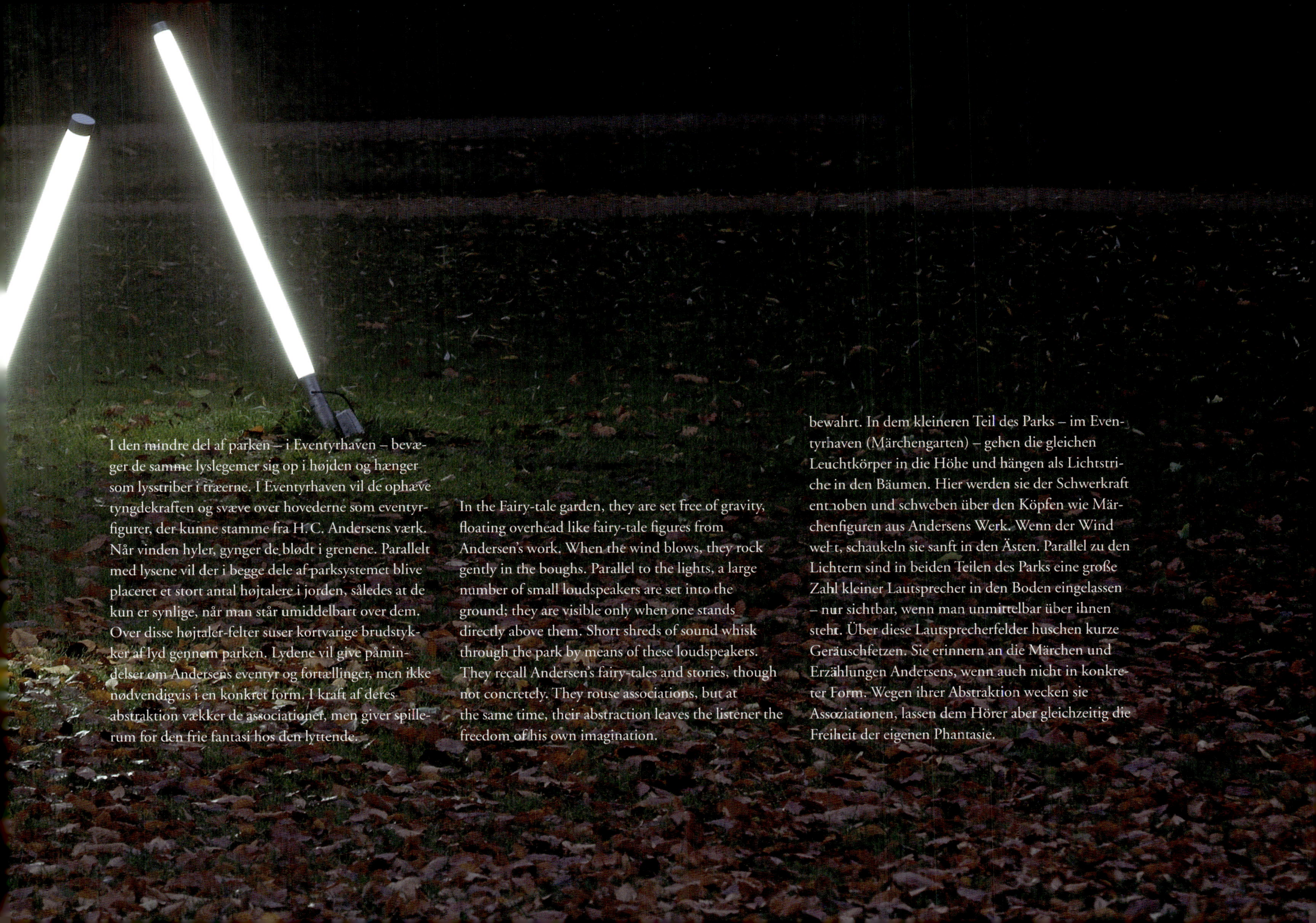

I den mindre del af parken – i Eventyrhaven – bevæger de samme lyslegemer sig op i højden og hænger som lysstriber i træerne. I Eventyrhaven vil de ophæve tyngdekraften og svæve over hovederne som eventyrfigurer, der kunne stamme fra H.C. Andersens værk. Når vinden hyler, gynger de blødt i grenene. Parallelt med lysene vil der i begge dele af parksystemet blive placeret et stort antal højtalere i jorden, således at de kun er synlige, når man står umiddelbart over dem. Over disse højtaler-felter suser kortvarige brudstykker af lyd gennem parken. Lydene vil give påmindelser om Andersens eventyr og fortællinger, men ikke nødvendigvis i en konkret form. I kraft af deres abstraktion vækker de associationer, men giver spillerum for den frie fantasi hos den lyttende.

In the Fairy-tale garden, they are set free of gravity, floating overhead like fairy-tale figures from Andersen's work. When the wind blows, they rock gently in the boughs. Parallel to the lights, a large number of small loudspeakers are set into the ground; they are visible only when one stands directly above them. Short shreds of sound whisk through the park by means of these loudspeakers. They recall Andersen's fairy-tales and stories, though not concretely. They rouse associations, but at the same time, their abstraction leaves the listener the freedom of his own imagination.

bewahrt. In dem kleineren Teil des Parks – im Eventyrhaven (Märchengarten) – gehen die gleichen Leuchtkörper in die Höhe und hängen als Lichtstriche in den Bäumen. Hier werden sie der Schwerkraft enthoben und schweben über den Köpfen wie Märchenfiguren aus Andersens Werk. Wenn der Wind weht, schaukeln sie sanft in den Ästen. Parallel zu den Lichtern sind in beiden Teilen des Parks eine große Zahl kleiner Lautsprecher in den Boden eingelassen – nur sichtbar, wenn man unmittelbar über ihnen steht. Über diese Lautsprecherfelder huschen kurze Geräuschfetzen. Sie erinnern an die Märchen und Erzählungen Andersens, wenn auch nicht in konkreter Form. Wegen ihrer Abstraktion wecken sie Assoziationen, lassen dem Hörer aber gleichzeitig die Freiheit der eigenen Phantasie.

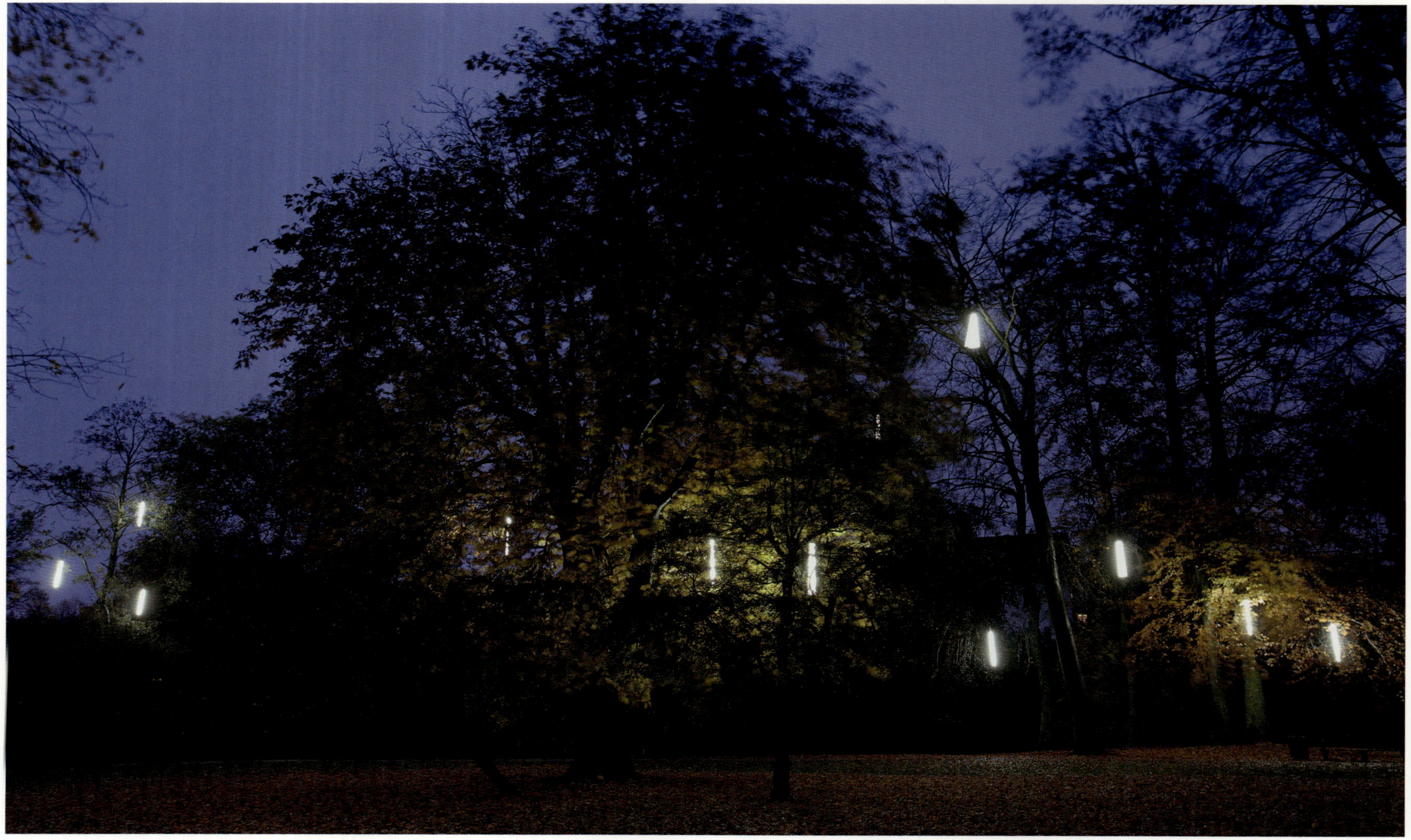

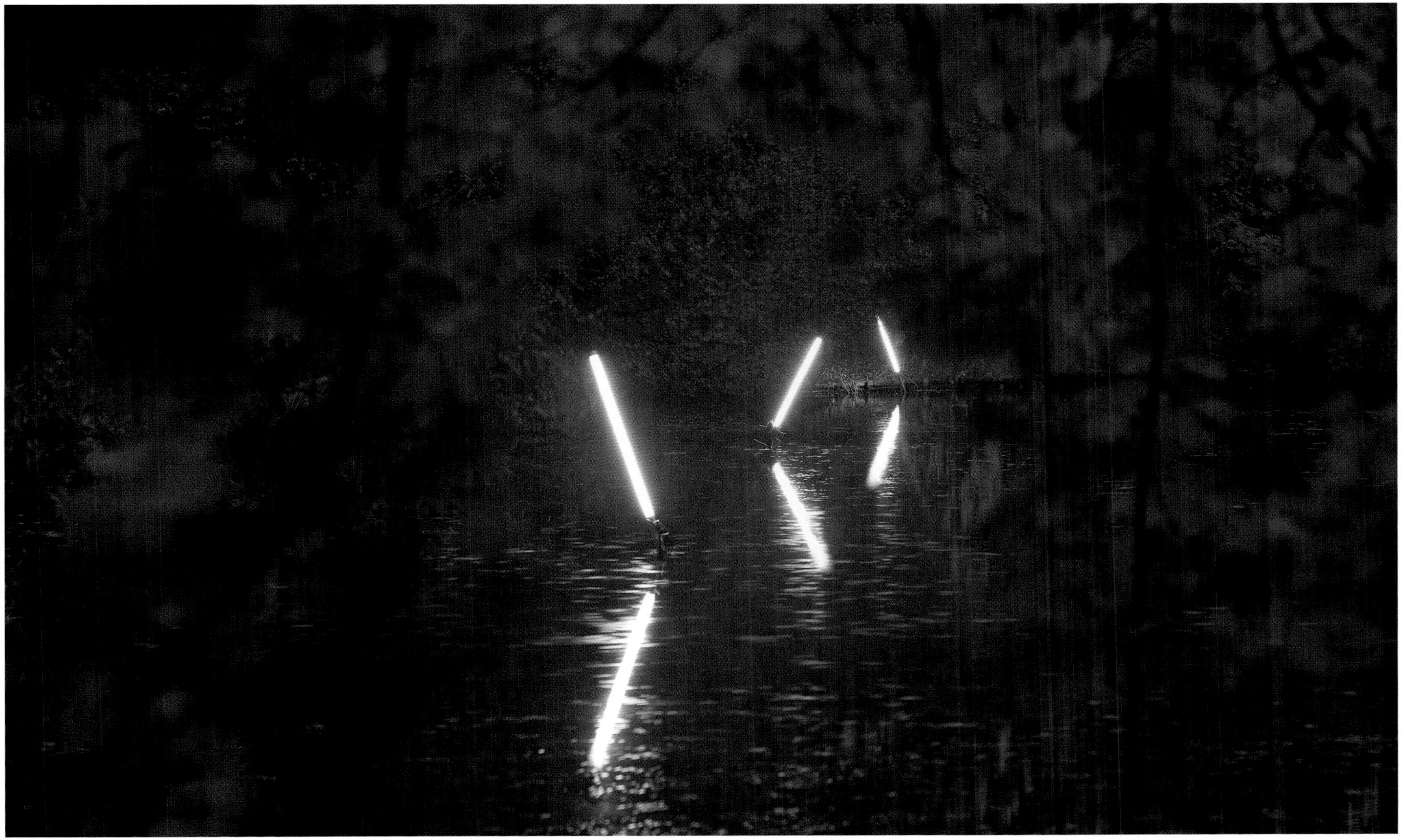

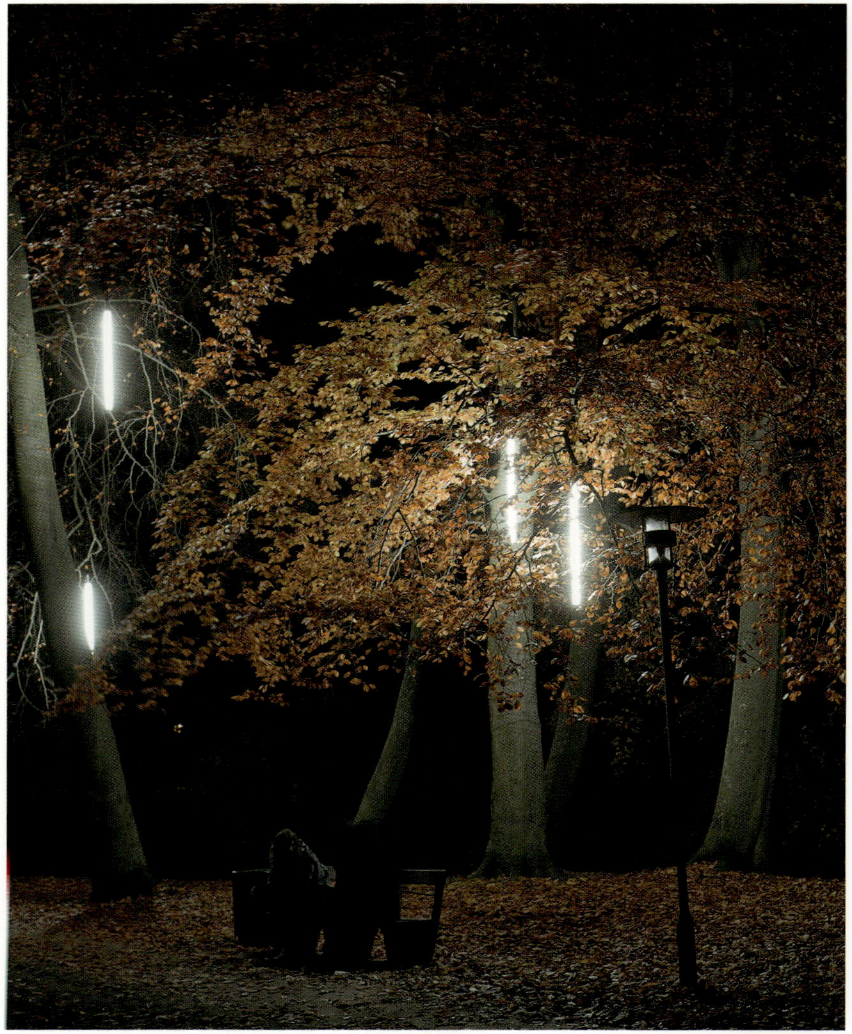

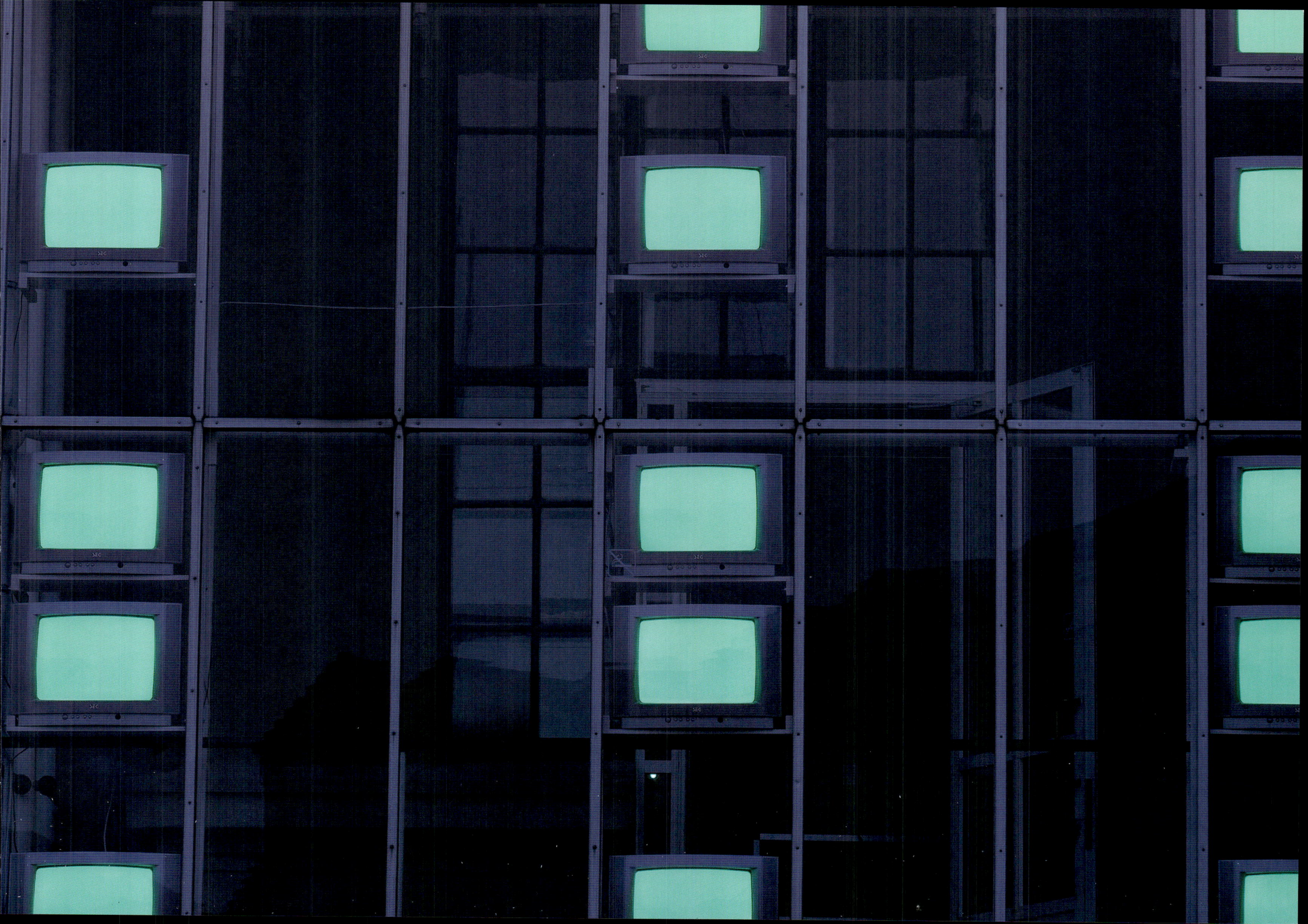

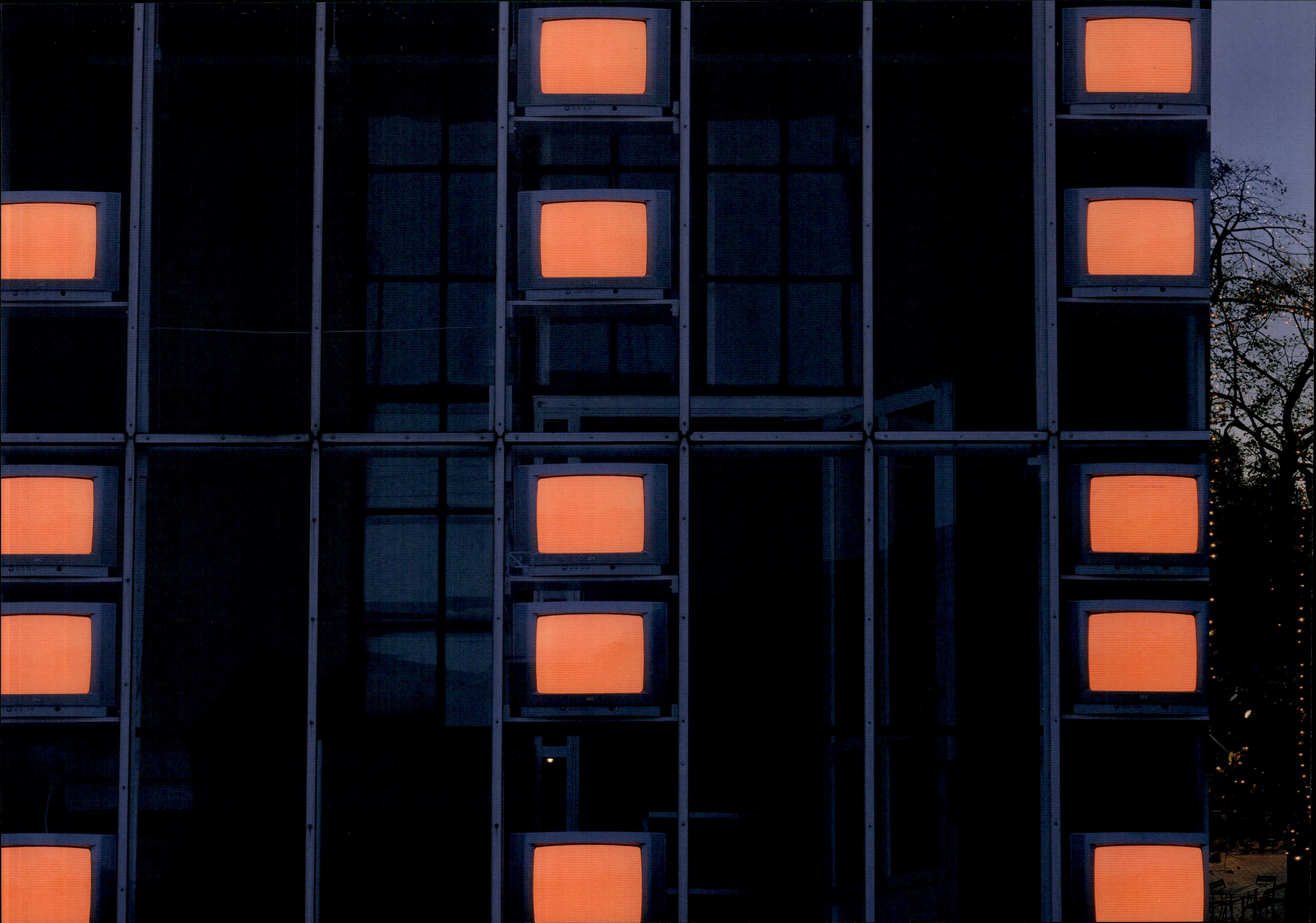

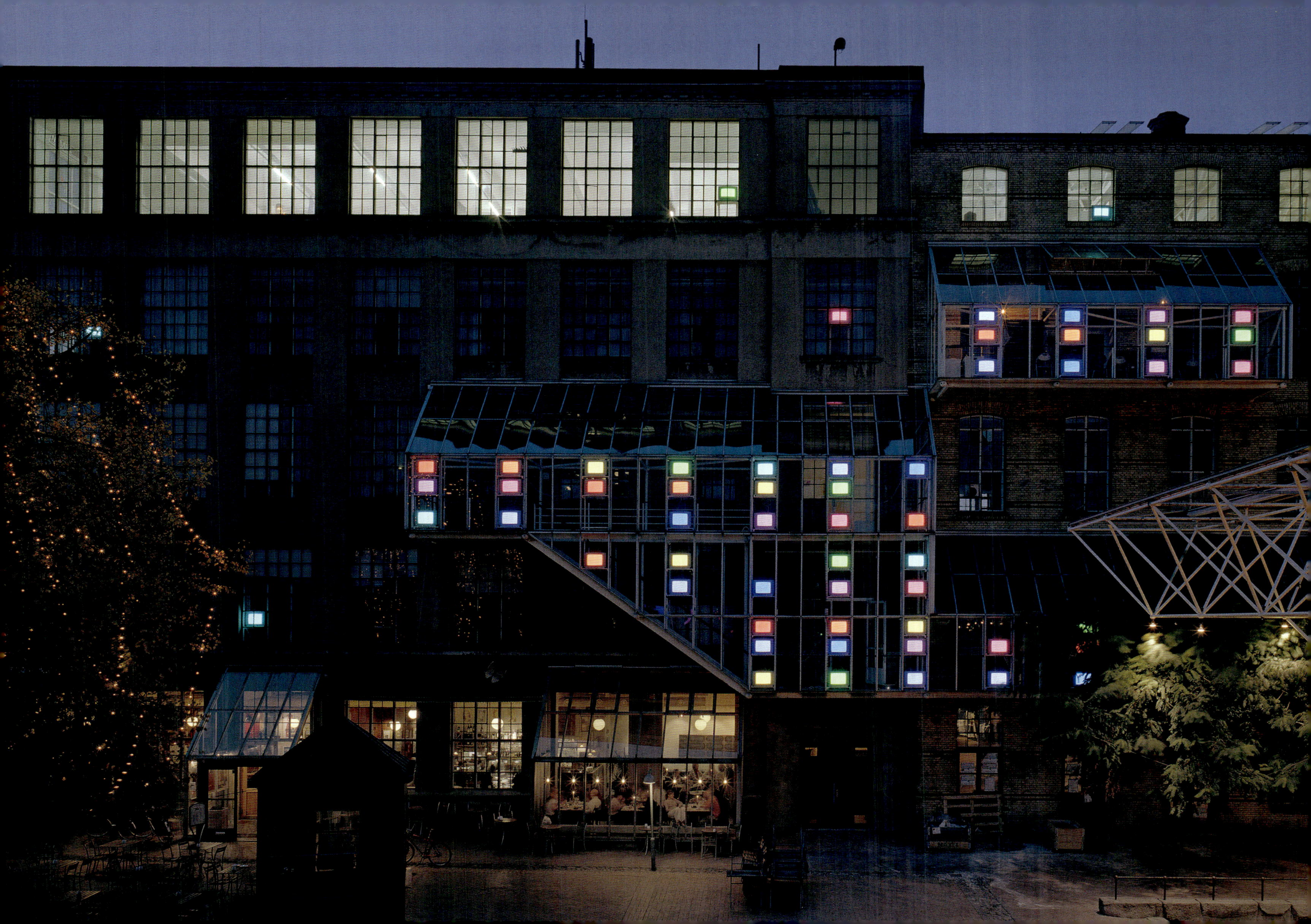

Ude (Farvevæg)

Lysinstallation 2005
Kunsthallen Brandts, Odense (DK)
Tv-apparater, elektronik

I facadens glasudhæng blev der monteret 60 fjernsynsmonitorer, som på grundlag af en central styring stråler med forskelligt farvede monokrome farveflader, der udfylder de enkelte billedskærme. Hver monitor kan styres enkeltvis, og således kan bevægelige eller stående mønstre projiceres ud på den flade, der defineres af monitorerne. Værket er lydløst. Installationen tager et forudgivet geometrisk mønster op, i dette tilfælde strukturerne i glasudhænget, men forholder sig endvidere til strukturen i værket indenfor – *Inde (Klangtæppe)* –, og skal betragtes som dette værks visuelle modstykke. I lighed med klangene indenfor danner farvefladerne i monitormønstret en bevægelig koreografi på facadens forudgivne flade. Da den besøgende imidlertid kun kan befinde sig enten indenfor eller udenfor, opstår der ikke værker som gensidigt illustrerer hinanden, snarere er de forskellige former for sansning at betragte som enkeltbegivenheder og samler sig først bagefter til et helhedsbillede i den besøgendes hoved.

Ude (Farvevæg)

Light installation 2005
Kunsthallen Brandts, Odense (DK)
TV set, electronics

60 television sets were mounted in the glass front section of the facade. A central computer fills them with variously colored, monochromatic color fields in the size of the screens. Each monitor can be separately controlled, and thus moving or standing patterns can be projected onto the monitors. The work is silent. The installation takes up the given geometric pattern of the glass vestibule, but also relates to the structure of the interior space work – *Inde (Klangtæppe)* – as whose visual opposite it is to be understood. Like the sounds in the interior space, the color surfaces on the grid of TV screens stage a moving choreography across the given surface of the facade. Since the visitor can only be either inside or outside the building, the works do not illustrate each other. The different forms of perception are rather to be regarded as individual events that complement each other as an overall image only retroactively, in the mind of the visitor.

Ude (Farvevæg)

Lichtinstallation 2005
Kunsthallen Brandts, Odense (DK)
TV-Geräte, Elektronik

In den Glasvorbau der Fassade wurden 60 Fernsehmonitore montiert, die über eine zentrale Steuerung Bildschirm-füllende, verschiedenfarbig monochrome Farbflächen abstrahlen. Jeder Monitor kann einzeln angesteuert werden, so dass bewegte oder stehende Muster auf die durch die Monitore bestimmte Fläche projiziert werden können. Die Arbeit ist stumm. Die Installation nimmt das vorgegebene geometrische Muster des Glasvorbaus auf, bezieht sich aber außerdem auf die Struktur der Innenraumarbeit – *Inde (Klangtæppe)* –, als deren visuelles Gegenstück sie zu verstehen ist. Ähnlich den Klängen im Innenraum bilden die Farbflächen auf dem Monitorraster eine bewegte Choreografie über die vorhandene Fläche der Fassade. Da der Besucher jeweils nur entweder innen oder außen sein kann, entstehen keine sich gegenseitig illustrierenden Werke. Die unterschiedlichen Wahrnehmungsformen sind vielmehr als Einzelereignisse zu betrachten und ergänzen sich erst im Nachhinein im Kopf des Besuchers zu einem Gesamtbild.

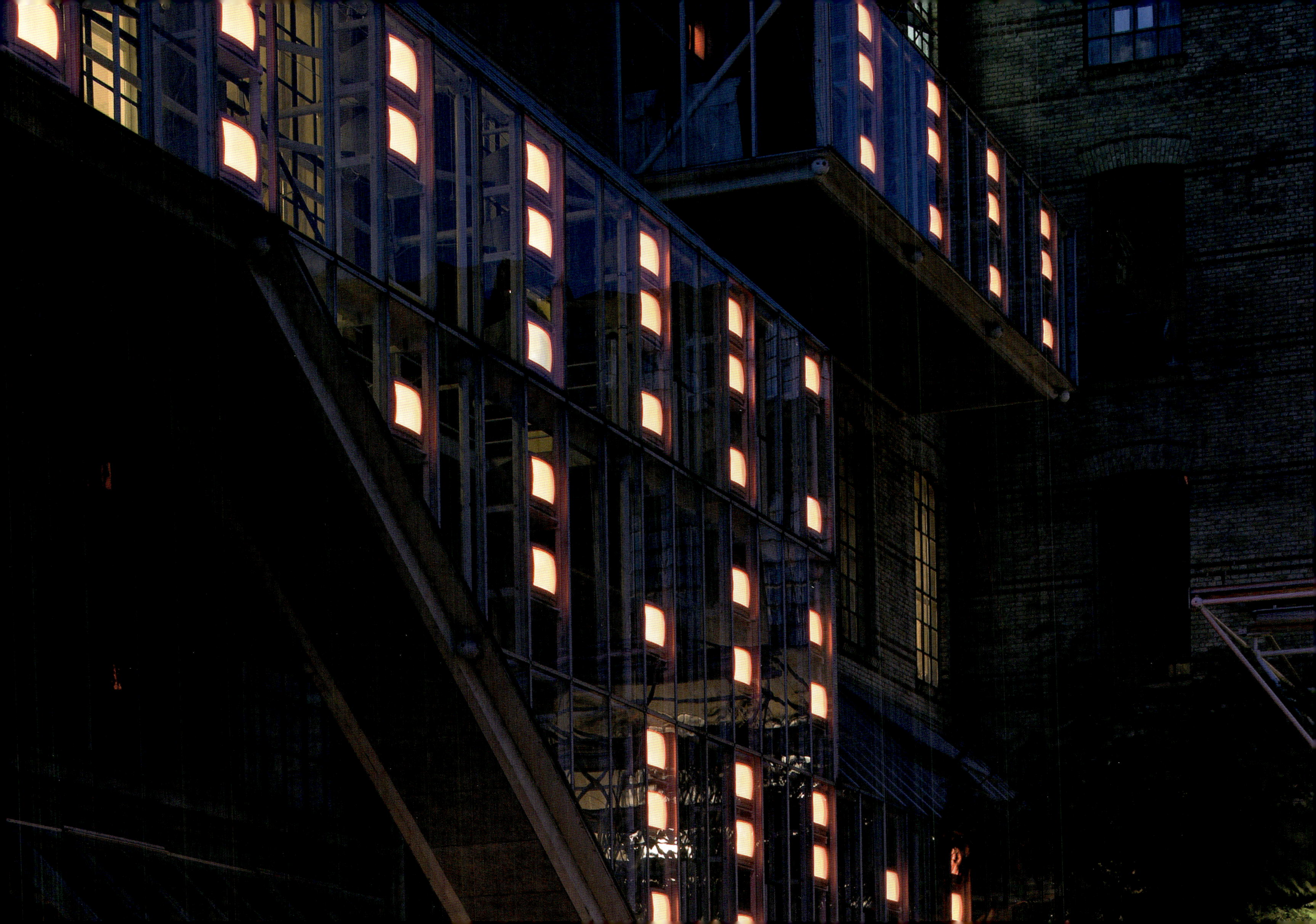

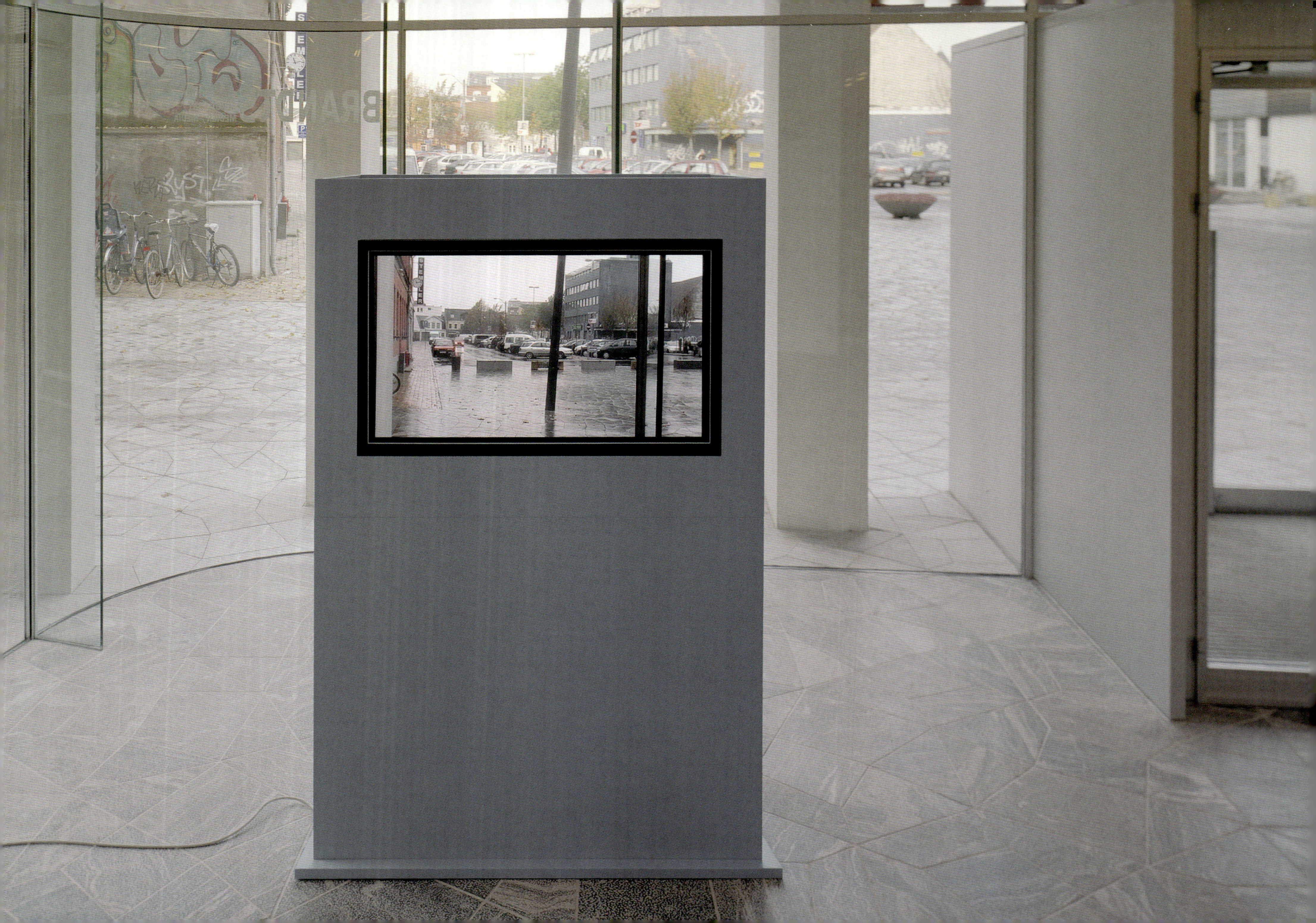

Inde – Ude (En dag senere)

Videoinstallation 2005
Kunsthallen Brandts, Odense (DK)
Tv-monitor, videokamera, elektronik

Ved vinduesfronten i Kunsthallen Brandts nyindrettede indgangsområde står en stor fjernsynsmonitor, hvis billedskærm er synlig indefra og hvis bagside er vendt mod vinduet. Bag dette vindue er der anbragt et kamera, der på monitoren – tilsyneladende – gengiver det samme billede, som beskueren foran fjernsynet kan se indefra, når han kigger ud gennem vinduet. Men billedet på monitoren adskiller sig fra det billede, man ser gennem vinduet, ved at være optaget præcis 24 timer tidligere og altså gengive verden, som den var én dag tidligere. Et ur, der kan ses inden for kamerabilledets område, gør den tilsyneladende *samtidighed* tydelig. Erfaringen af virkeligheden kan ikke verificeres. Ingen kan bevise, at det, som vi synes at erfare med vore sanser, faktisk finder sted, som vi oplever det og ikke på en anden måde. Vi oplever to parallelle tider, der finder sted i samme rum. Dertil kommer, at begge begivenheder finder sted bag glas, en omstændighed der også bibringer det rent faktisk samtidige billede noget *fjernsynsagtigt*, fjernt og endog uvirkeligt.

Inde – Ude (En dag senere)

Video installation 2005
Kunsthallen Brandts, Odense (DK)
TV monitor, video camera, electronics

A large TV monitor is placed by the window facade of the new entrance to Kunsthallen Brandts. Its display screen is visible from within, and its back side is turned towards the window. Behind the television set a camera has been mounted, apparently reproducing the same image on the monitor that the viewer standing in front of the screen can see by looking out of the window. But the image on the monitor differs from the image you see through the window by being shot exactly 24 hours earlier, reproducing the world as it was the day before. A clock visible in the range of the camera image makes the seeming *simultaneity* clear. The perception of reality is not verifiable. No one can prove that what we seem to experience with our senses really happens in that way and not otherwise. We experience two parallel times in the same place. In addition, both events take place behind glass, which lends even the real simultaneous image something *television-like*, untouchable, and thus unreal.

Inde – Ude (En dag senere)

Videoinstallation 2005
Kunsthallen Brandts, Odense (DK)
TV-Monitor, Videokamera, Elektronik

Im neu errichteten Eingangsbereich der Kunsthallen Brandts an der Fensterfront steht ein großer Fernsehmonitor mit der Rückseite zum Fenster. Hinter diesem Fernseher ist eine Kamera angebracht, die anscheinend dasselbe Außenbild auf den Monitor bringt, das der Betrachter beim Blick durch das Fenster sehen kann. Aber das Bild auf dem Monitor unterscheidet sich von dem Fensterbild dadurch, dass es exakt 24 Stunden zuvor aufgezeichnet wurde und somit die Welt einen Tag früher darstellt. Eine Uhr, die im Bereich des Kamerabildes zu sehen ist, macht die scheinbare *Gleichzeitigkeit* deutlich. Die Wahrnehmung von Realität ist nicht verifizierbar. Niemand kann beweisen, dass das, was wir mit unseren Sinnen zu erfahren scheinen, tatsächlich so und nicht anders geschieht. Wir erleben zwei parallele Zeiten die im selben Raum stattfinden. Hinzu kommt, dass beide Ereignisse hinter Glas stattfinden, ein Umstand der auch dem tatsächlich zeitgleichen Bild etwas *Fernsehhaftes*, Unberührbares und eben Unreales verleiht.

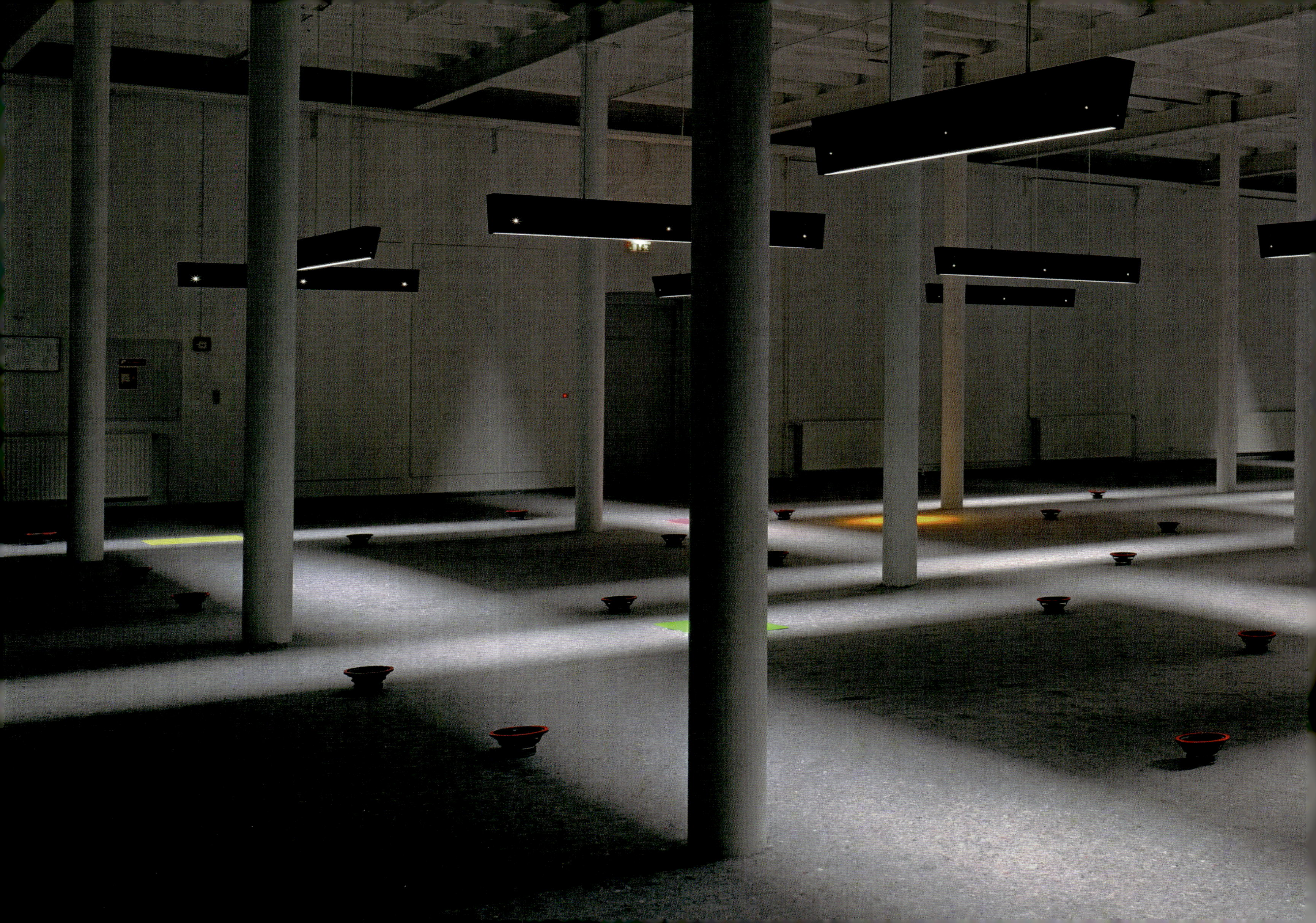

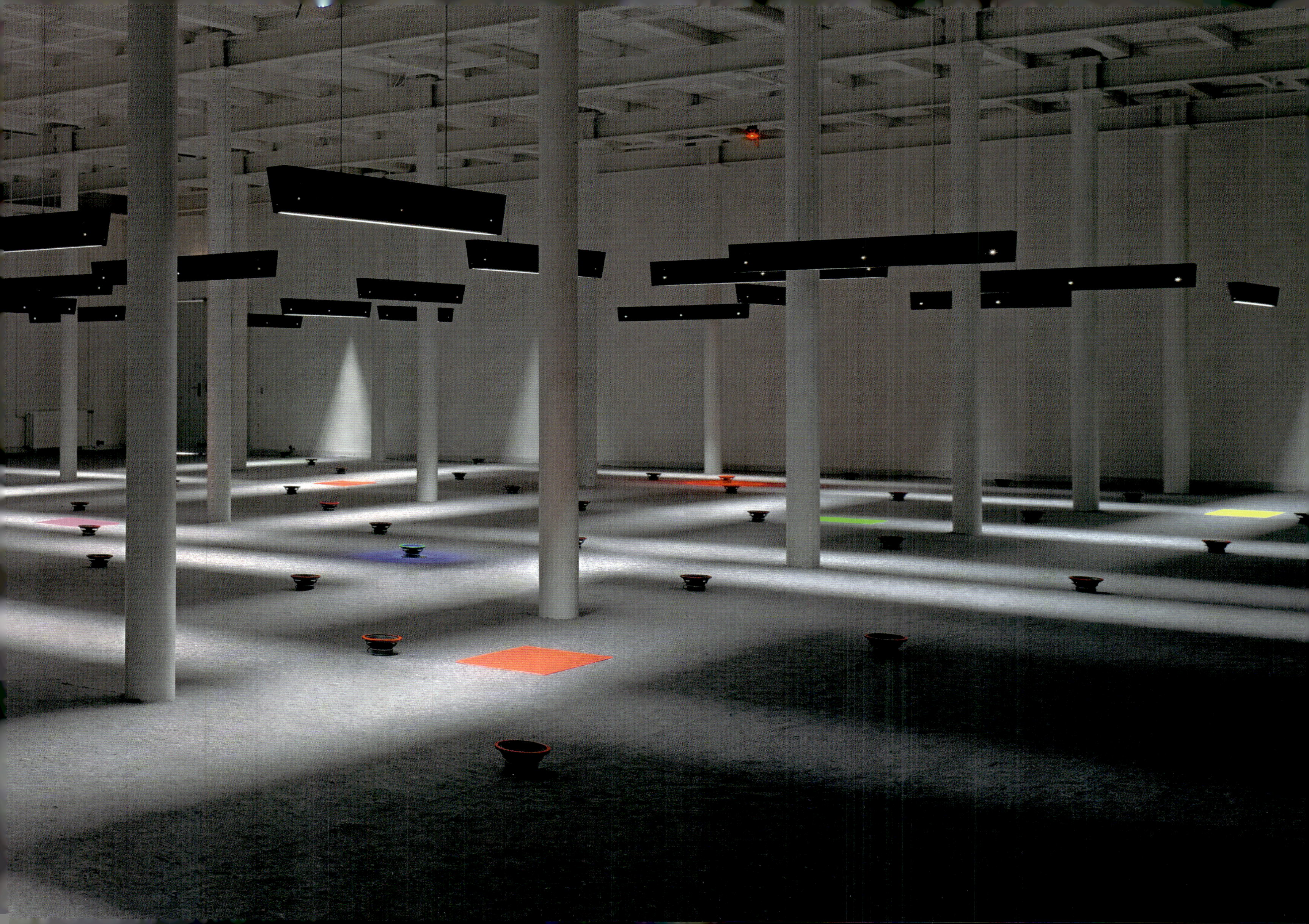

Inde (Klangtæppe)

Lys- og klanginstallation 2005
Kunsthallen Brandts, Odense (DK)
Filt, Lysstoflamper, højtalere, elektronik

63 højtalere er placeret i et bestemt mønster i en mørklagt og tom udstillingssal, hvor gulvet er fuldstændig beklædt med tykt filt. Tilslutningskablerne løber under filten, og højtalerne synes nærmest at svæve over gulvet. Med den centrale styring kan lyden styres mod de enkelte højtalere hver for sig. Med filten på gulvet dæmpes larmen fra publikum, og belægningens blødhed indbyder til at sætte eller lægge sig for at lytte til klangkompositionen. Lyset fra de ophængte lysstofrør stråler kun ned mod gulvet, hvorved oplysningen af rummet reduceres. Lyset er køligt og statisk og danner dermed en modsætning til klangstrukturerne af naturlige lyde, der med højtalermønstret væver sig gennem rummet. Kompositionen af klangene skaber et RumLydBillede, der kan høres fra flere steder på samme tid, og som hvert sted frembringer et anderledes indtryk. Det narrative aspekt af det hørte træder i baggrunden og selve det at høre som sanseerfaring af den verden, der omgiver den besøgende, bliver den egentlige begivenhed.

Inde (Klangtæppe)

Light and sound installation 2005
Kunsthallen Brandts, Odense (DK)
Felt, fluorescent lamps, loudspeakers, electronics

63 loudspeakers are arranged in a certain grid in a darkened, empty exhibition hall, of which the floor is completely covered with thick felt. The electric cables run under the felt and the loudspeakers seem to float a little over the floor. Each of the loudspeakers transmits sounds distributed by a computerized system. The felt on the floor dampens the sounds of the audience, and its softness invites one to sit or lie down to listen to the sound composition. The fluorescent lamps radiate only downward, which reduces the brightness of the room. The light is cool and static and thus stands in contrast to the tone structures, taken from natural sounds, which weave through the room through the grid of loudspeakers. The sound composition creates a SpaceSoundImage that can be heard in several places at the same time, creating a different impression in each place. The narrative aspect of what is heard recedes into the background and hearing itself, as perception of the surrounding world, becomes the actual event.

Inde (Klangtæppe)

Licht- und Klanginstallation 2005
Kunsthallen Brandts, Odense (DK)
Filz, Leuchtstofflampen, Lautsprecher, Elektronik

63 Lautsprecher liegen in einem bestimmten Raster in dem abgedunkelten, leeren und vollständig mit dickem Filz ausgelegten Ausstellungssaal. Die Anschlusskabel laufen unter dem Filz und die Lautsprecher scheinen etwas über dem Boden zu schweben. Über einen zentralen Rechner können die Lautsprecher alle einzeln angespielt werden. Der Bodenfilz dämpft die Publikumsgeräusche und seine Weichheit lädt ein, der Klangkomposition sitzend oder liegend zu lauschen. Wegen der nur nach unten strahlenden Leuchtstoffröhren ist die Raumhelligkeit reduziert. Das Licht ist kühl und statisch und bildet damit einen Gegensatz zu den aus natürlichen Geräuschen gewonnenen Klangstrukturen, die den Raum über das Lautsprecherraster durchweben. Die Komposition der Klänge schafft ein RaumTonBild, das an vielen Orten gleichzeitig zu hören ist, aber an jedem Platz einen anderen Eindruck erzeugt. Der narrative Aspekt des Gehörten tritt in den Hintergrund und das Hören selbst wird als Wahrnehmung der umgebenden Welt zum eigentlichen Ereignis.

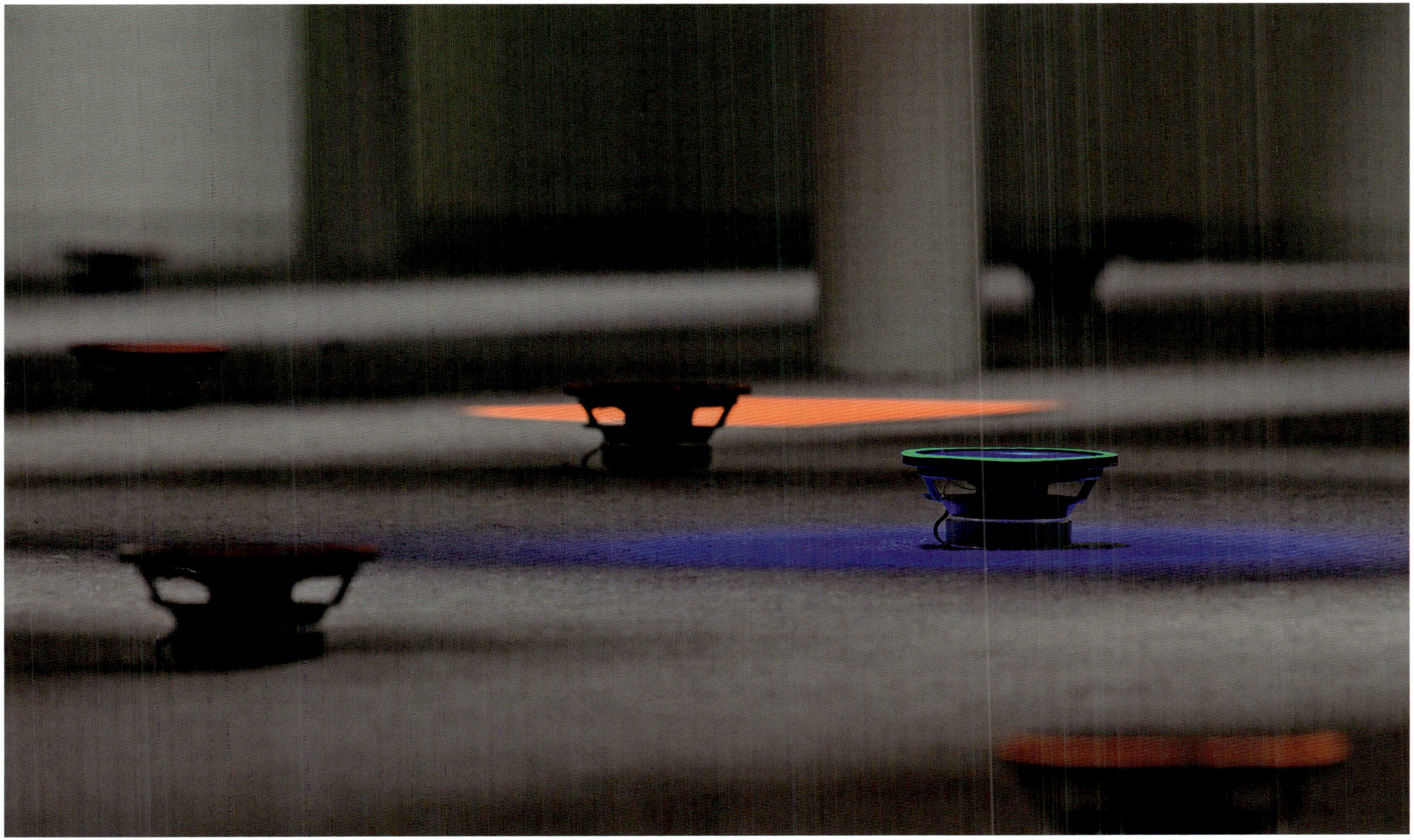

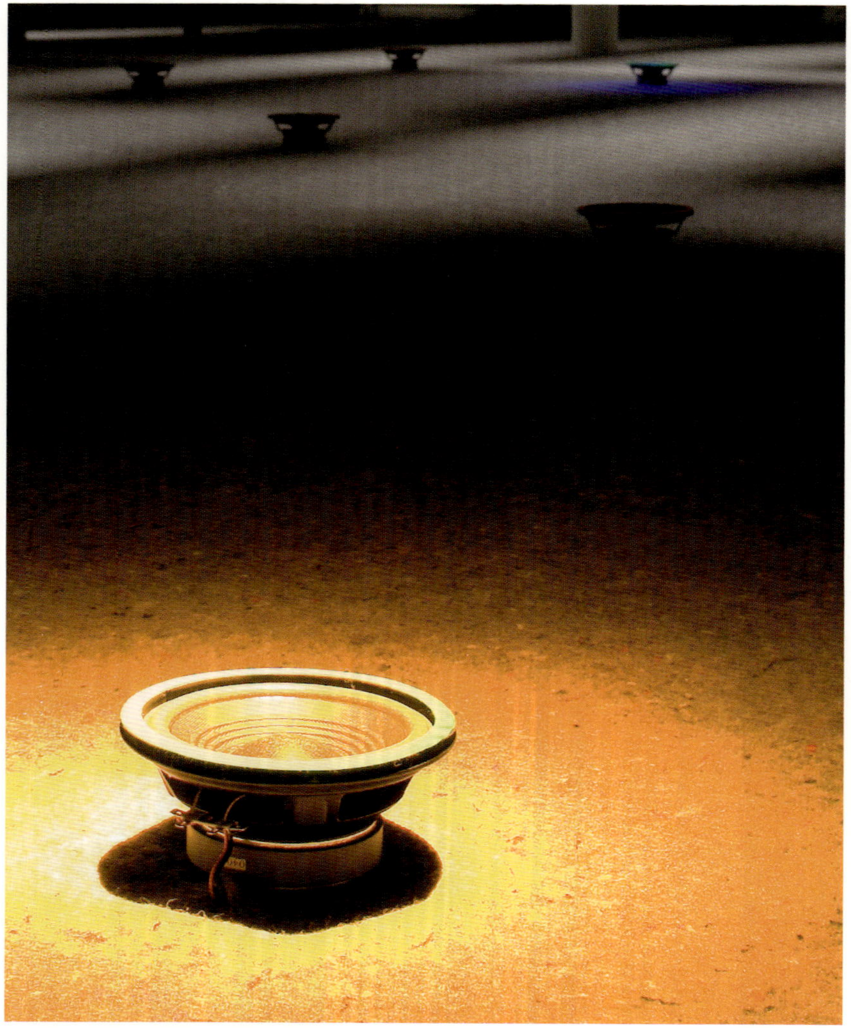

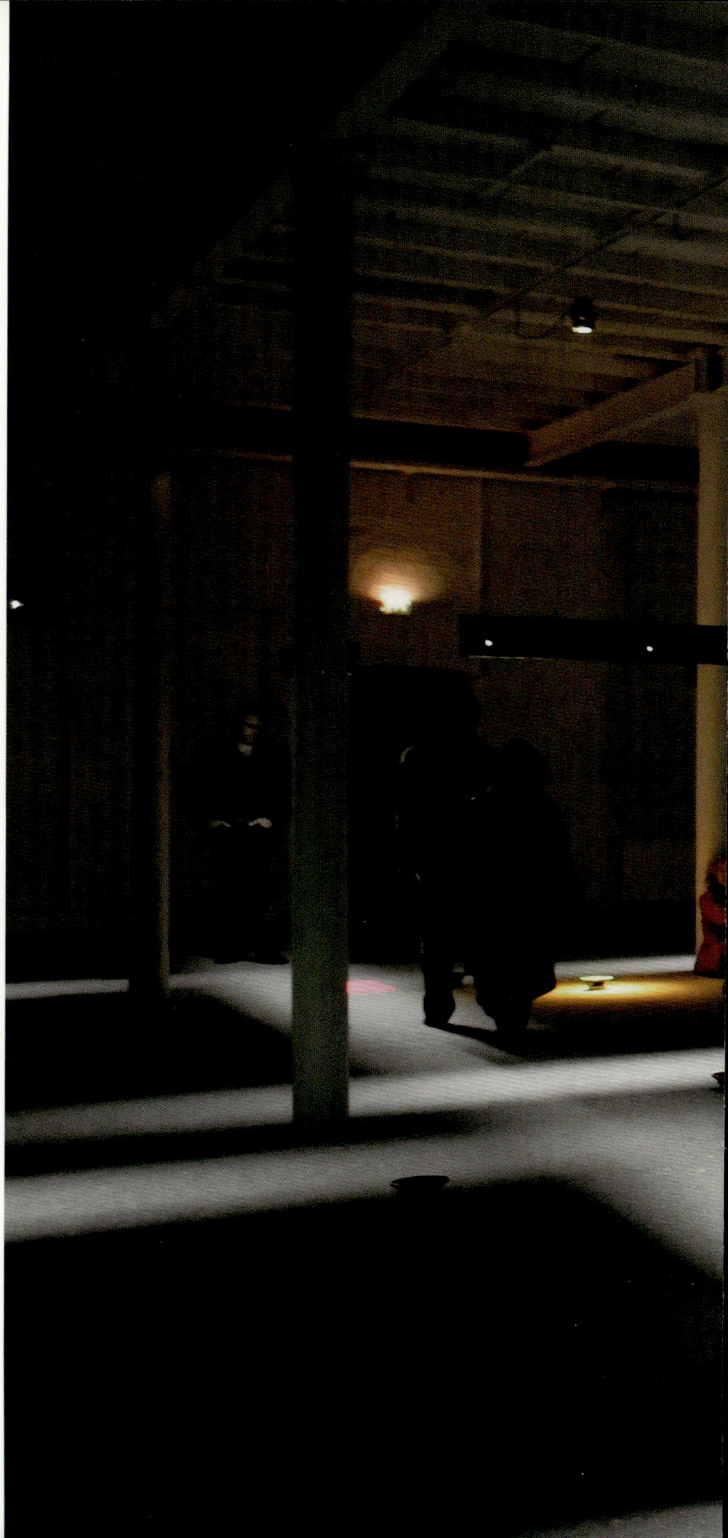

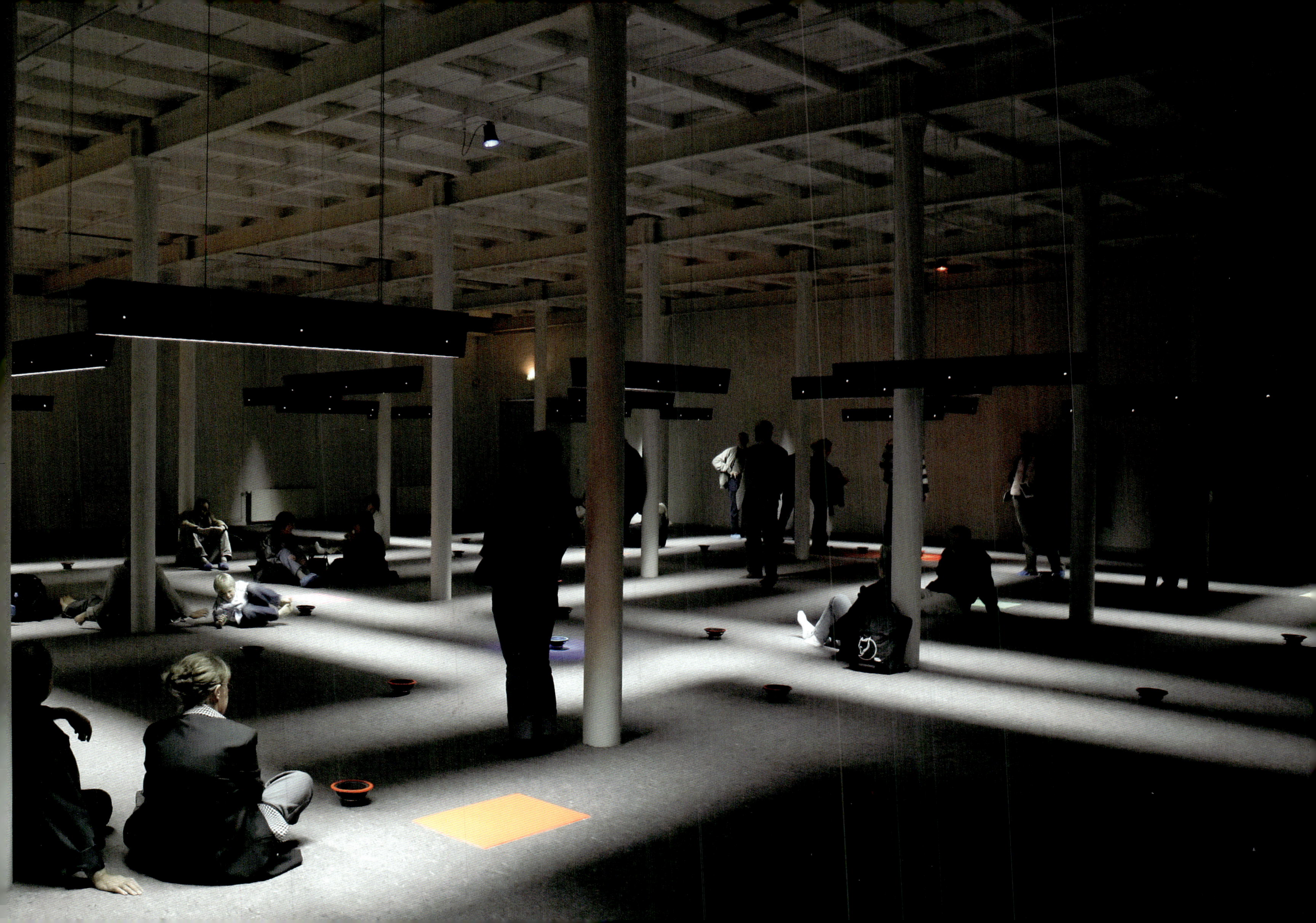

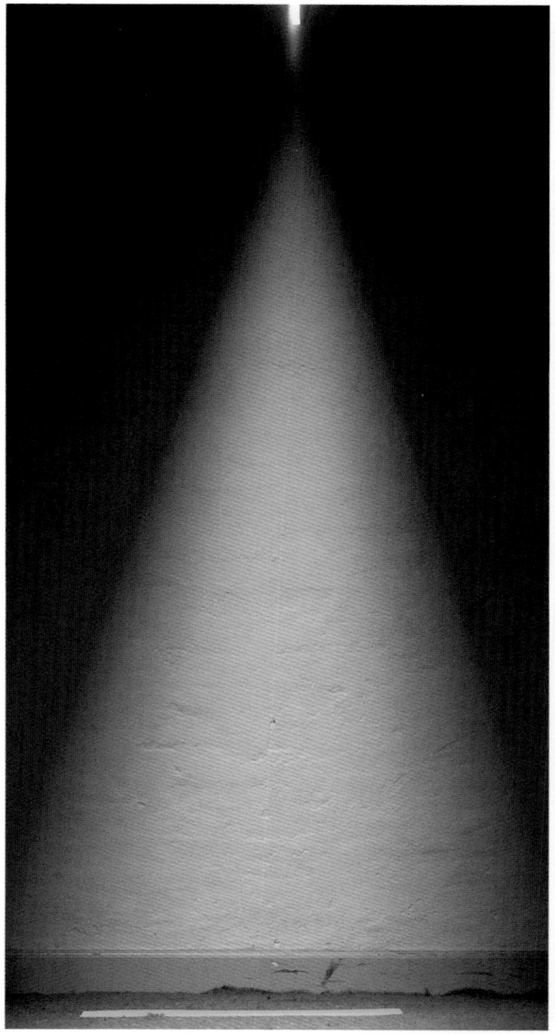

HELGA DE LA MOTTE-HABER

I sansernes vekselspil

Tanker omkring Hans Peter Kuhns installationer

Hverdagens syn og hørelse

I vores teknisk bestemte verden findes der tilstrækkelige muligheder for at frakoble samspillet mellem øre og øje, muligvis ved at høre musik som ledsagelse til en anden aktivitet, for det meste erfarer vi dog hændelsesforløb med flere sanseorganer på samme tid. I en samtale understøtter mimikken det hørte, i film musikken det sete. Informationerne fra forskellige sanseorganer integreres så harmonisk, at der opstår et indtryk af en helhed, der ikke lader os blive bevidste om, at øjets og ørets funktionsmåder er meget forskellige. Reagere så hurtigt som øret kan øjet ikke. Dirigenter og orkestermusikere ved, hvor vigtig denne særskilt akustiske reaktionsformåen er for synkronspillet. Over længere afstande når lysbølgerne dog øjet hurtigere, end lydbølgerne når øret. Det lyner først, og så tordner det. Og mennesket kan i det fjerne se det, som han ikke længere hører lyden af. For at gøre det muligt at erfare sanseorganernes forskellige funktionsmåder, er kunstige situationer påkrævede. Bugtalerens optræden ville være en sådan situation, hvor lydens kilde på grund af indtrykket af enhed

Inter-Action of the Senses

Thoughts on the Installations of Hans Peter Kuhn

Everyday Seeing and Hearing

In our technically defined world, there are of course sufficient possibilities to uncouple the collaboration between eye and ear, such as that of listening to music as an accompaniment to another activity. But we mostly take in an occurrence with several of our sensory organs simultaneously. In a dialog, mimicry reinforces what is heard; in film, music what is seen. Information from various sensations is so harmoniously integrated that a holistic impression results, so that we do not become aware that the way eye and ear function are so very different. The eye cannot react as fast as the ear. Conductors and orchestra musicians realize how important for synchronous playing this capability to react so well to acoustic signals is. From a greater distance, however, light waves reach the eye faster than sound waves the ear. First lightning, then thunder. And man can see into a distance at which he can no longer hear. In order to make explicit the different ways our sense organs function, artificial situations are called for. Ventriloquism is just such a situation where – for the

Im Wechsel-Spiel der Sinne

Gedanken zu den Installationen von Hans Peter Kuhn

Alltägliches Sehen und Hören

In unserer technisch bestimmten Welt gibt es zwar hinreichende Möglichkeiten, das Zusammenspiel von Auge und Ohr zu entkoppeln, etwa Musik zur Begleitung einer anderen Tätigkeit zu hören, meist aber nehmen wir doch einen Vorgang gleichzeitig mit mehreren Sinnesorganen wahr. Bei einem Gespräch unterstützt die Mimik das Gehörte, im Film die Musik das Gesehene. Die Informationen aus verschiedenen Sinnesorganen werden so harmonisch integriert, dass ein ganzheitlicher Eindruck entsteht, der uns nicht bewusst werden lässt, dass die Funktionsweisen von Auge und Ohr sehr verschieden sind. So schnell reagieren wie das Ohr kann das Auge nicht. Dirigenten und Orchestermusiker wissen, wie wichtig dieses akustisch ausgezeichnete Reaktionsvermögen für das Synchronspiel ist. Aus größerer Entfernung erreichen die Lichtwellen das Auge aber schneller als die Schallwellen das Ohr. Es blitzt erst und dann donnert es. Und der Mensch kann in eine Ferne sehen, aus der er nichts mehr hört. Um die verschiedenen Funktionsweisen der Sinnesorgane

formodes at være de bevægede læber på en dukke. Denne såkaldte *visual capture-effekt* henviser til øjets dominans i den rumlige erfaring. Glemmes skal det dog ikke, at øret leverer vigtige ruminformationer, da man kun hører, men ikke ser, det som foregår bagved én. Pendanten til *visual capture* er en *akustisk impulsgiver* for den tidslige erfaring: En konstant belyst billedskærm synes ved flere hastigt på hinanden følgende *bip* at udsende glimt. I erfaringen bliver de akustiske og visuelle informationer tilordnet forskellige roller, nærmest backstage bag de oplevede fremtrædelser. Det som opleves opstår ud af en slags bevidsthedsteater, der fører til sammensmeltningen af de sanselige informationers vekselspil. Fænomenerne kunne beskrives. Men i mange tilfælde er grundene ukendte.

Klang og lys som ligevægtede materialer i Hans Peter Kuhns installationer

Hans Peter Kuhn begyndte i 1980'erne med arbejder, der udnytter spektret af den akustiske og visuelle erfaring med deres mange facetter: Hørelse og syn såvel som hørelse forbundet med det at se spiller en rolle. Hørespil til radioen præciserer hans, for det meste meget tilbageholdende, ytringer om arten af klange, som han anvender i sine installationer. Klangene er samplede; de kan stamme fra hvor som helst. Kun en gang imellem gør lyden opmærksom på kil-

sake of homogeneity – the moving lips of a puppet are imagined to be the source of the sound. This so-called *visual capture effect* demonstrates the dominance of the eye in spatial perception. Yet we should not forget that the ear supplies important spatial information, because what goes on behind us is only heard and not seen. In temporal perception, the counterpart to visual capture is the response to *acoustic impulses*: a screen that is evenly lit seems to flash if several beeps are heard in quick succession. In human perception, visual and acoustic sensory data are processed differently behind the backdrop of the apparent phenomena. What we experience of the world around us seems to arise on a stage in our consciousness where the interplay of distinct sensory information is woven into a single cloth. The phenomena can be described. But in many cases the reasons remain unknown.

Sound and Light as Materials of Equal Weight in Hans Peter Kuhn's Installations

Hans Peter Kuhn began in the 1980s to produce works that used a whole range of acoustic and visual perceptions with their many facets: hearing, seeing, as well as hearing linked to seeing, all play a role. His recordings for radio specify his mostly very restrained comments on the kind of sounds that he uses in his installations. The sounds are sampled; they can come

erfahrbar zu machen, bedarf es künstlicher Situationen. Das Bauchreden wäre eine solche Situation, bei der um des Eindrucks der Einheitlichkeit willen die Herkunftsquelle des Schalls bei den bewegten Lippen einer Puppe vermutet wird. Dieser so genannte *Visual-Capture-Effekt* verweist auf die Dominanz des Auges bei der räumlichen Wahrnehmung. Vergessen sei aber dennoch nicht, dass das Ohr wichtige Rauminformationen liefert, weil man das, was hinter einem vorgeht, nur hört, aber nicht sieht. Das Pendant zum *Visual-Capture* ist ein *akustischer Impulsgeber* für die zeitliche Wahrnehmung: Ein konstant erleuchteter Bildschirm scheint bei mehreren schnell aufeinanderfolgenden *Beaps* Blitze auszusenden.
In der Wahrnehmung werden den visuellen und den akustischen Informationen verschiedene Rollen zugewiesen, quasi backstage hinter den empfundenen Erscheinungen. Was erlebt wird, entsteht aus einer Art Bewusstseinstheater, das zur Verschmelzung des Wechsel-Spiels der sinnlichen Informationen führt. Die Phänomene können beschrieben werden. Aber in vielen Fällen sind die Gründe unbekannt.

Klang und Licht als gleich gewichtete Materialien in Hans Peter Kuhns Installationen

Hans Peter Kuhn begann in den 1980er Jahren mit Arbeiten, die das Spektrum akustischen und visuellen Wahrnehmens mit seinen vielen Facetten nutzen:

derne for deres oprindelse. De er for det meste bearbejdede. Jo mere abstrakte de dermed er blevet, jo mere gør de det tydeligt, hvor svært det er at beskrive dem med ord. Er man ikke tilbøjelig til i vidt omfang at give sig af med metaforer, kan klangene højest karakteriseres som små, lyse eller mørke, eller som det oftere er Kuhns mening som abstrakte, uden semantisk henvisning til deres oprindelse. Ganske vist står der i hans arbejder alligevel ikke som sådan en klang i centrum, ud af hvilken flest mulige farvede lag skal aflyttes; langt vigtigere er for ham den klangmæssige bevægelse, det rytmiske mønster eller ugennemskuelige, tilsyneladende i hinanden sammenfiltrede forløb. Først og fremmest tæller klangenes *imellem*. Klangene tjener kompositionen af tidsstrukturer. Som bærere af bevægelsesinformationer vinder de også med lethed visuel betydning. De udspænder med deres hastige forløb linier langs et objekt eller igennem et rum; de indgår dermed let interaktioner med det sete.

Også arbejder, der kun skal ses, finder man i Kuhns værk. Lysstofrør kan isolere et rum og samtidig, som markeringerne af en pavillon på en bogmesse, indbyde til at kigge ind og træde indenfor. Det af spyd *ramte* fæstningstårn i Paderborns bymur isolerer et tidsrum. Uden en lyd af klage står den som et synligt tegn fra en anden tid midt i trafiklarmen, som bliver til en slags kontrasterende, vedvarende klanginstallation. Andre lysinstallationer tager den omstændighed

from almost anywhere. Only at times do these sounds make us aware of their origin. They are mostly reworked. As a result, the more abstract they have become, the more they illustrate how difficult it is to describe them in words. If you don't tend to indulge in metaphors, the sounds can at the most be characterized as small, as dark or light, or as Kuhn frequently says, as abstract, without any semantic indication of their origin. However, it is in any case not one sound as such that stands at the center of his works from which the greatest amount of colorful superpositions are to be heard; much more important to him is the tonal movement, the rhythmic pattern, or the impervious and seemingly networked sequence. What count, above all, are the sounds *in-between*. The sounds serve the composition of time structures. As bearers of motion data, they easily take on visual meaning. In their rapid succession they span lines along an object or across and through a space; they are therefore easily enlisted in interactions with what is going on.

Works that are solely visual can also be found in Kuhn's œuvre. Fluorescent light tubes demarcate a space and at the same time, as markings for a pavilion at a book fair, invite you to look in and enter. The Paderborn city-wall tower *struck* by spears marks off an historical space; as a visible sign of another time without intoned lament, it stands in the midst of noisy traffic, rendering it a kind of contrasting

Hören, Sehen sowie Hören verbunden mit Sehen spielen eine Rolle. Die Hörstücke für das Radio präzisieren seine meist sehr zurückhaltenden Äußerungen über die Art der Klänge, die er in seinen Installationen verwendet. Die Klänge sind gesampelt; sie können von überall her stammen. Nur manchmal machen diese Klänge auf ihre Herkunftsquelle aufmerksam. Sie sind meist bearbeitet. Je abstrakter sie dadurch geworden sind, um so mehr verdeutlichen sie, wie schwer sie mit Worten beschreibbar sind. Neigt man nicht dazu, sich umfänglich in Metaphern zu ergehen, sind die Klänge höchstens als klein, als dunkel oder hell, oder – wie Kuhn öfter meint – als abstrakt, ohne semantischen Verweis auf ihre Herkunft, zu charakterisieren. Allerdings steht bei seinen Arbeiten ohnehin nicht ein Klang als solcher im Zentrum, aus dem möglichst viele farbige Schichten herausgehört werden sollen; viel wichtiger ist für ihn die klangliche Bewegung, die rhythmischen Muster oder nicht durchschaubare, in sich vernetzt wirkende Abfolgen. Es zählt vor allem das *Zwischen* den Klängen. Die Klänge dienen der Komposition von Zeitstrukturen. Als Träger von Bewegungsinformationen gewinnen sie leicht auch visuelle Bedeutung. Sie spannen mit ihren geschwinden Abfolgen Linien an einem Objekt entlang oder durch einen Raum hindurch; sie gehen daher leicht Interaktionen mit dem Gesehenen ein.

Auch Arbeiten nur zum Sehen finden sich im Werk von Kuhn. Leuchtstoffröhren können einen Raum

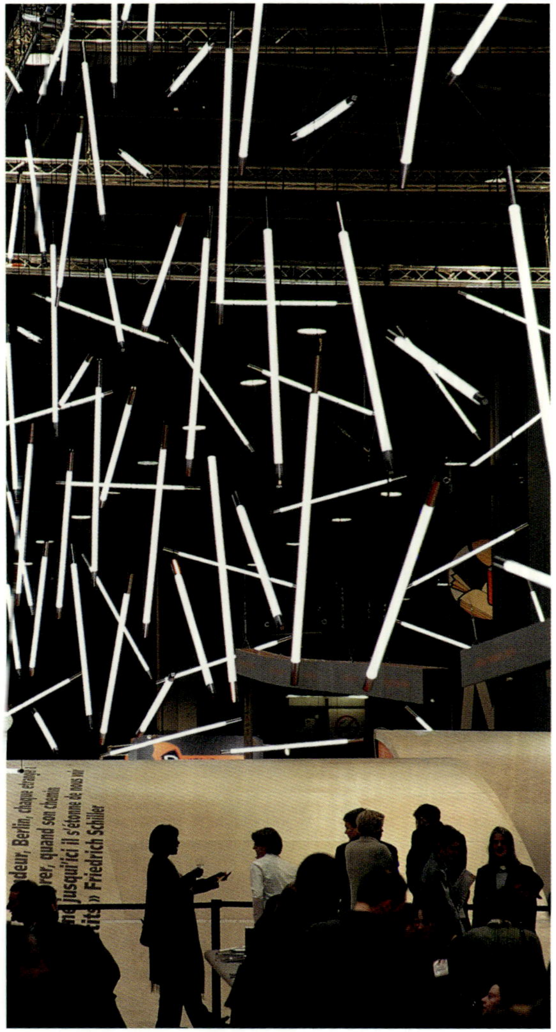

permanent sound installation. Other light installations take account of the fact that we can see further than we hear. Seen from a distance, rooftop elevator enclosures floodlit in color elevate a Berlin housing project to the city skyline (*Marzahn – bei Licht besehen*, 1999). But even if you think a gallery that is stained in pink-red can be interpreted as an ironic allusion to idyllic art, the colors, in fact, are treated with the same abstraction as the sounds. Colored fluorescent light tubes, placed irregularly on bridges or house walls, give rise to the impression that they will at any minute take flight. Spaces that are conceived in exactly the same way can, with differently floodlit walls, decompose into an iridescent labyrinthine ambience of moving, changing views. Like the sounds, light and color are integrated with properties of space and time. Hans Peter Kuhn extracts multifunctional meanings from them, which go beyond any quotidian perception that (over)simplifies.

Kuhn often sets visual and acoustic events parallel to each other; psychologically, they have a complementary function. For, as ever in his installations, seeing and hearing serve to structure space and time, yet it is but one function of one or both sensory organs that is dominant, so that they can interactively support each other. Walls or towers spotlighted in color along the riverbanks, neon lighting that traces bridges or crossings challenge the eye to wander; but from a dis-

ausgrenzen und gleichzeitig wie die Markierungen für einen Pavillon auf einer Buchmesse zum Durchschauen und Eintreten einladen. Der von Spießen *getroffene* Wehrturm der Paderborner Stadtmauer grenzt einen Zeitraum aus; ohne tönende Klage als sichtbares Zeichen einer anderen Zeit steht er mitten im Verkehrsgeräusch, das zu einer Art kontrastierender Dauerklanginstallation wurde. Andere Lichtinstallationen tragen dem Umstand Rechnung, dass wir weiter sehen als hören können. Aus der Ferne betrachtet, rückt durch farbig angestrahlte Fahrstuhlhäuschen eine Berliner Plattenbausiedlung zur Skyline der Stadt auf (*Marzahn – bei Licht besehen*, 1999). Aber auch wenn man meint, eine rosarot eingefärbte Galerie als ironische Anspielung auf eine Idylle der Kunst auffassen zu können, so sind doch die Farben ähnlich abstrakt gehandhabt wie die Klänge. Irregulär an Brücken oder Häuserwänden angebrachte bunte Leuchtstoffröhren rufen den Eindruck hervor, als wollten sie sich gerade in Bewegung setzen, regelrecht zum Schwung ausholen. Ganz gleich konzipierte Räume können sich mit verschieden angestrahlten Wänden in ein changierend labyrinthisches Ambiente von bewegten wechselnden Ansichten auflösen. Licht und Farben integrieren sich wie die Klänge sowohl in räumliche wie zeitliche Eigenschaften. Hans Peter Kuhn gewinnt ihnen multifunktionelle Bedeutungen ab, die über die vereinfachende Alltagswahrnehmung hinausgehen.

i betragtning, at vi kan se længere, end vi kan høre. Betragtet på afstand rykkes en bebyggelse med elementbyggeri i Berlin (*Marzahn – bei Licht besehen*, 1999) op i byens skyline af deres elevatorhuse, der bestråles med farvet lys. Men også selvom man mener at kunne opfatte et galleri indfarvet i rosarødt som en ironisk hentydning til en kunstens idyl, er farverne dog i lighed med klangene håndteret abstrakt. Kulørte lysstofrør anbragt irregulært på broer og husmure fremkalder det indtryk, at de netop er ved at sætte sig i bevægelse, regelret løftet til svingning. Helt ens konciperede rum kan med forskelligt bestrålede vægge opløse sig i et changerende labyrintisk miljø af bevægede, vekslende udsigter. Lys og farver integrerer ligesom klangene såvel rumlige som tidslige egenskaber. Hans Peter Kuhn udvinder multifunktionelle betydninger af dem, der går ud over den forenklende hverdagserfaring.

Visuelle og akustiske hændelser bliver af Kuhn ofte anvendt i regelret parallelle opsætninger; psykologisk set har de en kompletteringsfunktion. For ligesom såvel syn som hørelse i hans installationer tjener struktureringen af tid og rum, så er der dog stadig til ethvert tidspunkt en funktion ved et af de to sanseorganer, der er dominant, så de skiftevis kan støtte hinanden. Vægge bestrålet med farvet lys eller tårne langs bredder, lysstofrør som aftegninger af broer eller overgange udfordrer øjet til vandring; men i det fjerne smelter de sammen til et billede i rummet.

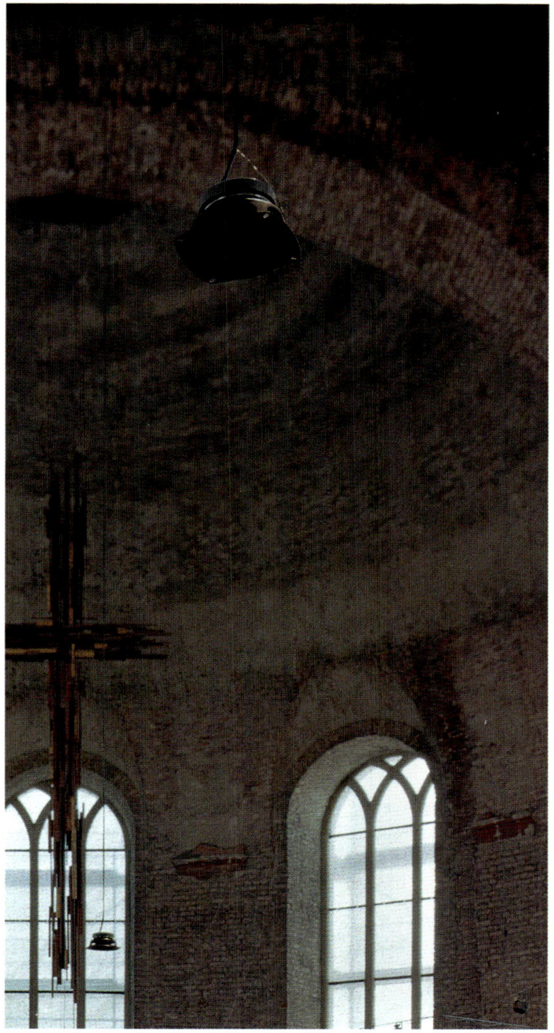

Visuelle und akustische Ereignisse werden oft in regelrecht paralleler Setzung von Kuhn verwendet, sie haben psychologisch gesehen eine Ergänzungsfunktion. Denn wie immer sowohl Sehen wie Hören in seinen Installationen der Strukturierung von Raum und Zeit dienen, so ist jeweils doch noch eine Funktion bei einem der beiden Sinnesorgane dominant, so dass sie sich wechselseitig stützen können. Farbig angestrahlte Wände oder Türme entlang von Ufern, Leuchtstoffröhren als Nachzeichnungen von Brücken oder Übergängen fordern zum Wandern des Auges heraus; aber aus der Ferne verschmelzen sie zu einem Bild im Raum. Nähert man sich – wobei immer eine trennende Distanz z. B. durch das Wasser bleibt –, so hört man aus den ebenfalls eingebauten Lautsprechern Klänge am Wasser oder darüber laufen. Die Klänge sind *abstrakt*, wichtig ist ihr Verlauf, weil sie dadurch die zeitliche Dynamik des in größerer Nähe betrachtenden Auges hervorkehren. Gleichwohl verleiht die räumliche Ordnung solch zeitlichem Geschehen seinen formenden Rahmen. Das Hören stimuliert zwar eine gesehene Bewegung, aber das Sehen gibt die räumliche Richtung der gehörten Bewegung vor. Solch einen *Visual-Capture-Effekt* bewirkten auch die an einer Wand in horizontal angebrachten Lautsprechern zufällig hin und her springenden Töne. Die Lautsprecherreihe war von darüber liegenden, weiß leuchtenden Neonröhren angestrahlt. Vom Licht geleitet tastet – oder *scannt*, folgt man dem Titel der Installa-

Nærmer man sig, hvor en adskillende distance altid bliver tilbage f. eks i kraft af vandet, så hører man fra de ligeledes indbyggede højtalere klange ved vandet eller løbende hen over det. Klangene er *abstrakte*, vigtigt er deres forløb, fordi de derigennem foregriber den tidslige dynamik, der tilhører øjet, som betragter på nær afstand. Ligeledes giver den rumlige ordning sådanne tidslige begivenheder deres formende rammer. Hørelsen stimulerer ganske vist en set bevægelse, men synet angiver den rumlige retning for den hørte bevægelse. En sådan *visual capture-effekt* påvirkede også de frem- og tilbagespringende toner fra de horisontalt anbragte højtalere på en væg. Højtalerrækken blev bestrålet af hvidt lysende neonrør, der lå over for dem. Styret af lyset afsøger – eller *scanner*, hvis man følger titlen på installationen *Scanner* – den lyttende de frem- og tilbagespringende toner fra den horisontale linie. Man behøver ikke at være bevidst om sanseorganernes vekselspil, man kan helt enkelt finde fornøjelse i forholdet mellem overraskende bevægelse og ret linie. Men det er også spændende, såvel at glæde sig over den fænomenale fremtræden som at give rum til at tænke efter, hvordan den frembringes.

Intentionen om at vægte syn og hørelse ligeligt bliver særlig tydelig i bearbejdelsen af råmaterialet, der dog kun møjsommeligt kan åbnes op analytisk, når man har tekniske informationer fra kunstneren til rådighed. Sjældent afgiver han dem, som det er tilfældet med hans korte tekst til et arbejde, hvor han lader klangene

tance they fuse into one picture in space. If you get closer, there still remains a dividing distance, e.g., across the water; from the loudspeakers that have also been mounted, you then hear sounds broadcast at or above the water. The sounds are *abstract*; what is important is the course they take, because they emphasize the temporal dynamics of the observing and more proximate eye. All the same, the spatial order lends the temporal events its formative framework. Although hearing stimulates the sight of movement, seeing projects the spatial direction of the heard movement. Such a *visual capture effect* is produced by tones that, emitted by loudspeakers mounted horizontally on a wall, spring randomly back and forth. The series of loudspeakers were floodlit by white fluorescent tubes placed above them. Led by the light the listener feels – *or scans*, if you follow the installation title of *Scanner* – his way along the horizontal line and the ricocheting tones. You don't have to be aware of the interaction between the senses; you can simply find pleasure in the relation between the surprising fluctuating movement and the straight line. Too, it is stimulating to delight in the phenomenal materialization as well as to have latitude for thinking about how it all comes about.

The intention of giving the same weight to hearing and seeing can be made especially clear in the way the raw material is treated, which can, however, only with difficulty be made accessible to analysis, unless,

tion (*Scanner*) – der Hörer die hin und her springenden Töne von der horizontalen Linie ab. Man muss sich nicht des Wechsel-Spiels der Sinnesorgane bewusst werden, man kann einfach am Verhältnis von überraschender Bewegung und gerader Linie Vergnügen finden. Aber es ist auch spannend, sich sowohl an der phänomenalen Erscheinung zu erfreuen, als auch dem Nachdenken Raum zu gewähren, wie sie denn zustande kommt.

Die Intention, Hören und Sehen gleich zu gewichten, wird besonders deutlich an der Bearbeitung des Rohmaterials, die aber nur mühsam analytisch zu erschließen ist, es sei denn man verfügt über technische Informationen von Seiten des Künstlers. Selten genug gibt er sie preis, wie dies bei seinem kurzen Text der Fall ist für eine Arbeit, bei der er Klänge entlang einer linearen Anordnung von zwölf kurzen breiten Stahlrohren mit darin verborgenen Lautsprechern hüpfen ließ. Zum Eindruck des Hüpfens trug nicht nur die zeitliche Folge der akustischen Impulse bei. Aus den tiefen Klängen waren die Obertöne herausgefiltert, so dass sie schwer wirkten und nicht besonders gut lokalisierbar waren. Sie waren so bearbeitet, dass sich die Einvernahme durch das Auge stark auswirken konnte und ihren Sprüngen Ort und Richtung vorgab. Zeitliche Bewegung und räumliche Statik waren auf der phänomenalen Ebene zu einem einheitlichen Eindruck verwoben.

hoppe langs en lineær anordning af tolv korte og brede stålrør, med deri skjulte højtalere. Til indtrykket af noget hoppende bidrager ikke kun den tidslige følge af de akustiske impulser. Fra de dybe klange var overtonerne filtreret bort, så de virkede tunge og ikke var særligt nemme at lokalisere. De var bearbejdet således, at aflytningen af dem kunne have en stærk indvirkning på øjet og angav sted og retning for deres spring. Tidslig bevægelse og rumlig statik var på det fænomenale plan sammenvævet til et indtryk.

Erfaringsæstetik

Legen med erfaringen har siden de 20. århundrede fået en central betydning for kunstnerne. Mest radikale har Marcel Duchamps *ready-mades* tematiseret den tanke, at det er en opfattelse, der tilhører fortiden, at kunstværket er en verden for sig, lukket om sig selv og uden funktionel forbindelse til recipienter. Også den metafysik, der følger med i det traditionelle kunstbegreb – kunst som repræsentant for en makrokosmisk orden – måtte forvandle sig, selvom en mere beskeden og mindre patetisk fordring blev bevaret. Bedre vil det dog være at tale om en *metafysikalistisk* fordring om noget hinsides det, som er fysisk måleligt. Erfaringsæstetik retter sig mod mentale reaktioner, gennem hvilke ikke kun det, der anskues som objekt, men snarere anskuelsesappa-

that is, the artist divulges more technical data. It is seldom enough that he does so, as in the case of his short text on a work in which he had sounds hop along a linear arrangement of twelve short but broad steel tubes within which loudspeakers were hidden. The impression of hopping was not only reinforced by the temporal sequence of the acoustic impulses. The overtones were filtered out of the deep tones, so that their impact was heavy and not easily locatable. They were so manipulated that the eye's intake was able to have a strong effect and predetermine the site and direction of their hops. Temporal movement and spatial inertia were, on a phenomenal level, woven to a uniform impression.

Perceptual Aesthetics

Since the 20th century this little game with perception has been of central importance to artists. It was Marcel Duchamp's *ready-mades* that most radically revealed how out-of-date it was to think that an artwork was a closed-off world of its own without any functional reference to the recipient. The metaphysics that resonated within this traditional definition of art – art as the representative of a macrocosmic order – also had to change, even though a metaphysical claim was still preserved, if a more modest one with less pathos. It would be better to say: a *metaphysical* claim to a world what is physically

Wahrnehmungsästhetik

Das Spiel mit der Wahrnehmung hat für die Künstler seit dem 20. Jahrhundert eine zentrale Bedeutung gewonnen. Am radikalsten hatten Marcel Duchamps *ready mades* den Gedanken thematisiert, dass die Auffassung der Vergangenheit angehört, das Kunstwerk sei eine Welt für sich, in sich geschlossen und ohne funktionalen Bezug zum Rezipienten. Auch die im traditionellen Kunstbegriff mitschwingende Metaphysik – Kunst als Vertreter einer makrokosmischen Ordnung – musste sich wandeln, wenngleich bescheidener und unpathetischer doch ein metaphysischer Anspruch erhalten blieb. Besser wäre zu sagen: ein *metaphysikalischer* Anspruch auf ein Jenseits dessen, was physikalisch messbar ist. Wahrnehmungsästhetik zielt auf mentale Reaktionen, durch die nicht nur das, was als Objekt angeschaut wird, sondern der Anschauungsapparat selbst der Reflexion geöffnet wird, um ihn so weit als möglich transparent zu machen. Wo liegen die Grenzen, wenn man sich die Funktionsweisen des Anschauungsapparats vergegenwärtigen möchte? Sind sie erweiterbar? Es sind dies Fragen, die auch in der Philosophie und den Kognitionswissenschaften reflektiert werden, aber als nicht restlos zu beantworten gelten. Denn für die Wissenschaft hieße dies, dass man sich wie ein externer Beobachter den eigenen Erfahrungen nähert, damit sie objektiviert mitgeteilt werden können. Der *Film im Kopf*, eine beliebte wissenschaftliche Metapher für

ratet selv bliver gjort tilgængeligt for refleksion for, så vidt det er muligt, at gøre det transparent. Hvor ligger grænserne, når man vil anskueliggøre anskuelsesapparatets funktionsmåder? Kan de udvides? Det er disse spørgsmål, der også reflekteres i filosofien og kognitionsvidenskaberne, men som gælder for ikke at kunne besvares restløst. For i videnskaben betyder dette, at man nærmer sig sine egne erfaringer som en ekstern betragter, således at de kan kommunikeres objektivt. *Filmen i hovedet*, en foretrukken videnskabelig metafor for samspillet mellem mentale fremtrædelser, også af billede og lyd, bliver dermed gjort tilgængelig gennem *falske erfaringer*[1]. *Visual capture-effekten* er det indtil videre mest nøje undersøgte fænomen på den audiovisuelle erfarings område. Problemerne rejser sig ikke med samme skarphed i erfaringsæstetikken, fordi der spørges mindre, mens der lægges mere ud til værket. Ved ikke at orientere sig mod beskrivelse, men mod den umiddelbare oplevelse, kan kunst tydeliggøre og åbne et vindue mod en bevidsthed om nye erfaringsstrukturer. Goethes prægnante, men lidt vel gammeldags, ord fra slutningen af anden del af *Faust* falder mig her ind: »Det ubeskrivelige – her bliver det gjort«. Bortset fra rent konceptuelle kunstformer, som med deres eksperimentelt forskende karakter står ved overgangen til videnskaben, forbinder kunst mental refleksion, der kunne betragtes som antropologisk natur, med en non-refleksiv opleven, i hvilken dens kunstfærdighed spejler sig som en vanskeligt beskri-

measurable. Perceptual aesthetics aims at mental reactions that open to reflection not only the object being looked at but also the visual apparatus itself, in order to make it as transparent as possible. What are the limits if you want to call to mind the way this visual apparatus works? Are they extendible? These are the questions that are examined in philosophy and the cognitive sciences, but are considered not quite fully answered. For science this would mean that you approach your own experience in the form of an external observer so as to be able to communicate them objectively. The *film in your head* – a popular scientific metaphor for the interaction of ideas, including image and sound – is thus procured through *false reception*. The *visual capture effect* has, up to now, been the most exactly studied phenomenon in the field of audiovisual perception. Within the framework of perceptual aesthetics, problems do not arise with the same poignancy, because less is under question and more put into the work. Oriented not towards description but towards immediate experience, art can elucidate and open windows for the discovery of a new type of perceptual structure. Old-fashioned enough, it makes me think of the pithy words by Goethe at the end of *Faust II*, part 2: »The indescribable – here it's being done.« Leaving aside the purely conceptual art forms, which with their experimental and research character inhabit a transitional zone in regards to science, art brings together mental reflections (which may be of an anthropological

das Zusammenspiel der Vorstellungen, auch von Bild und Sound, wird daher über *Falschnehmungen* erschlossen. Der *Visual-Capture-Effekt* ist im Bereich der audiovisuellen Wahrnehmung das bisher am genauesten untersuchte Phänomen. Die Probleme stellen sich im Rahmen einer Wahrnehmungsästhetik nicht mit derselben Schärfe, weil weniger gefragt, als vielmehr ins Werk gesetzt wird. Nicht auf Beschreibung, sondern auf unmittelbare Erfahrung ausgerichtet, kann Kunst verdeutlichen und Fenster für das Gewahrwerden neuartiger Wahrnehmungsstrukturen öffnen. Altmodisch genug fällt mir dazu das prägnante Goethewort am Schluss des zweiten Teils von *Faust II* ein: »Das Unbeschreibliche – hier wird's getan.« Abgesehen von rein konzeptuellen Kunstformen, die mit ihrem experimentell forschenden Charakter in einem Übergangsbereich zur Wissenschaft stehen, verbindet Kunst mentale Reflexionen, die anthropologischer Natur sein können, mit einem nicht-reflexiven Erleben, in dem sich ihr Kunstvollsein als ein schwer beschreibbares *Anderssein* spiegelt. Andere Dimensionen werden damit berührt als das kognitive Spiel, dem seinerseits aber auch eine wichtige Rolle im Rahmen einer modernen Wahrnehmungsästhetik zukommt. Denn wen erfreute nicht das Wissen, dass er nicht doch über eine im Licht und Klang schwingende Brücke sicher zum anderen Ufer gelangen könnte?

Die Installationen von Hans Peter Kuhn sind von einer formvollendeten Klarheit; man meint, sogar

velig *andethed*. Dermed berøres andre dimensioner end det kognitive spil, der dog samtidig på sin side har en vigtig rolle inden for rammerne af en moderne erfaringsæstetik. For hvem ville ikke glæde sig over den viden, at han kunne komme sikkert over på den anden bred ad en bro svingende i lys og klang?

Hans Peter Kuhns installationer er af en formfuldendt klarhed; man mener sågar at have love til at beskrive blandede farver som rene. Arbejderne, som på hvert nyt sted er placeret med sikker hånd og giver det nye dimensioner med farvet lys og bevæget klang, synes undertiden at svæve drømmeagtigt. Den tekniske perfektion i installationerne i det fri vækker beundring. Denne æstetiske yderside kan beskrives med traditionelle formale kategorier. Og de kan også alene helt igennem stå for den umiddelbare erfaring. Men Kuhn provokerer for det meste tillige erfaringen på en sådan måde, at det ikke kun fremkalder et spørgsmål om *hvad,* men i stedet også spørgsmålet *hvordan*. Hvordan kan det være, at det ofte konstante lys kan sættes i bevægelse gennem klange? Med *Landschaft* (2000), hvor man på et metalgitter går over såvel irregulært udlagte lysstofrør under det som højtalere, i hvilke tonerne suser hid og did, kunne man få det indtryk af, at lyden fra tid til anden sadlede op på en lyskilde. Det animerede til mange tanker. Hvornår virker bevægede toner som impulsgivere for lyset: Når jeg fikserer en lyskilde? Når jeg befinder mig i en bestemt position? Afhænger ind-

nature) with non-reflective life, in which art's being-artistic mirrors a very hard to describe *being-different*. Dimensions are touched on here that are different from the game of cognition, which in its turn, however, plays an important role within the framework of a modern perceptual aesthetic. For who wouldn't be happy to know that they could safely reach the other shore over a bridge suspended in light and sound?

Hans Peter Kuhn's installations are of an impeccable clarity; you feel you could even claim that his mixed colors are pure. The works – installed with a sure hand at their respective sites, which gain new dimensions via the colored light and the zigzag sound – at times seem to float in a dream. The technical perfection of the outdoor installations incites admiration. This aesthetic outsiderness can nevertheless be described with conventional formal categories, and even on its own can vouch for a direct aesthetic experience. But at the same time Kuhn usually provokes perception in such a way that not only the *what* but also the *how* is invoked. How is it that often constant and even lighting can be set into motion by means of movement? In *Landschaft* (2000) – where you walked over a metal grid above an irregular carpet of neon lighting tubes as well as loudspeakers whose sounds darted this way and that – you could get the impression that the tone sometimes saddled the source of light. Many thoughts are triggered. When does moving sound function as an impulse for light:

gemischte Farben als rein bezeichnen zu dürfen. Die Arbeiten mit sicherer Hand an den jeweiligen Ort gesetzt, der im farbigen Licht und im bewegten Klang neue Dimensionen gewinnt, scheinen zuweilen traumhaft zu schweben. Die technische Perfektion der Installationen im Freien weckt Bewunderung. Diese ästhetische Außenseite kann mit herkömmlichen formalen Kategorien beschrieben werden. Und sie kann durchaus auch allein für die unmittelbare ästhetische Erfahrung einstehen. Aber Kuhn provoziert meist zugleich die Wahrnehmung in der Weise, dass nicht nur das *Was* sondern auch das *Wie* als Frage aufgerufen wird. Wie kommt es, dass das oft konstant eingesetzte Licht durch Klänge in Bewegung versetzt werden kann? In der *Landschaft* (2000), bei der man auf einem Metallgitter über irregulär darunter ausgelegten Leuchtstoffröhren sowie Lautsprechern ging, in denen Töne hin und her huschten, konnte man den Eindruck gewinnen, als sattelte der Ton manchmal eine Lichtquelle. Viele Gedanken wurden angeregt. Wann wirken bewegte Töne als Impulsgeber für das Licht: Wenn ich eine Lichtquelle fixiere? Wenn ich mich in einer bestimmten Position befinde? Hängt also der Eindruck nicht nur von einem automatischen Wahrnehmungsmechanismus ab, sondern von meiner Eigentätigkeit? Man kann durchaus von einer experimentell unabgeschlossenen Situation sprechen, in der sich der fragende und prüfende Rezipient befand, der jedoch zusätzlich zum Spiel seiner Gedanken oder auch aus-

trykket således ikke kun af en automatisk erfaringsmekanisme, men snarere fra min egen aktivitet? Man kan helt igennem tale om en eksperimentelt uafsluttet situation, i hvilken den spørgende og afprøvende recipient befandt sig og i tilgift til sine tankers spil, eller også udelukkende, kunne opleve et gådefuldt, tilsyneladende svævende drømmelandskab.

Undertiden sigter Kuhn imidlertid regelret mod kognitiv deltagelse. Allerede titlen på arbejdet *2 in 1 (Three Works)* fra 1996 giver anledning til eftertanke. To spejlede fotografier kunne fra en grænseflade for synet ses som et 3D-billede foran en kun todimensional baggrund. To højtalere til højre og venstre for betragterens øre afgav et signal i mono. Der opstod den uvante situation, at begge ører modtog fuldstændig ensartet information (hvilket normalt ikke er tilfældet på grund af deres adskilte position), hvilket fremkaldte det indtryk, at tonen kunne lokaliseres midt i hovedet. Arbejdet bestod akustisk af et endimensionalt, visuelt af et to- og tredimensionalt lag og gav anledning til at spørge, om man måske slet ikke ser med øjnene og hører med ørerne. Gennem den dimensionale dissociation af informationerne blev samspillet mellem sanseinformationerne i hovedet tydeligt rykket frem i forgrunden. Derudover blev det gennem denne kunstige-kunstneriske situation betonet, at erfaring også er afhængig af recipientens *standpunkt*.

when I fixate the source of light? When I take up a certain position? Does, therefore, my impression not only depend on an automatic perceptual mechanism, but also on my own activity? You can certainly speak here of an experimentally unconcluded situation in which the questioning and probing recipients find themselves, but who, in addition to (or exclusive of) this play on their thoughts, are able to experience a mind-boggling, dreamlike landscape that appears to float.

Sometimes Kuhn, however, very deliberately aims at cognitive participation. Alone the title of the work, *2 in 1 (Three Works)* from 1996, gives us pause enough for thought. Two mirrored photographs at a visual interface could be seen as a 3D picture against an only two-dimensional background. Two loudspeakers to the left and right of the viewer's ears emitted a mono-signal. An unusual situation was the result, in that both ears received the exact same information (normally not the case because of their separate positions), giving the viewer the impression that the tone came from a location at the center of his head. Acoustically, the work was made up of a one-dimensional layer and, visually, of a two- and three-dimensional layer and gave rise to the question of whether we perhaps don't at all see with our eyes or hear with our ears. Dissociating dimensionality from information is clearly a way to foreground the interaction of the sensual information in one's head. In

schließlich eine verrätselte, schwebend erscheinende Traumlandschaft erleben konnte.

Manchmal zielt Kuhn allerdings regelrecht auf eine kognitive Beteiligung. Bereits der Titel der Arbeit *2 in 1 (Three Works)* von 1996 regt zum Nachdenken an. Zwei gespiegelte Photos konnten an einer Sehschnittstelle als 3D-Bild gesehen werden vor einem nur zweidimensionalen Hintergrund. Zwei Lautsprecher rechts und links der Ohren des Betrachters strahlten ein Monosignal ab. Es entstand die ungewöhnliche Situation, dass die beiden Ohren eine ganz gleichartige Information erhielten (was normalerweise aufgrund ihrer getrennten Position nicht der Fall ist), was den Eindruck hervorrief, der Ton sei mitten im Kopf zu lokalisieren. Die Arbeit bestand akustisch aus einer eindimensionalen, visuell aus einer zwei- und einer dreidimensionalen Schicht und gab Anlass zur Frage, ob man vielleicht gar nicht mit den Augen sehe und den Ohren höre. Durch die dimensionale Dissoziation der Informationen wurde das Zusammenspiel der Sinnesinformationen im Kopf deutlich in den Vordergrund gerückt. Zusätzlich wurde durch diese künstlich-künstlerische Situation betont, dass Wahrnehmung auch vom *Standpunkt* des Rezipienten abhängt.

Eine ästhetische Wahrnehmung setzt einen anderen Vollzug voraus als eine alltägliche. Sie ist nicht auf Zwecke und angepasstes Verhalten ausgerichtet. Aber

En æstetisk erfaring forudsætter en anden fuldbyrdelse end hverdagens. Den er ikke rettet mod formål og tilpassede forhold. Men forbindelser, der normalt let går os forbi, kan blive synlige gennem kunstneriske konstruktioner, hvilket helt igennem kan forstås som en form for virkelighedstilegnelse. At gøre den sæt og vis transparent, på hvilken informationer dermed bliver bearbejdet, er ikke kun forbeholdt forskningen. Et sådant mål kan være medbestemmende for den kunstneriske intention, hvormed kunstneren til forskel fra den videnskabelige forskning, der er bundet til isolerede betingelser, kan skabe komplekse situationer, hvilket gør mere vidtrækkende erfaringer mulige.

Et sanseorganernes backstage-spil bag det oplevede

Til det særlige ved nogle af Kuhns installationer hører også, at stole (*Tagesschau,* 1995) eller lænestole (*Aquarium,* 2000) står klar til den besøgende. Breder og broer skal udelukkende betragtes fra en bestemt afstand. En abstrakt scenesituation, også fremlagt som sådan gennem titlen *Ballet* (1996), skabes for en lyttende, der hører klangene, som danser mellem højtalere. Også når man kan gå omkring i installationerne, virker de med deres selv-agerende lys-klang-spil distancerede, på trods af at man kan være regelret indhyllet i det. Rigt på oplysninger i forhold til overvejelser omkring disse særegne kendetegn er et tea-

addition, this artificial-artistic situation emphasized the fact that perception also depends on the recipient's *standpoint.*

An aesthetic perception requires a different execution from a common everyday variety. It is namely not directed towards ends and conformist behavior. But relations that normally easily escape us can be made visible by artistic postulations, which can rightly be understood as forms for appropriating reality. How to make intelligible the way information is processed is not solely something reserved for science. Such an aim can co-determine the artistic intention, whereby – in contrast to scientific research that is tied in with isolating conditions – artists create complex situations that make wide-ranging experience possible.

The Sensory Organs' Backstage Game Behind the Perceived

Among the peculiarities of some of Kuhn's installations is the fact that chairs (*Tagesschau*, 1995) or armchairs (*Aquarium*, 2000) are made available to the visitors. The riverbanks and bridges can only be observed at a certain distance. An abstract stage situation – also indicated by the title *Ballett* (1996) – is created for anyone listening to the dancing sounds between the loudspeakers. Even if you can walk into and around the installations, they seem aesthetically

Bezüge, die uns normalerweise leicht entgehen, können durch künstlerische Setzungen sichtbar werden, was durchaus als eine Form der Wirklichkeitsaneignung zu verstehen ist. Die Art und Weise transparent zu machen, in der dabei Informationen verarbeitet werden, ist nicht allein der Forschung vorbehalten. Ein solches Ziel kann die künstlerische Intention mitbestimmen, wobei im Unterschied zur wissenschaftlichen Forschung, die an isolierende Bedingungen gebunden ist, Künstler komplexe Situationen schaffen, was weiterreichende Erfahrungen ermöglicht.

Ein Backstage-Spiel der Sinnesorgane hinter dem Wahrgenommenen

Zu den Besonderheiten einiger Installation von Kuhn gehört auch, dass Stühle (*Tagesschau*, 1995) oder Sessel (*Aquarium*, 2000) für den Besucher bereitstehen. Ufer und Brücken sind nur aus einer gewissen Entfernung zu betrachten. Eine abstrakte Bühnensituation, auch durch den Titel *Ballett* (1996) als solche ausgewiesen, wird für einen Hörer geschaffen, der den zwischen Lautsprechern tanzenden Klängen lauscht. Wenn man in den Installationen umhergeht, wirken sie mit ihrem selbstagierenden Licht-Klang-Spiel distanziert, obwohl man regelrecht davon eingehüllt sein kann. Aufschlussreich beim Nachdenken über diese Besonderheiten ist ein Theaterstück (*Golden Windows*, 1982), das Kuhn für Robert Wilson

terstykke (*Golden Windows*, 1982), som Kuhn for Robert Wilson gav akustisk gestaltning. Han stillede 30 højtalere i salen og fordelte stemmerne fra de fire skuespillere, man kunne se på scenen, i salen. De besøgende befandt sig i en situation, der var bestemt af dialektikken i det at være inddraget i og det at være udelukket fra.De var på den ene side inde i stykket og havde på samme tid rollen som betragtere foran en scene. Det performative spil, som Kuhn udfolder i sine installationer, behøver ikke længere skuespillerne på scenen. Rum og klange i aktion bliver iscenesat. Tænkt i forhold til det at betragte og høre, oplever man samtidig, at Kuhn fra vores sanseverdens teater ekstrapolerer det, som udspiller backstage bag erfaringen. Til *Schmaler Raum* (1994), en installation med kvadratiske, farvede flader på væggen og klange løbende langs den, hører to stole, fra hvilke man kan se spillet. Farverne opfordrer blikket til vandring, men betragteren er ikke stillet fri i forhold til tidsforløbet. Det er kun i mindre grad den sædvanlige fikseringstid, der dirigerer denne vandring. Bestemmende er på den ene side farvernes *forløb*, men på den anden side har det en endnu stærkere virkning, at øjet styres rytmisk af det hørte. Et abstrakt teater udfolder sig som sad øje og øre midt i begivenhederne og lader et vekselspil opleve, hvor det ikke længere kun handler om erfaringen af farver og klange, men derimod om netop erfaringen af dette vekselspil. Erfaringen er her hele tiden stadig, men ikke længere udelukkende, rettet mod identifikationen af de

distanced by their self-activating light-sound performance that often quite enshrouds the listener-viewer. On this subject the theater play (*Golden Windows*, 1982), whose acoustics Kuhn designed for Robert Wilson, is very revealing. Kuhn set up 30 loudspeakers around the hall, to which he assigned the voices of the four actors seen on the stage. The audience found themselves in a dialectic situation that was determined by being both shut in and shut out. On the one hand, they were inside the play and, on the other, were given the role of spectators in front of a stage. The performative game that Kuhn develops in his installations no longer needs players on a stage. It is space and sound that are staged and set in motion, meant to be seen and heard. You experience at the same time the fact that Kuhn has extrapolated the theatrical in our world of the senses, namely that which takes place backstage behind perception. A part of *Schmaler Raum* (1994), an installation with planes of colored squares on the wall and sounds running parallel, is two chairs, from which you can observe the play. The colors entice your eyes to wander, but the length of time is left to the observer. It is less the usual fixation span that triggers the wandering gaze, which is determined, on the one hand, by the *gradation* of the colors but, on the other, even more by the fact that the eye is guided by what the ear hears. An abstract theater unfolds as though eye and ear were at the center of the activity and able to present an interplay by which it is no longer a question of simply

akustisch gestaltete. Er stellte 30 Lautsprecher in den Saal und verteilte die Stimmen der vier auf der Bühne zu sehenden Schauspieler im Saal. Die Besucher befanden sich in einer Situation, die von der Dialektik des Eingeschlossen- und Ausgeschlossenseins bestimmt war. Sie waren einerseits im Stück drinnen und hatten gleichzeitig die Rolle des Betrachters vor einer Bühne. Das performative Spiel, das Kuhn in seinen Installationen entfaltet, braucht nicht mehr den Spieler auf der Bühne. In Szene gesetzt werden Räume und Klänge in Aktionen. Zum Betrachten und Hören gedacht, erlebt man gleichzeitig, dass Kuhn das Theater unserer Sinnenwelt, das was sich backstage hinter der Wahrnehmung abspielt, extrapoliert. Zu *Schmaler Raum* (1994), einer Installation mit quadratischen farbigen Flächen an der Wand und entlanglaufendem Klang, gehören zwei Stühle, von denen aus man das Spiel betrachten kann. Die Farben regen zur Wanderung des Blicks an, aber der Zeitverlauf ist dem Betrachter kaum freigestellt. Es sind weniger die üblichen Fixationsdauern, die diese Wanderung anregen. Bestimmend ist einerseits der *Verlauf* der Farben, aber anderseits wirkt sich noch stärker aus, dass das Auge rhythmisch vom Gehörten gesteuert wird. Ein abstraktes Theater entfaltet sich, so als säßen Auge und Ohr mitten im Geschehen und ließen ein Wechsel-Spiel erleben, bei dem es nicht mehr nur um die Wahrnehmung von Farben und Klängen, sondern um eben die Wahrnehmung dieses Wechsel-Spiels

objektive fremtrædelser. Der opleves overraskelser, som udfolder sanseorganernes interaktioner. Det betragtende og tillige selv-refleksive subjekt er involveret i den performative hændelse, det indtræder imidlertid ikke som ved et virkeligt teaterstykke emotionelt rystet, medlidende eller frydefuldt i begivenhederne. Det bliver i langt højere grad siddende i stolen som ved intrigespil eller kærlighedstragedier. Det handler heller ikke om oplevelsen af voksende subjektivitet, om selvets befindtlighed eller om subjektiv tid; og det handler ikke om at afdække objekter og rums indre klang, – målsætninger, der helt igennem er overladt til installative arbejder af andre kunstnere. Kuhns installationer formidler på samme tid afstand og inddragelse. Den besøgende oplever en dobbeltrolle: Som deltagende fra distancen og som performativt medspillende gennem selv-refleksion.

Oversat fra tysk af Esben N. Petersen

1 I den oprindelige tekst skriver forfatteren »Falschnehmungen«, der er et ordspil på »Wahrnehmung« (da: erfaring, iagttagelse). Oversætterens note.

taking in the colors and sounds, but of the perception of their very interaction. Perception, though no longer exclusively, is still oriented towards the identification of the objective phenomena. What is experienced is the unexpected surprises that the interaction between the senses can develop. The observing and, at the same time, self-reflective subject is a participant in this performative activity; but he does not, as in a real theater play, immerse himself in the *plot* in an emotionally shocked, compassionate or edified way. He remains seated in his chair much more than when viewing conspiracies and tragedies of the heart. It is also not a question of an experience of enhanced subjectivity, of one's own state of mind or proper time, nor is it a question of revealing the innermost sound of objects and spaces – objectives that can have a bearing on the installation work of other artists. Kuhn's installations simultaneously formulate distance and inclusion. The visitor undergoes a double role: as a participant at a distance and as a performative participant in self-reflection.

Translated from German by Jeanne Haunschild

gehen kann. Die Wahrnehmung ist dabei noch immer, aber nicht mehr ausschließlich, auf die Identifikation der objektiven Erscheinungen ausgerichtet. Erlebt werden Überraschungen, die die Interaktionen der Sinnesorgane entfalten. Das betrachtende und zugleich selbstreflexive Subjekt ist am performativen Geschehen beteiligt; es taucht jedoch nicht wie bei einem wirklichen Theaterspiel emotional erschüttert, mitleidend oder erbaut in das Geschehen ein. Es bleibt weit mehr als bei Kabalen und Liebestragödien auf seinem Stuhl sitzen. Es geht auch nicht um das Erleben von gesteigerter Subjektivität, von Selbstbefindlichkeit oder von Eigenzeit; und es geht nicht darum, den inneren Klang von Objekten und Räumen zu enthüllen – Zielsetzungen, die durchaus bei installativen Arbeiten anderer Künstler zum Tragen kommen können. Die Installationen von Kuhn vermitteln gleichzeitig Abstand und Einbezug. Der Besucher erlebt eine Doppelrolle: teilnehmend in Distanz und zugleich performativ mitspielend in Selbstreflexion.

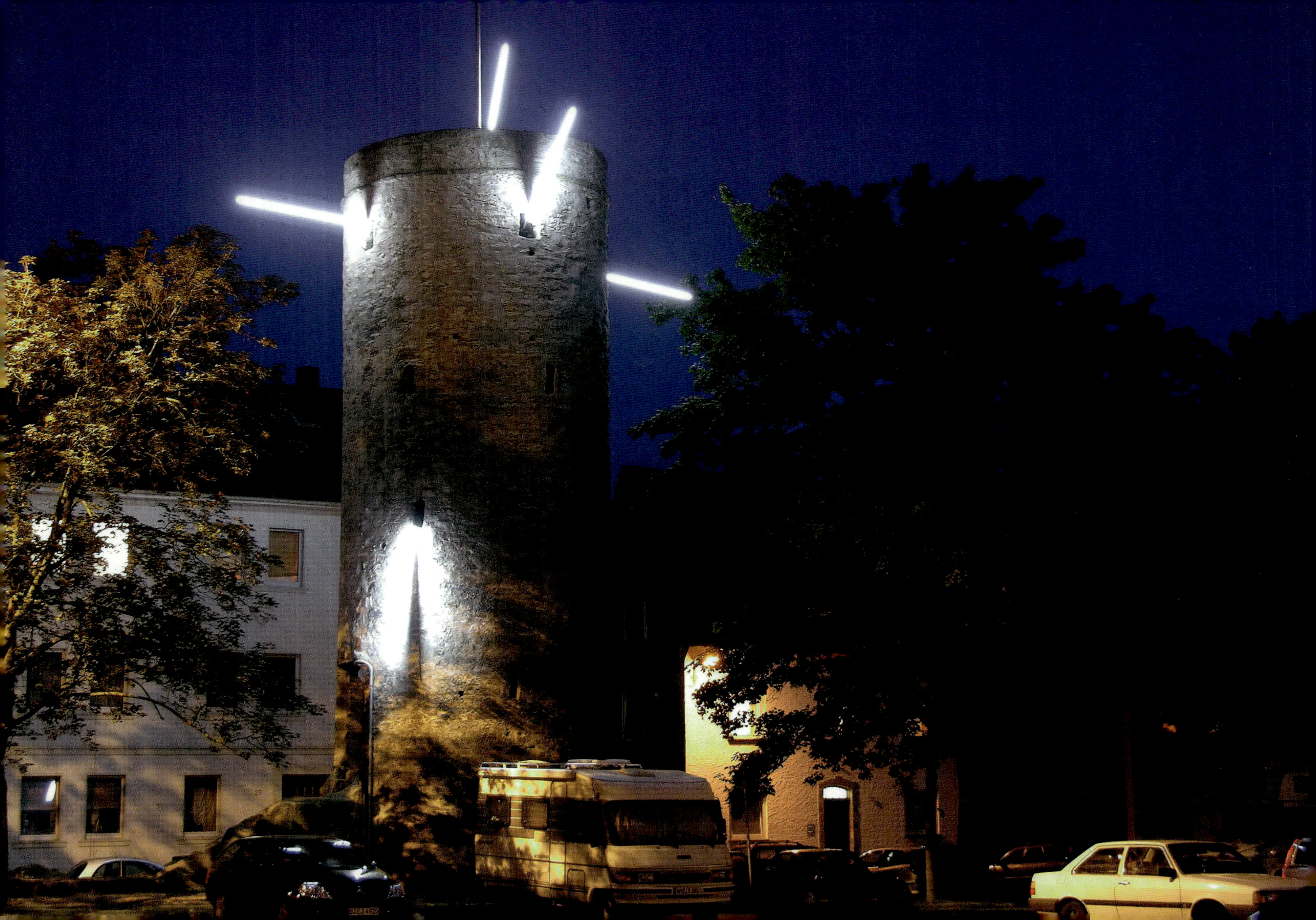

Heiersturm
Lys- og klanginstallation 2003
Heiersturm, Paderborn (D)
Neonrør, stål

Inden for rammerne af aktionen *7 tårne – 7 lys* i byen Paderborn blev syv kunstnere inviteret for at bringe de syv tilbageværende tårne fra den tidligere bymur tilbage i befolkningens bevidsthed med lysinstallationer. Installationen *Heiersturm* tager anlæggets oprindelige betydning som forsvarsmur op: Spyd af lys gennemtrænger tårnet, men bliver siddende i det.

Heiersturm
Light and sound installation 2003
Heiersturm, Paderborn (D)
Neon lamps, steel

In the framework of the city of Paderborn's program *7 Towers – 7 Lights*, seven artists were invited to use light installations to make the population aware again of the seven remaining towers of the former city wall. The installation *Heiersturm* takes up the original significance of the facility as a protective wall: spears of light penetrate the tower, but remain stuck in it.

Heiersturm
Licht- und Klanginstallation 2003
Heiersturm, Paderborn (D)
Neonröhren, Stahl

Im Rahmen der Aktion *7 Türme – 7 Lichter* der Stadt Paderborn wurden sieben Künstler eingeladen, die sieben noch verbliebenen Türme der ehemaligen Stadtmauer mit Lichtinstallationen wieder ins Bewusstsein der Bevölkerung zu bringen. Die Installation *Heiersturm* nimmt die ursprüngliche Bedeutung der Anlage als Schutzwall auf: Speere aus Licht durchdringen den Turm, bleiben aber in ihm stecken.

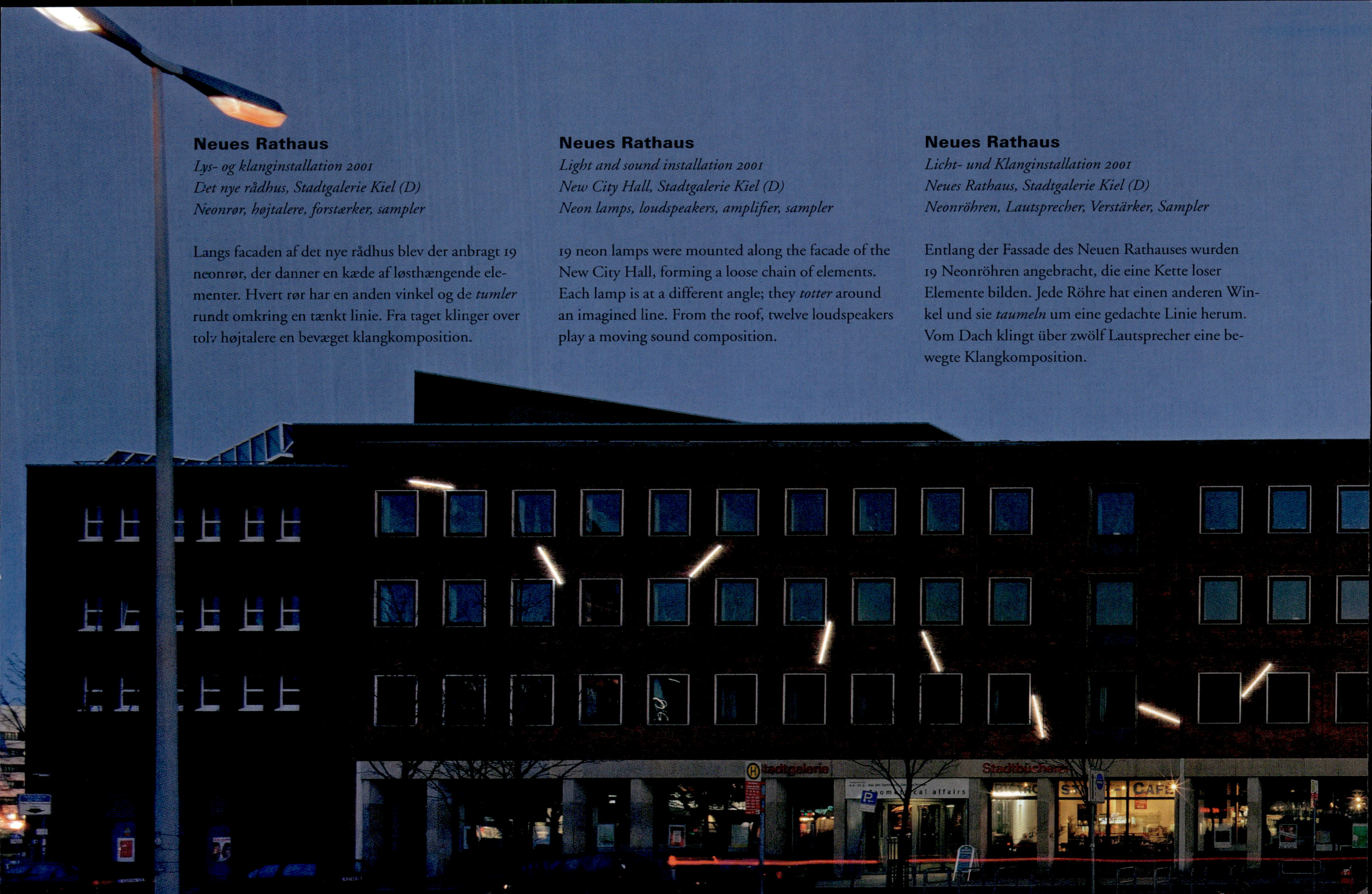

Neues Rathaus

Lys- og klanginstallation 2001
Det nye rådhus, Stadtgalerie Kiel (D)
Neonrør, højtalere, forstærker, sampler

Langs facaden af det nye rådhus blev der anbragt 19 neonrør, der danner en kæde af løsthængende elementer. Hvert rør har en anden vinkel og de *tumler* rundt omkring en tænkt linie. Fra taget klinger over tolv højtalere en bevæget klangkomposition.

Neues Rathaus

Light and sound installation 2001
New City Hall, Stadtgalerie Kiel (D)
Neon lamps, loudspeakers, amplifier, sampler

19 neon lamps were mounted along the facade of the New City Hall, forming a loose chain of elements. Each lamp is at a different angle; they *totter* around an imagined line. From the roof, twelve loudspeakers play a moving sound composition.

Neues Rathaus

Licht- und Klanginstallation 2001
Neues Rathaus, Stadtgalerie Kiel (D)
Neonröhren, Lautsprecher, Verstärker, Sampler

Entlang der Fassade des Neuen Rathauses wurden 19 Neonröhren angebracht, die eine Kette loser Elemente bilden. Jede Röhre hat einen anderen Winkel und sie *taumeln* um eine gedachte Linie herum. Vom Dach klingt über zwölf Lautsprecher eine bewegte Klangkomposition.

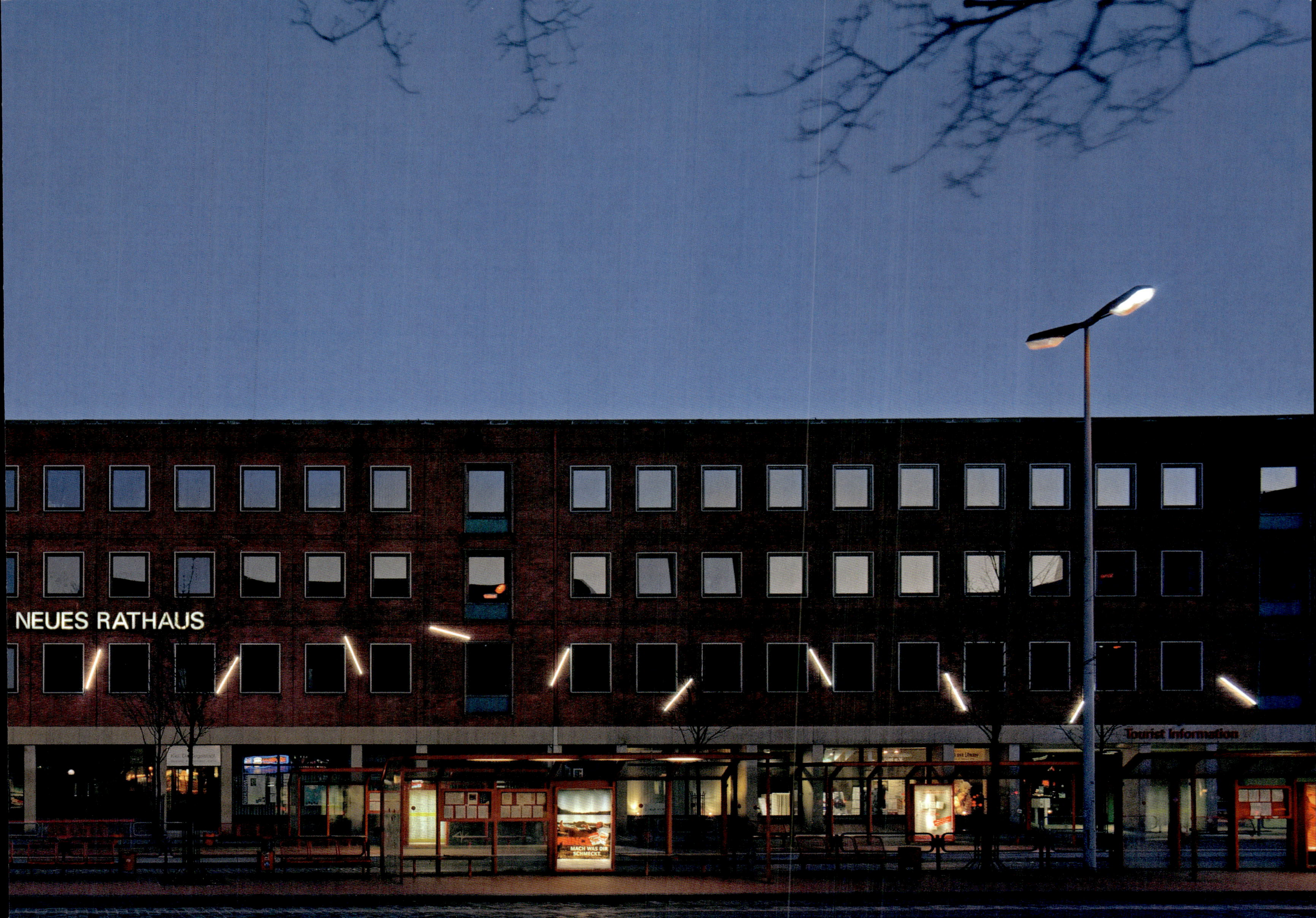
NEUES RATHAUS
Tourist Information
MACH WAS DIR SCHMECKT.

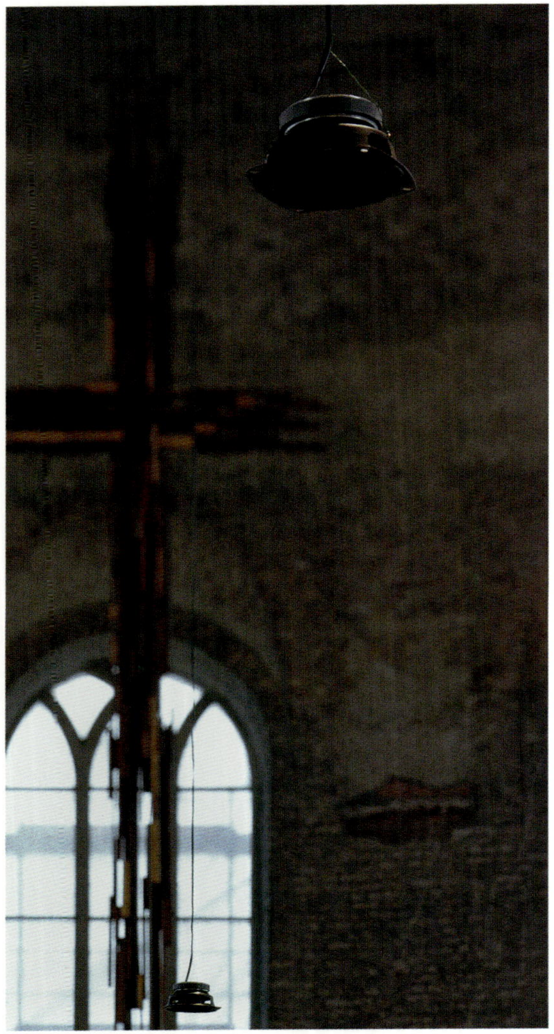

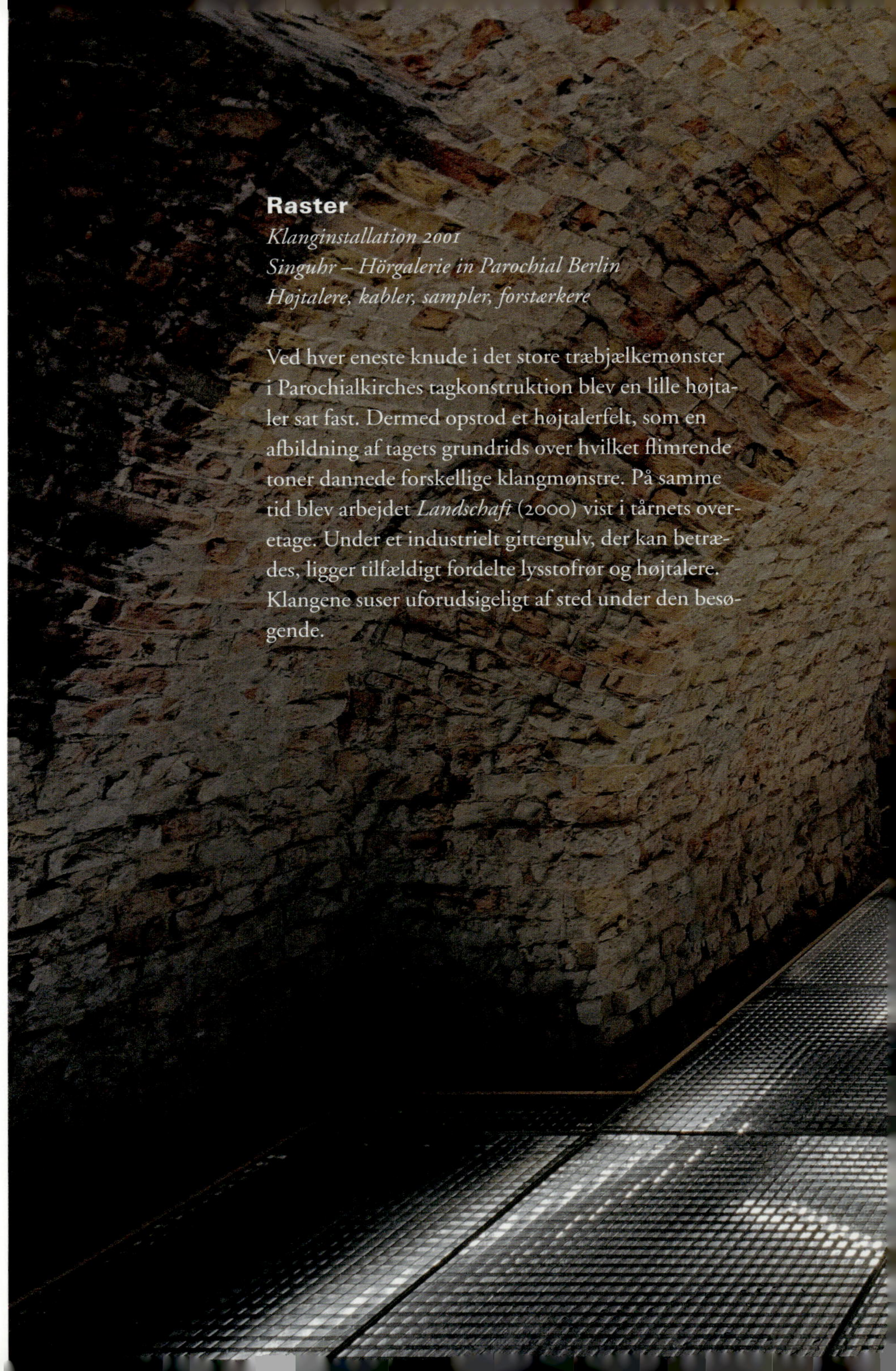

Raster

Klanginstallation 2001
Singuhr – Hörgalerie in Parochial Berlin
Højtalere, kabler, sampler, forstærkere

Ved hver eneste knude i det store træbjælkemønster i Parochialkirches tagkonstruktion blev en lille højtaler sat fast. Dermed opstod et højtalerfelt, som en afbildning af tagets grundrids over hvilket flimrende toner dannede forskellige klangmønstre. På samme tid blev arbejdet *Landschaft* (2000) vist i tårnets overetage. Under et industrielt gitterguly, der kan betrædes, ligger tilfældigt fordelte lysstofrør og højtalere. Klangene suser uforudsigeligt af sted under den besøgende.

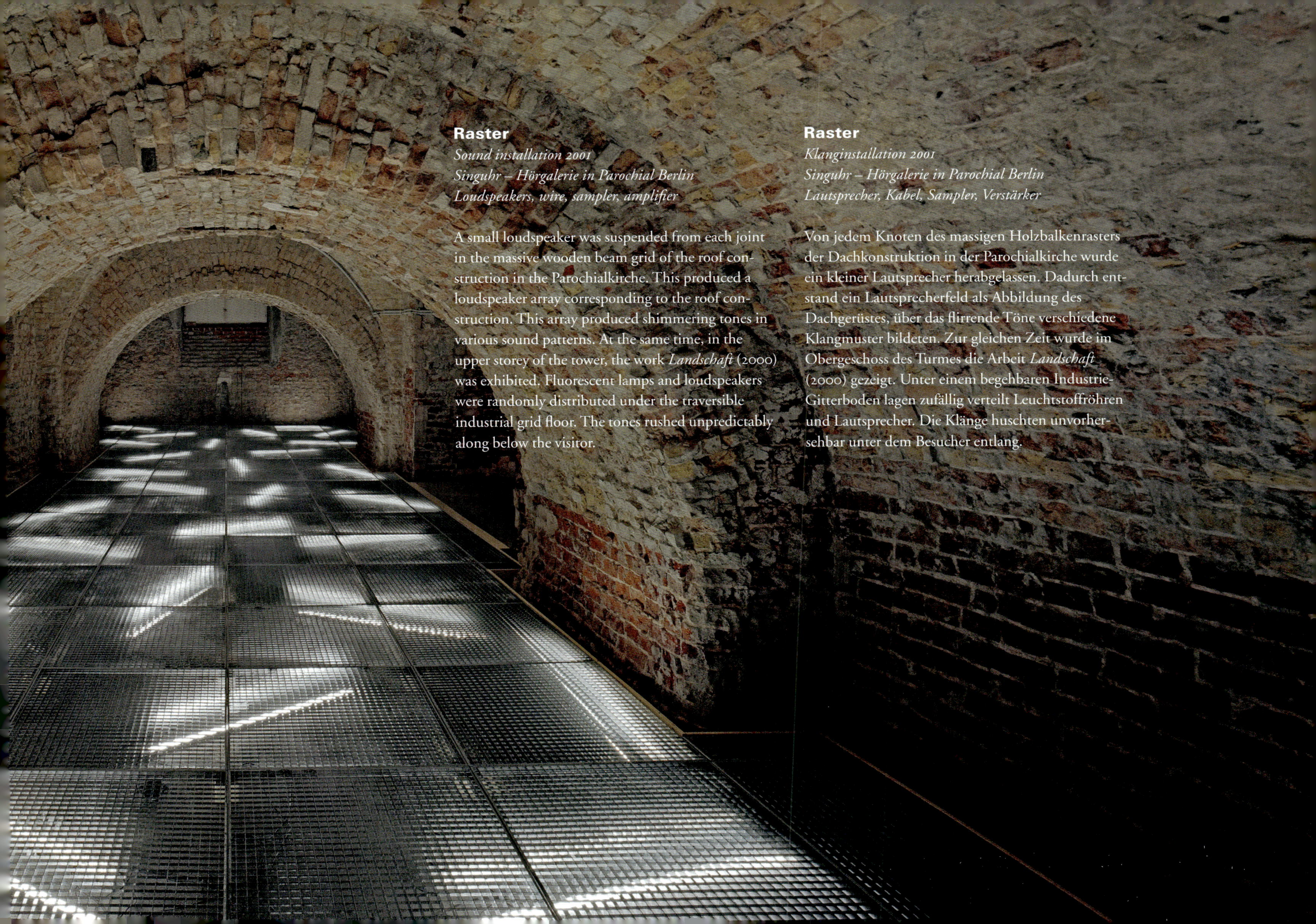

Raster

Sound installation 2001
Singuhr – Hörgalerie in Parochial Berlin
Loudspeakers, wire, sampler, amplifier

A small loudspeaker was suspended from each joint in the massive wooden beam grid of the roof construction in the Parochialkirche. This produced a loudspeaker array corresponding to the roof construction. This array produced shimmering tones in various sound patterns. At the same time, in the upper storey of the tower, the work *Landschaft* (2000) was exhibited. Fluorescent lamps and loudspeakers were randomly distributed under the traversible industrial grid floor. The tones rushed unpredictably along below the visitor.

Raster

Klanginstallation 2001
Singuhr – Hörgalerie in Parochial Berlin
Lautsprecher, Kabel, Sampler, Verstärker

Von jedem Knoten des massigen Holzbalkenrasters der Dachkonstruktion in der Parochialkirche wurde ein kleiner Lautsprecher herabgelassen. Dadurch entstand ein Lautsprecherfeld als Abbildung des Dachgerüstes, über das flirrende Töne verschiedene Klangmuster bildeten. Zur gleichen Zeit wurde im Obergeschoss des Turmes die Arbeit *Landschaft* (2000) gezeigt. Unter einem begehbaren Industrie-Gitterboden lagen zufällig verteilt Leuchtstoffröhren und Lautsprecher. Die Klänge huschten unvorhersehbar unter dem Besucher entlang.

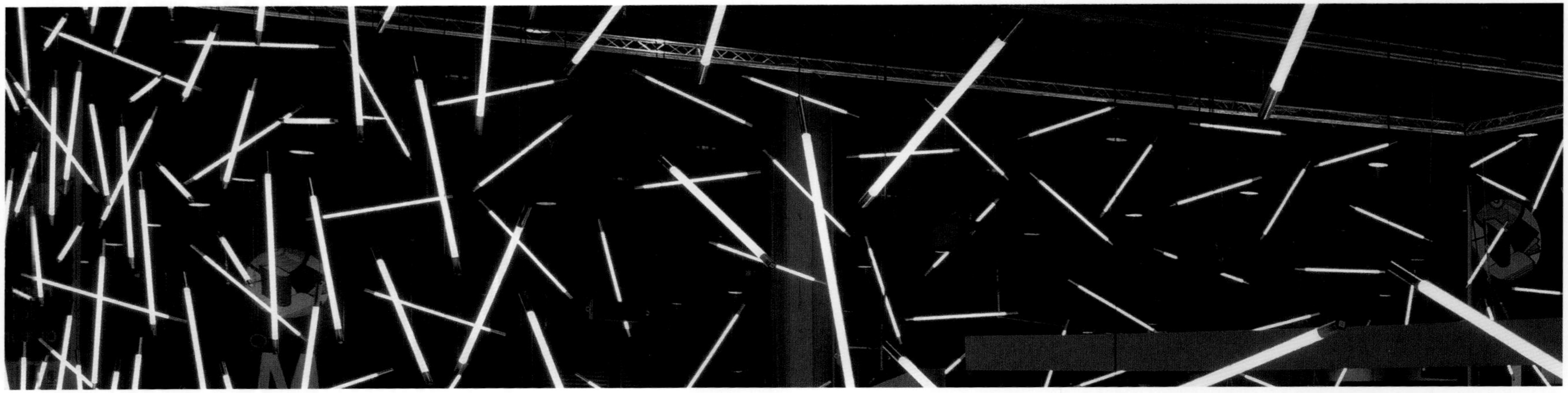

Salon du Livre

Lysinstallation 2001
Forbundsrepublikken Tysklands pavillon som gæsteland ved den franske bogmesse, Paris.
I samarbejde med arkitekten Sabine Weissmüller
Lysstofrør, profilprojektører, farvefolier, inderdørsvægge

På invitation fra bogmessen i Frankfurt og Det tyske udenrigsministerium blev messepavillonen projekteret. Intentionen var at skabe et åbent, let og lyst rum, der giver tankerne frirum, men som stadig synligt afgrænser det fysiske terræn.

Salon du Livre

Light installation 2001
Guest pavilion of the Federal Republic of Germany at the French book fair in Paris. In collaboration with the architect Sabine Weissmüller
Fluorescent lamps, Leco spotlights, colored foils, construction walls

The trade fair pavilion was designed at the invitation of the Frankfurt Book Fair and the German Foreign Ministry. The intention was to create an open, airy, and bright room that gives the imagination free space while still visibly limiting the physical terrain.

Salon du Livre

Lichtinstallation 2001
Pavillon der Bundesrepublik Deutschland als Gastland der französichen Buchmesse, Paris. In Zusammenarbeit mit der Architektin Sabine Weissmüller
Leuchtstoffröhren, Profilscheinwerfer, Farbfolien, Trockenbauwände

Auf Einladung der Frankfurter Buchmesse und des Auswärtigen Amtes wurde der Messepavillon entworfen. Die Intention war einen offenen, leichten und hellen Raum zu erstellen, der den Gedanken Freiraum lässt, aber dennoch das phyische Terrain sichtbar eingrenzt.

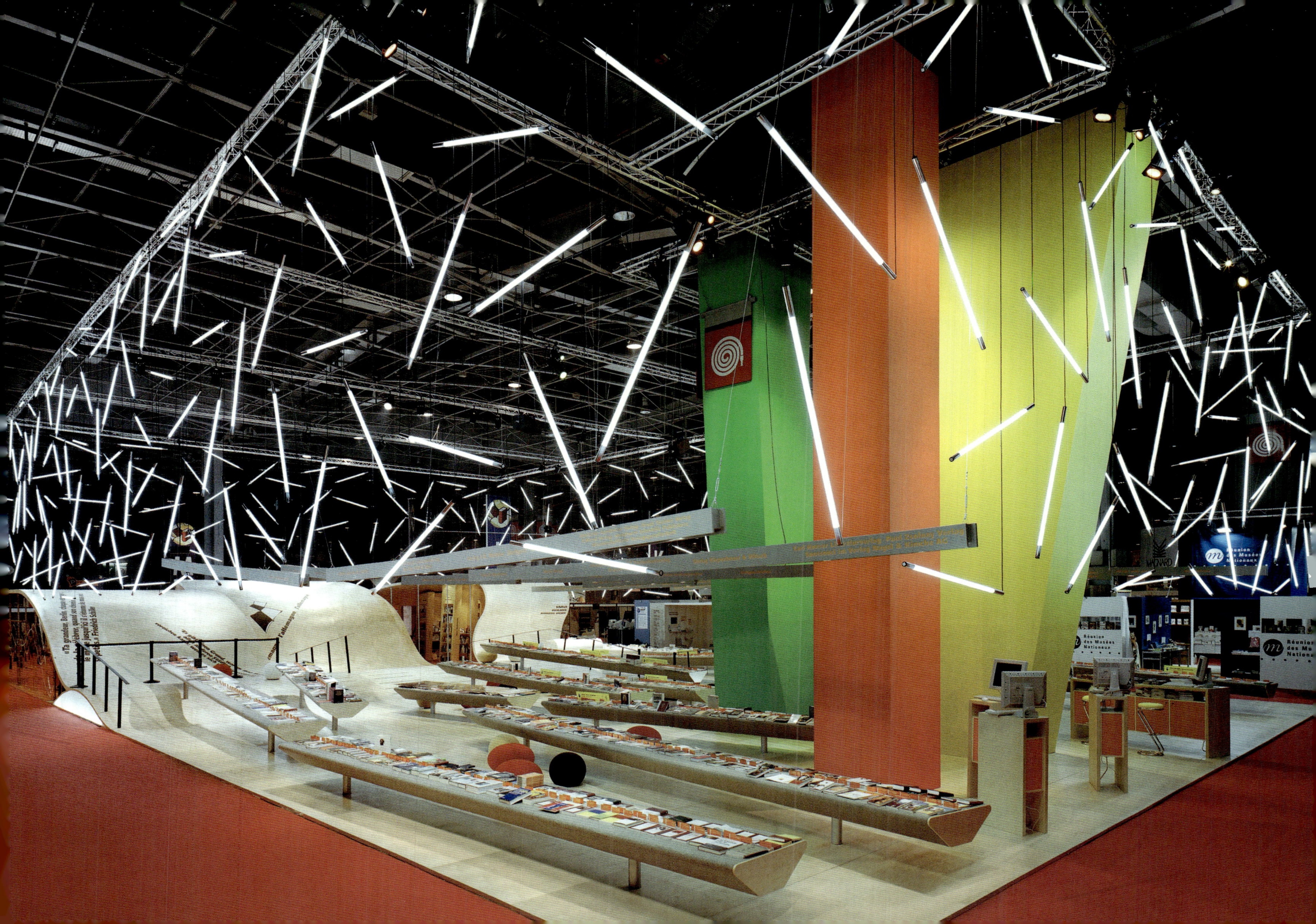
MAGNARD
Réunion des Musées Nationaux
Réunion des Musées Nationaux

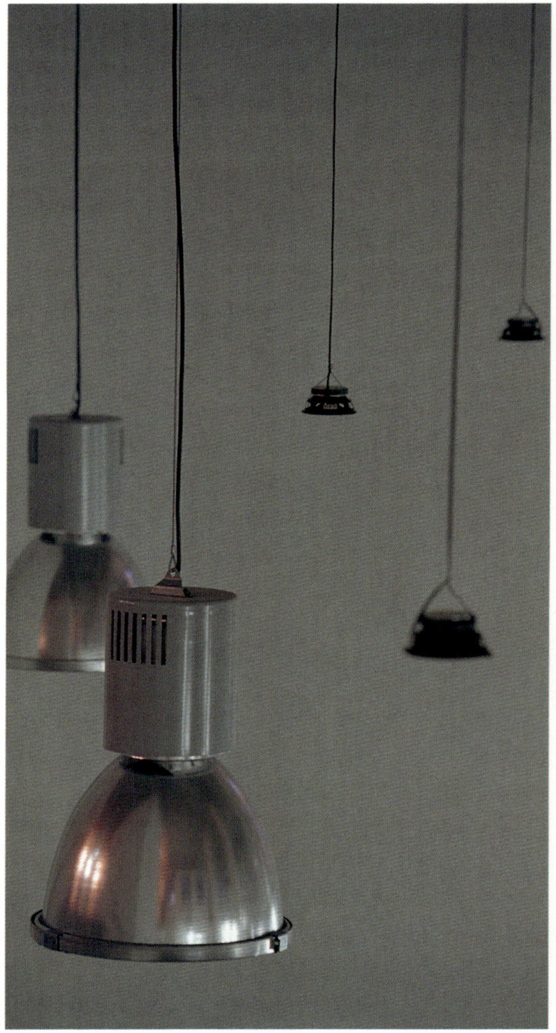

Perspektivisk

Om de nyere installationer af Hans Peter Kuhn

I et af sine senere arbejder – *Aquarium* (2000), en installation i et nybyggeri på Potsdamer Platz i Berlin – lod Kuhn gulvfladen i et rum i stueetagen dække fuldstændigt med rullegræs. Blåligt-hvidt farvet lys fra industrilamper hængende derover belyste sceneriet. Fordelt i rummet stod fem store glasbeholdere fyldt med tynde glasstumper fra glødelampeproduktionen, i hvilke lysstofrør gav et svagt, grønligt lys. Højtalere fordelt i rummet over de besøgendes hoveder spillede hastigt vekslende tonerækker, der bevægede sig gennem rummet med forskellige retninger og hastigheder. Hørelsen, synet, lugtesansen, den haptiske kvalitet af græsset – erfaringen blev intensivt multisensorisk stimuleret. Det var en fornøjelse, mens man gik rundt på den bløde græsbund, at forbinde de konkrete sanseindtryk med associationernes frie spil i stadigt nye kombinationer.

Arbejdet bestod dog også af en yderligere del: På en afsats en halv trappe højere stod to bekvemme lænestole, en standerlampe og et bord med vodka og cigaretter.

In Perspective

Hans Peter Kuhn's More Recent Installations

In one of his earlier works – *Aquarium* (2000), an installation in a new architectural shell being built at Potsdamer Platz in Berlin – Kuhn completely covered the floor of a room with turf-rolls. Bluish-white light from industrial lighting illuminated the scenery from above. Around the room stood five large glass containers filled with the thin broken glass from a light bulb production, in which fluorescent light tubes shimmered green. Loudspeakers placed above the visitors' heads played rapidly changing melodies that were propelled through the room in various directions and at various speeds. Hearing, seeing, smelling, the haptic touch of the grass – the visitor's perceptions were intensely stimulated in a multisensory way. It was a pleasure to stroll over the soft grassy surface and have ever new combinations of concrete sense impressions interconnect via a free play of associations.

But the work had more to it: on the landing half a staircase above and overlooking the installation, there sat two comfortable leather armchairs, a floor lamp and a table set with vodka and cigarettes.

Perspektivisch

Zu den neueren Installationen von Hans Peter Kuhn

In einer seiner jüngeren Arbeiten – *Aquarium* (2000), eine Installation in einem Rohbau des Potsdamer Platzes in Berlin – ließ Kuhn die Bodenfläche eines ebenerdigen Raumes komplett mit Rollrasen auslegen. Bläulich-weiss gefärbtes Licht von darüber hängenden Industrielampen beleuchtete die Szenerie. Im Raum verteilt standen fünf große, mit dem dünnen Bruchglas aus der Glühlampenproduktion gefüllte Glasbehälter, in denen Leuchtstoffröhren grünlich schimmerten. Lautsprecher, über den Köpfen der Besucher im Raum verteilt, spielten schnell wechselnde Tonfolgen, die sich in unterschiedlichen Richtungen und Geschwindigkeiten durch den Raum bewegten. Hören, sehen, riechen, die haptische Qualität des Grases – die Wahrnehmung der Besucher wurde intensiv multisensorisch angeregt. Es war ein Vergnügen, im Umhergehen auf dem weichen Grund des Rasens die konkreten Sinneseindrücke in ihren immer neuen Kombination mit dem freien Spiel der Assoziationen zu verknüpfen.

Die Arbeit bestand aber noch aus einem weiteren Teil: Auf einem Absatz eine halbe Treppe höher standen

Hvad Kuhn iscenesatte med denne siddegruppe er en klassisk, egentlig absurd situation. I de bekvemme lænestole troede man sig at være begivenhedernes betragter, men blev samtidig selv til en del af iscenesættelsen. Det dramaturgiske kneb bestod i på recipientens side at fordoble kunstigheden af situationen med græsset lagt ud i det indvendige rum. Betragteren i lænestolen befandt sig på samme tid indenfor *og* udenfor.

Denne er en af de måske mest charmerende egenskaber ved Hans Peter Kuhns installationer: Man bliver ikke delagtig i dem. Det særlige ved Kuhns arbejder ligger deri, at de bringer tydeligt performative aspekter over i installationens kontekst. Kuhn komponerer ikke virtuelle rum, der antager kontur i betragterens imagination. Lige så lidt tematiserer han et rums akustiske egenskaber. Steder er for Kuhn udelukkende hylder – bærere af en kunstnerisk idé.

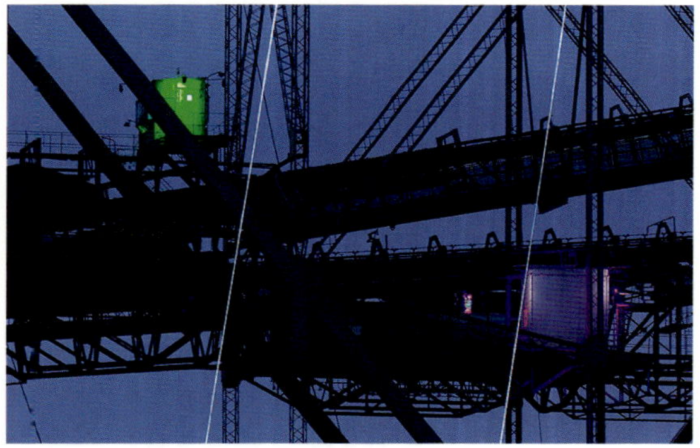

With this group of furniture Kuhn had staged a classical, but actually absurd situation. In a comfortable armchair you imagined yourself an observer of the goings-on, but simultaneously became a part of its setting. The dramaturgic ruse was to double the artificiality of the situation (with the grass, shifted to an interior area) from the recipient's point of view: the viewer from the armchair was placed both inside *and* outside.

This is possibly one of the most charming qualities found in Hans Peter Kuhn's installations: one does not really partake of them. What is special about Kuhn's work lies in the fact that, within the installation context, it preserves clearly performative aspects. Kuhn does not compose virtual spaces that acquire contours within the observer's imagination. Just as he does not thematize a space's acoustic properties. Sites for Kuhn are simply husks – supports on which he inscribes his artistic idea.

In one of the few texts on the motivation of his works, he stated that his installations were located »between performance and exhibition,« simultaneously »active and static.«[1] One aspect is essential to them all, which he defined in his commentary on the sound-light installation *Landschaft* (2000) as the creation of a »parallel world« – a world which, for the observer, actually remains »inaccessible,« but to which he/she establishes a relationship.[2]

zwei bequeme Ledersessel, eine Stehlampe und ein Tisch mit Wodka und Zigaretten.

Was Kuhn mit dieser Sitzgruppe inszenierte, ist eine klassische, eigentlich absurde Situation. Im bequemen Sessel wähnte man sich als Betrachter des Geschehens, wurde aber gleichzeitig selbst zum Teil der Inszenierung. Der dramaturgische Kniff bestand darin, die Künstlichkeit der Situation mit dem im Innenraum verlegten Rasen auf der Seite des Rezipienten zu verdoppeln. Der Betrachter im Sessel befand sich gleichzeitig innen *und* außen.

Es ist dies eine der vielleicht charmantesten Eigenschaften der Installationen von Hans Peter Kuhn: Man wird ihrer nicht teilhaftig. Das Besondere der Arbeiten Kuhns liegt darin, dass sie in den Kontext der Installation deutlich performative Aspekte herüberretten. Kuhn komponiert keine virtuellen Räume, die in der Imagination des Betrachters Kontur gewinnen. Ebenso wenig thematisiert er die akustischen Eigenschaften eines Raumes. Orte sind für Kuhn lediglich Hüllen – Träger für eine künstlerische Idee.

In einem der wenigen Texte über die Motivation seiner Arbeiten sagt er von seinen Installationen, dass sie »zwischen Performance und Ausstellung« angesiedelt seien, »lebendig und statisch« zugleich.[1] Wesentlich scheint ihnen ein Aspekt, den er in einem Kom-

I en af de få tekster om motivationen bag hans arbejder siger han om sine installationer, at de placerer sig »mellem performance og udstilling« på samme tid »livlige og statiske«.[1] Væsentligt for ham synes et aspekt, som han i en kommentar til klanginstallationen *Landschaft* (2000) har betegnet som frembringelsen af en »parallel verden« – en verden, der for betragteren egentlig forbliver »uopnåelig«, men som han træder i forbindelse med.[2]

Som *Aquarium* viser, er Hans Peter Kuhns installationer alligevel ikke kølige eller distancerede, de er klare og koncentrerede, visuelt såvel som akustisk pointerede. De er iscenesættelser, der ikke tematiserer forskellen mellem værk og betragter, men i stedet det som ligger mellem værk og betragter.

Dette spændingsforhold, som ikke uden selvironi er karikeret i *Aquarium*, er Kuhns værker iboende, i deres indre struktur såvel som i deres ydre fremtrædelse. Den performative baggrund for hans arbejder lader dem fremtræde perspektivisk. Kuhns arbejder har så at sige en erfaringens dramaturgi indskrevet.

For omtrent at kunne begribe dimensionerne af hans lys-klang-installation *Lichterfeld F60* (2003) kræves der rumlig distance såvel som et blik på nært hold. En ikke længere virksom overjordshejsebro i Lausitzer Tagebau – en 80 meter høj kolos af 11.000 tons stål og en hejserækkevidde på 500 meter – blev

As *Aquarium* demonstrates, however, Hans Peter Kuhn's installations are neither cool nor distanced; they are clear and concentrated, visually as well as acoustically, and dramaturgically pointed. They are stage settings that do not emphasize the difference but rather what exists *between* the work and the viewer.

This (in)tense relationship – characterized in *Aquarium* not without self-irony – is inherent in Kuhn's works, in inner structure as well as outer appearance. Their performative background allows his works to appear in perspective. That is to say, Kuhn's works are inscribed with a dramaturgy of perception.

To grasp the dimensions of his light-sound installation *Lichterfeld F60* (2003), you require spatial distance as well as a close-up view. Over a disused conveyor bridge at an open cast mine in Lausitz – the bridge, an 80 metre colossus made up of 11,000 tons of steel with an operating range of 500 metres – Kuhn wove an irregular cross-hatching of fibre optic cable. He also illuminated the miner's former work areas, machine rooms, and transformer stations with variously colored lights so that they appeared to be lit from within. Twelve loudspeakers on the lower cross girder of the bridge relayed a composition that Kuhn put together out of former operating noises. Spread over long intervals, you hear brief, thudding,

mentar zur Klang-Lichtinstallation *Landschaft* (2000) als die Schaffung einer »parallelen Welt« bezeichnet hat – eine Welt, die für den Betrachter eigentlich »unerreichbar« bleibt, aber zu der in Beziehung tritt.[2]

Wie *Aquarium* zeigt, sind Hans Peter Kuhns Installationen dennoch nicht kühl oder distanziert, sie sind klar und konzentriert, visuell wie akustisch und dramaturgisch pointiert. Sie sind Inszenierungen, die nicht die Differenz, sondern das zwischen Werk und Betrachter Liegende betonen.

Dieses Spannungsverhältnis, wiewohl in *Aquarium* nicht ohne Selbstironie karikiert, ist Kuhns Arbeiten inhärent, in ihrer inneren Strukturen ebenso wie in ihren äußeren Erscheinungen. Der performative Hintergrund seiner Arbeiten lässt sie perspektivisch erscheinen. Kuhns Arbeiten ist sozusagen eine Dramaturgie des Wahrnehmens eingeschrieben.

Um etwa die Dimensionen seiner Licht-Klanginstallation *Lichterfeld F60* (2003) zu begreifen, bedarf es räumlicher Distanz ebenso wie der Ansicht aus der Nähe. Eine stillgelegte Abraumförderbrücke im Lausitzer Tagebau – ein 80 Meter hoher Koloss aus 11.000 Tonnen Stahl und einer Förderreichweite von über 500 Metern – versah Kuhn mit einer unregelmäßigen Schraffur aus Lichtleitfaserkabeln. Die ehemaligen Arbeitsbereiche der Bergleute, die Maschinenräume und Trafostationen beleuchtete er mit

af Kuhn udstyret med en uregelmæssig skravering af lyslederfiberkabler. Bjergarbejdernes tidligere arbejdssteder, maskinrummene og transformatorstationerne belyste han med lys i forskellige farver, således at de syntes at lyse af sig selv. Tolv højtalere på broens nederste tværdrager videregiver en komposition, hvis klangmateriale Kuhn har hentet fra fordums arbejdslarm. Adskilt af længere pauser hører man korte dumpe perkussive impulser, metalliske slag eller de larmende klange fra hejsebåndene, der bevæger sig hen over broen.

Oppe på broen er man omgivet af rumligt diffuse enkeltklange, der til tider synes nærmere, til tider fjernere, alt afhængigt af i hvilken position betragteren netop da befinder sig. Først på afstand kan man høre de klangbevægelser, der griber ud i rummet, der løber langs det mægtige stållegeme. Fra det fjerne viser der sig et bevæget, rumligt panorama af lys og klang, på nært hold opløses ensemblet i på hinanden følgende dele, som kun lader broens rumlige dimensioner ane. Det er en interessant konstruktionsmæssig detalje, at lyslederfiberkablerne er klæbet fast til broens inderside. De i forskellige vinkler opspændte kabler, der på den visuelle side bidrager væsentligt til den rumlige dynamik, bemærkes kun fra distancen.

Lichterfeld F60 har dermed to receptionsretninger: Et indenfor, tematiserende anlæggets indre sammen-

percussive impulses, metallic bangs, or the noisy clang of the conveyor belt as it moves across the bridge.

On the bridge above, you are surrounded by spatially diffused individual sounds that seem at times closer, at times more distant, according to where the observer is positioned. Only from a distance are the spatially moving sounds that run along the mighty steel body audible. From a distance an animated, three-dimensional panorama of light and sound is presented; up close, the ensemble dissolves one after the other into individual parts, leaving you to only guess at the spatial dimensions of the bridge. An interesting constructional detail lies in the fact that the fibre optic cable is glued to the inner side of the bridge. The different angles of the taut cable, which, visually, contribute essentially to the spatial dynamic, are only perceptible from a distance.

As a result, *Lichterfeld F60* has two lines of reception: one is the interior perspective that thematizes the inner make-up of the structure, and one the outer perspective conveyed by the size and imposing presence of the bridge.

The atmospheric compaction evident in a reception situation set up like this is detectable in many of Kuhn's works. In the light and sound installation *Soundline* (2002) at Kobe, Japan – produced seven

unterschiedlich gefärbtem Licht, so dass sie aus sich selbst heraus zu leuchten scheinen. Zwölf Lautsprecher am unteren Querträger der Brücke geben eine Komposition wieder, deren Klangmaterial Kuhn aus ehemaligen Arbeitsgeräuschen gewann. Von längeren Pausen getrennt, hört man kurze dumpfe perkussive Impulse, metallische Schläge oder die geräuschhaften Klänge von Förderbändern, die sich über die Brücke bewegen.

Oben auf der Brücke ist man umgeben von räumlich diffusen Einzelklängen, die mal näher, mal weiter entfernt erscheinen, je nachdem an welcher Position sich der Betrachter gerade befindet. Erst aus der Distanz werden die raumgreifenden Klangbewegungen hörbar, die den mächtigen Stahlkörper entlang laufen. Aus der Ferne bietet sich ein bewegtes, räumliches Panorama aus Licht und Klang; aus der Nähe löst sich das Ensemble in das Nacheinander einzelner Teile auf, das die räumlichen Dimensionen der Brücke bloß erahnen lässt. Es ist ein interessantes konstruktives Detail, dass die Lichtleitfaserkabel zur Innenseite der Brücke hin verklebt sind. Die in unterschiedlichen Winkeln gespannten Kabel, die auf der visuellen Seite wesentlich zur räumlichen Dynamik beitragen, sind nur aus der Distanz wahrnehmbar.

Lichterfeld F60 hat damit zwei Rezeptionsrichtungen: eine das innere Gefüge der Anlage thematisierende

føjninger – og et yderperspektiv, der formidler broens store og imposante præsens.

Den atmosfæriske fortætning, der ligger i en således iscenesat receptionsmåde, lader sig påvise i mange af Kuhns arbejder. I klang- og lysinstallationen *Soundline* (2002) i Kobe i Japan, realiseret syv år efter det ødelæggende jordskælv, lod Kuhn rummet blive komplet belagt med filt, for at dæmpe støjen fra de besøgende. De besøgende skulle her kunne hellige sig installationen i en atmosfære af »ro og kontemplation« (Kuhn).

Et hyppigt motiv, der forefindes i Kuhns installationer, er retningslinier for henholdsvis lytteposition og en betragtningsposition – hvor noget rumligt adskillende – blikket over en flod eller som i *The Pier* (1996) et havnebassin – står mellem betragter og installation eller, hvor de besøgende, ligesom i arbejdet *Ohne Titel* (1992) i Künstlerhaus Bethanien, betragter lysiscenesættelsen fra første sals gallerirundgang, mens de er omgivet af højtalere. Placeringen af betragteren har helt igennem forskellige funktioner. Hvor det i *The Pier* drejede sig om formidlingen af de rumlige dimensioner, hvormed lysobjekterne strakte sig ud i Hudsonflodens udmunding ved Manhattan, så drejede det sig i arbejdet *Ohne Titel* om iscenesættelsen af et sansefænomen, nemlig en overblændingseffekt, der fremkom med blikket fra oven på de på siderne opklæbede neonrør.

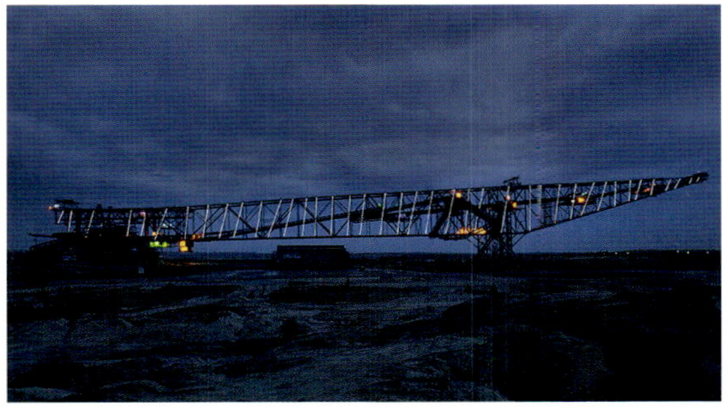

years after the earthquake which ravaged the city – Kuhn lined the exhibition room in felt to dampen the sounds made by the visitors. They were thus enabled to devote themselves to the installation in an atmosphere of »quiet and contemplation« (Kuhn).

A frequent motif to be found in Kuhn's installations is a kind of vantage point for listening or looking: when a spatial separation is involved – the view over a river or, as in *The Pier* (1996), a dock – that stands between observer and installation, or when, as in the work *Ohne Titel* (1992) in Künstlerhaus Bethanien, the visitors observe the light staging from the first floor gallery while surrounded by loudspeakers. Positioning the viewers can have quite different functions. If in *The Pier* what is conveyed is the spatial dimension in which the light objects stretch out into the Hudson estuary of Manhattan, in the work *Ohne Titel*, the issue was the staging of a perceptual phe-

Innen- und eine die Größe und imposante Präsenz der Brücke vermittelnde Außenperspektive.

Die atmosphärische Verdichtung, die in einer solcherart inszenierten Rezeptionsweise liegt, lässt sich in vielen Arbeiten Kuhns feststellen. In der Klang- und Lichtinstallation *Soundline* (2002) im japanischen Kobe, sieben Jahre nach dem verheerenden Erdbeben realisiert, ließ Kuhn den Ausstellungsraum komplett mit Filz auslegen, um die Geräusche der Besucher abzudämpfen. Die Besucher sollten sich hier in einer Atmosphäre der »Ruhe und Kontemplation« (Kuhn) der Installation widmen können.

Ein häufiges Motiv, das sich in Installationen Kuhns findet, ist die Vorgabe einer Hör- bzw. Sehposition, wenn etwa räumlich Trennendes – der Blick über einen Fluss oder, wie in *The Pier* (1996), ein Hafenbecken – zwischen Betrachter und Installation stehen oder wenn, wie in der Arbeit *Ohne Titel* (1992) im Künstlerhaus Bethanien, die Besucher aus dem Galerieumgang des ersten Stockwerks die Lichtinszenierung betrachten, während sie von Lautsprechern umgeben sind. Die Positionierung des Betrachters hat durchaus unterschiedliche Funktionen. Ging es in *The Pier* um die Vermittlung der räumlichen Dimension, in der die Leuchtobjekte sich in die Flussmündung des Hudson in Manhatten streckten, so ging es in der Arbeit *Ohne Titel* um die Insze-

I dette er sådanne udefra kommende midler altid kun en hjælp for iscenesættelsen, med det formål henholdsvis at forstærke eller lede den til enhver tid intenderede betragterposition. Hans Peter Kuhns installationer er ikke kun perspektiviske på grund af henholdsvis deres ydre komposition og deres rumlige struktur.

De er også perspektiviske på grund af deres indre komposition. Kuhns installationer kan næsten altid helt konkret gennemlyttes rumligt. Placeringen af højtalerne danner en slags rumligt koordinatsystem. Højtalere markerer konkrete steder i rummet. De definerer et tableau for bevægelsesstrukturer, der projiceres ind i et rum. Hos Hans Peter Kuhn handler det ikke om kunstige klangrum, men om bevægelsesformer, der udspilles i rummet. Gennem ændringer af klangenes lokalitet lader figurer og former sig

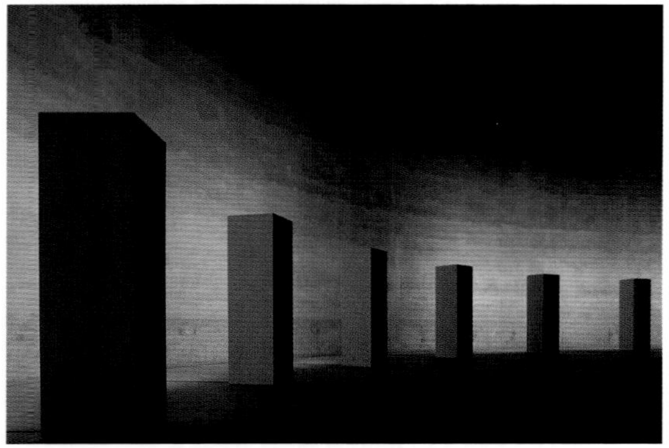

nomenon, namely that of a fade-over that results from looking down onto the neon light tubes glued to the side.

However, such outward means are always only aids to the staging, to intensify or guide the intended vantage point. Hans Peter Kuhn's installations are perspectival, not alone because of their exterior *factura* or their spatial structure. They are also perspectival because of their inner structure.

Kuhn's installations are spatially concrete, almost always audibly penetrable. The way the loudspeakers are set up forms a kind of spatial system of coordinates. Loudspeakers demarcate concrete places within an area. They define a tableau of movement to be projected into a space. The issue for Hans Peter Kuhn is not artificial sound spaces, but forms moving in space. Through a change in location, sounds are composed like figures and forms in an imaginary theatre. Occasionally such inherent movement is already implied in the title of an installation such as, *Sprünge* (leaps) (1992) or *Ballett* (1996).

Sounds that function almost like a drawing, as in *Lichterfeld F60*, can describe an object by running auditory lines along it, lines that your eye can literally follow. But they can also aspire to planar implications. In the sound sculpture *Chaos A* (2004), the strictly symmetrical image of a sculpture is

nierung eines Wahrnehmungsphänomens, nämlich eines Überblendungseffektes, der sich beim Blick von oben auf die seitlich abgeklebten Neonröhren ergab.

Indes sind solche äußeren Mittel immer nur inszenatorische Hilfen, um die jeweils intendierte Betrachtungssituation zu verstärken bzw. zu leiten. Perspektivisch sind die Installationen Hans Peter Kuhns nicht allein aufgrund ihrer äußeren Faktur bzw. ihrer räumlichen Struktur. Perspektivisch sind sie auch aufgrund ihrer inneren Faktur.

Kuhns Installationen sind räumlich konkret, fast immer durchhörbar. Die Positionierung der Lautsprecher bildet eine Art räumliches Koordinatensystem. Lautsprecher markieren konkrete Orte im Raum. Sie definieren ein Tableau für Bewegungsstrukturen, die in einen Raum hinein projiziert werden. Hans Peter Kuhn ist es nicht um künstliche Klangräume zu tun, sondern um Bewegungsformen, die sich im Raum abspielen. Durch Lokationsänderungen der Klänge lassen sich wie in einem imaginären Theater Figuren und Formen komponieren. Manchmal implizieren bereits die Titel der Installationen wie z. B. *Sprünge* (1992) oder *Ballett* (1996) solch inhärente Bewegung.

Klangbewegungen können in quasi-zeichnerischer Funktion, so wie etwa in *Lichterfeld F60*, Linien ent-

komponere som i et imaginært teater. Af og til implicerer allerede installationernes titler som f. eks. *Sprünge* (1992) eller *Ballet* (1996) sådanne iboende bevægelser.

Klangbevægelser kan med en funktion næsten som en tegning, som det omtrent er tilfældet i *Lichterfeld F60*, beskrive linier langs et objekt, linier, som man helt bogstaveligt kan følge med øjnene. De kan imidlertid også forfølge flademæssige implikationer. I klangskulpturen *Chaos A* (2004) er det strenge symmetriske billede af skulpturen opløst i et komplekst klangfelt gennem meget hurtige ændringer af klangenes lokalitet.

Denne performativt-perspektiviske spekulation i den rumlige iscenesættelse modsvares af finjustering i detaljerne af henholdsvis elektroniske forberedelse og bearbejdning af klange. Hans Peter Kuhn arbejder med konkrete klange, der som med arbejdslarmen i *Lichterfeld F60* kan stå i meget nær forbindelse med stedet. Hyppigt er det dog den akustiske kvalitet alene, der er bestemmende for anvendelsen – hvorvidt den f. eks. er perkussiv eller støjfyldt o. s. v. Og hyppigt er det hverdagslyde, der i studiet bliver dissekeret, analyseret og forfinet. Den mikroskopiske manipulation af klangene forandrer dog klangene, »en forandring«, siger Hans Peter Kuhn, »der i sin fremtræden slet ikke adskiller sig så meget fra det, der var, men i stedet langt mere optræder som en logisk følgende forlæng-

decomposed by extremely rapid changes in sound location to create a complex acoustical field.

This performative-perspectival mentality in spatial stage productions corresponds to finely calibrated details, the electronic processing or manipulation of sound. Hans Peter Kuhn works with concrete sounds that can be, as with the background of work noises in *Lichterfeld F60*, very closely related to their location. Frequently the acoustic quality alone decides their use – whether they are percussive or loud, etc. And they are quite often everyday noises, which in the studio are then dissected, analyzed, and refined. But the microscopic manipulating of sounds changes them: »a change,« according to Hans Peter Kuhn, »whose manifestation does not so much differ from that which it was, but appears rather more like a logical extension. An alternative possibility to the course things take. Not a parallel universe, just simply a hint.«[3]

This processing in the studio lends the sounds a new quality. Temporal stretching, the changing of overtone structures, the cut-out of tuning procedures or dynamic distortion (to name but a few of these microscopic manipulations) – via Kuhn's »logical extension« the sounds are disentangled from the context of their meaning. They are abstracted and are therefore predestined to do what Kuhn demands of them. They become moving objects in space.

lang eines Objektes beschreiben, Linien, die man buchstäblich mit den Augen verfolgen kann. Sie können aber auch flächige Implikationen verfolgen. Bei der Klangskulptur *Chaos A* (2004) wird durch sehr schnelle Lokationsveränderungen der Klänge das streng-symmetrische Bild der Skulptur aufgelöst in ein komplexes klangliches Feld.

Diesem performativ-perspektivischen Denken in der räumlichen Inszenierung entspricht die Feinjustierung im Detail, die elektronische Aufbereitung bzw. Bearbeitung der Klänge. Hans Peter Kuhn arbeitet mit konkreten Klängen, die wie bei den Arbeitsgeräuschen bei *Lichterfeld F60* in sehr enger Beziehung zum Ort stehen können. Häufig entscheidet aber allein ihre akustische Qualität über die Verwendung – ob sie z. B. perkussiv oder geräuschhaft, etc. sind. Und häufig sind es ganz alltägliche Geräusche, die im Studio seziert, analysiert und verfeinert werden. Das mikroskopische Manipulieren der Klänge aber verändert die Klänge – »eine Veränderung«, so Hans Peter Kuhn, »die in ihrer Erscheinung sich gar nicht so sehr von dem, was war, unterscheidet, sondern die vielmehr wie eine folgerichtige Verlängerung auftritt. Eine alternative Möglichkeit zum Lauf der Dinge. Kein paralleles Universum, nur so ein Hauch.«[3]

Zeitliche Dehnungen, die Veränderung von Obertonstrukturen, das Herausschneiden von Einschwingvorgängen oder die dynamische Verzeich-

else. En alternativ mulighed for tingenes forløb. Ikke noget parallelunivers, kun en antydning.«[3]

Tidslige forlængelser, ændringen af overtonestrukturer, bortskæringen af svingningsforløb eller af den dynamiske notering (for bare at nævne enkelte af disse mikroskopiske manipulationer) – bearbejdningen i studiet giver klangene en ny kvalitet. Gennem Kuhns »logisk følgende forlængelse« bliver klangene frigjort fra deres betydningssammenhæng. De abstraheres og er dermed prædestinerede til det, som Kuhn forlanger af dem. De bliver til bevægede objekter i rummet.

I modsætning til klang optræder lys næsten gennemgående som statisk element. Hyppigt fremmaner lys dog, på grund af sin opsætning eller på grund af historiske eller rumlige forbindelser, bevægelse. Arbejdet *Det frosne fakkeltog* (2005), med hvilken H.C. Andersen-året afsluttes, henviser til en historisk begivenhed: Det fakkeltog hvormed Odenses borgere hilste digteren velkommen i sin hjemby. Kunstnerisk abstraheret forbinder de i Munke Mose-parken fordelte lysstave opmærksomheden med en faktisk hændelse. Ligeledes skal det med lysspyd gennemstukne forsvarstårn *Heiersturm* (2003) forstås som en påmindelse om dets forhenværende funktion.

Også uden sådanne realhistoriske eller funktionelle forbindelser virker den stige af farvet lys, der gen-

In contrast to sound, light appears as an almost completely static element. But, because of its emplacement or its historic or spatial references, light frequently evokes movement. The 2005 work *Det frosne fakkeltog*, which will end the Hans Christian Andersen year, for instance, refers to an historical event: the torchlight parade with which the citizens of Odense welcomed the poet back to his hometown. Artistically abstracted, the light beacons handed out in Munke Mose Park call attention to an actual event. In the same way, the spears of light that impale the watch tower of the installation *Heiersturm* (2003) are to be seen as a reminiscence of its previous function.

In addition, beyond such genuinely historical or functional references, a ladder of colored light that penetrates the glass façade of a Berlin office building has a dynamic effect in *true colors* (2005), in the way it suspends the boundaries of inner and outer. And in the 2005 work *Noch ohne Titel* for the Berliner Nationalgalerie, neon tubes, installed at varying angles, appear as if ossified in the midst of movement. Even the point-by-point lighting of the work areas in *Lichterfeld F60* is – by means of the varying coloration – given the character of a gradation, a succession, and thus again indicative of a temporal phenomenon.

But by the same token, light can be used by Hans Peter Kuhn as a calming, stabilizing element – as, for instance, in the above mentioned work *Soundline*, in

nung (um nur einige dieser mikroskopischen Manipulationen zu nennen) – die Bearbeitung im Studio gibt den Klängen eine neue Qualität. Durch Kuhns »folgerichtige Verlängerung« werden die Klänge aus ihrem Bedeutungszusammenhang herausgelöst. Sie werden abstrahiert und sind damit prädestiniert für das, was Kuhn von ihnen verlangt. Sie werden zu bewegten Objekten im Raum.

Anders als Klang erscheint Licht fast durchgängig als statisches Element. Häufig aber evoziert Licht aufgrund seiner Setzung oder auch aufgrund von historischen oder räumlichen Bezügen Bewegung. Die Arbeit *Det frosne fakkeltog* (2005), mit der das H.C. Andersen Jahr beendet wurde, verweist etwa auf ein historisches Ereignis: den Fackelzug, mit dem die Odenser Bürger den Dichter in seiner Heimatstadt willkommen hießen. Künstlerisch abstrahiert, lenken die im Munke-Mose-Park verteilten Leuchtstäbe die Aufmerksamkeit auf ein tatsächliches Geschehen. Ebenso ist der mit Lichtspeeren durchstoßene Wehrturm der Lichtinstallation *Heiersturm* (2003) als Reminiszenz an seine ehemalige Funktion zu verstehen.

Auch jenseits solcher realhistorischen oder funktionalen Bezüge wirkt auch jene, die Glasfassade eines Berliner Bürogebäudes durchdringende Leiter aus farbigem Licht in *true colors* (2005) dynamisch, in dem sie die Begrenzung von Innen und Außen aufhebt. Und die in der Arbeit *Noch ohne Titel* (1999)

nemtrænger glasfacaden i en kontorbygning i Berlin i *true colors* (2005), dynamisk, idet det ophæver afgrænsningen af indre og ydre. Og de i forskellige vinkler installerede neonrør i arbejdet *Noch ohne Titel* (1999) til nationalgalleriet i Berlin synes at være stivnet i en bevægelse. Selv den punktuelle belysning af arbejdsstederne i *Lichterfeld F60* antager med de forskellige lysfarvninger karakter af en orden, en følgen-efter-hinanden, og viser dermed igen hen på et tidsligt fænomen.

Men lige såvel kan lys hos Hans Peter Kuhn anvendes som et stillestående, stabiliserende element, som f. eks. i det ovenfor omtalte arbejde *Soundline*, i hvilket den dybrødt farvede lodrette lysstribe som henholdsvis hvile- og holdepunkt videregiver den intenderede kontemplative atmosfære. På lignende måde tjener rækkeopstillingen af mini-lysstofrør i *Module* (2004/2005) til at definere et (lille) rum.

Lys bliver ikke dermed til en interfererende faktor for den intermediale erfaring, men bliver i stedet ved at gøres dynamiske, omtrent i lighed med klangene, til en aktiv del af sceneriet.

Dette sceneri er multisensorisk og multiperspektivisk. Netop i Hans Peter Kuhns lys- og klanginstallationer flyder de forskellige erfaringsområder sammen – historiske eller stedbundne såvel som mediale og materialebundne – i et simultan-performativt

which the crimson colored vertical light strips act as a point of repose or arrest for the eye, which furthers the intended atmosphere of contemplation. In a similar fashion, the rows of mini fluorescent light tubes in *Module* (2004/2005) serve to define a (small) space.

Thus light not only acts as an interference factor in an intermedial experience, but also, via a dynamization similar to the sounds, acts as an active part of the scenery.

This scenery is multi-sensory and multi-perspectival. Even in Hans Peter Kuhn's light-sound installations, the various levels of perception – references that are tied to history and location, as well as to the media and material – flow together in a simultaneous-performative play, in which visitors need to check their own perception and their own position.

Virtually paradigmatically, the work *Echtzeit 24* (2003) unites this procedure. In a funnel-like space, the former thickener in a disused coalmine, Kuhn placed 24 plinths, each crowned with a TV receiver and loudspeaker, in a circle around the visitors. While the screens were turned towards the wall, the loudspeakers were beamed into the inner circle. On each monitor a TV program from a European country was transmitted, so that on the wall of the thickener a colorful, more or less strongly fluctuating, and

für die Berliner Nationalgalerie in unterschiedlichen Winkeln installierten Neonröhren scheinen wie in einer Bewegung erstarrt. Selbst die punktuelle Beleuchtung der Arbeitsbereiche bei *Lichterfeld F60* gewinnt durch die unterschiedliche Lichtfärbung den Charakter einer Abfolge, eines Nacheinanders, und verweist damit wieder auf ein zeitliches Phänomen.

Genauso aber kann Licht bei Hans Peter Kuhn als ein ruhendes, stabilisierendes Element verwendet werden, wie z. B. in der oben erwähnten Arbeit *Soundline*, in der der tiefrot gefärbte, senkrechte Lichtstreifen als Ruhe- bzw. Haltepunkt des Auges der intendiert kontemplativen Atmosphäre zuspielt. In ähnlicher Weise dienen die Reihungen von Mini-Leuchtstoffröhren der *Module* (2004/2005) dazu, einen (kleinen) Raum zu definieren.

Licht wird damit nicht nur zum interferierenden Faktor des intermedialen Erfahrens, sondern durch die Dynamisierung, ähnlich wie die Klänge, zum aktiven Part der Szenerie.

Diese Szenerie ist multisensorisch und multiperspektivisch. Gerade in den Licht-Klanginstallationen von Hans Peter Kuhn fließen die verschiedenen Wahrnehmungsebenen – historische oder ortsgebundene Bezüge ebenso wie mediale und materialgebundene – in einem simultan-performativen Spiel zusammen, in

spil, i hvilket beskueren hele tiden på ny må forsikre sig om sin egen erfaring, sin egen position.

Ligefrem paradigmatisk forener arbejdet *Echtzeit 24* (2003) disse fremgangsmåder. I et tragtformet rum, den forhenværende inddamper i et nedlagt bjergværk, stillede Kuhn 24 sokler med hver deres fjernsynsmodtager og en højtaler i en kreds rundt om de besøgende. Mens billedskærmene var rettet mod væggen, sendte højtalerne deres lyd indad i kredsen. På hver monitor kørte et fjernsynsprogram fra hvert sit europæiske land, således at der på inddamperens vægge opstod en mere eller mindre stærkt fluktuerende og rytmisk heterogen lysen. Derudover lod Kuhn fra tid til anden lyden fra et fjernsyn løbe rundt om beskuerne.

(Fjernsyns-)realiteten bliver opløst i den »nordlyslignende blafren« (Kuhn) af det på væggen projicerede monitorlys. Det konkrete bliver abstraheret og gennem indspilning af fjernsynslyden igen konkretiseret. Denne konkretisering løber dog ud i ingenting, da den oprindelige forbindelse mellem fjernsynsbillede og lyd ikke længere er tilstede.

I dette erfarings- og forarbejdningskredsløb befinder man sig som beskuer blidt indfanget. Det er lidt ligesom i den indledningsvis beskrevne installation *Aquarium*: Man iagttager som man iagttager.

rhythmically heterogeneous light was produced. Kuhn, from time to time, then had a TV sound encircle the visitor.

The (TV) reality is suspended by the monitors' »northern lights-like flickering« (Kuhn) projected on the wall. What is concrete is abstracted and then again, through the recorded TV sound, made concrete. But this concretization comes to nothing, because the original link between TV picture and sound is broken.

In this cycle of perception and processing, you find your viewing self gently caught up. It is a little like the installation *Aquarium*, described at the beginning: you watch yourself watching.

In the program for the piece *Sunset Scientists* (2003/2004) at the Theater Neumarkt in Zurich,

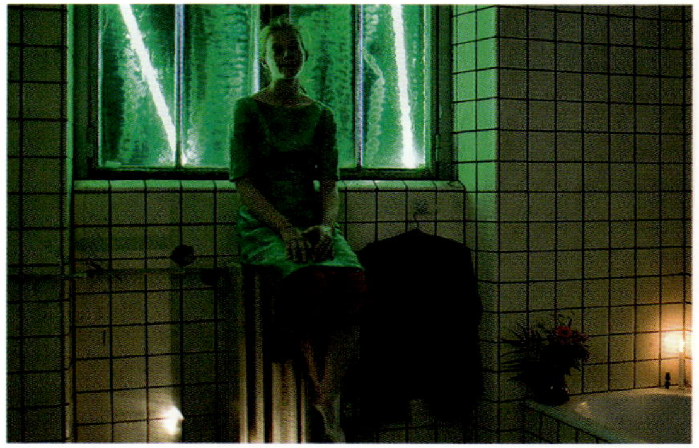

dem der Besucher sich immer wieder seiner eigenen Wahrnehmung, seiner eigenen Position vergewissern muss.

Geradezu paradigmatisch vereint die Arbeit *Echtzeit 24* (2003) dieses Verfahren. In einem trichterförmigen Raum, dem ehemaligen Eindicker eines stillgelegten Bergwerks, stellte Kuhn 24 Sockel mit je einem Fernsehempfänger und einem Lautsprecher in einem Kreis um die Besucher herum auf. Während die Bildschirme zur Wand wiesen, strahlten die Lautsprecher in den inneren Kreis ab. Auf jedem Monitor lief je ein Fernsehprogramm eines europäischen Landes, sodass an den Wänden des Eindickers ein farbiges, mehr oder weniger stark fluktuierendes und rhythmisch heterogenes Leuchten entstand. Dazu ließ Kuhn von Zeit zu Zeit einen Fernsehton um die Besucher herum laufen.

Die (Fernseh-)Realität wird aufgelöst in das »nordlichtartige Flackern« (Kuhn) des an die Wand projizierten Monitorlichtes. Das Konkrete wird abstrahiert und durch die Einspielung des Fernsehtons wiederum konkretisiert. Doch diese Konkretisierung läuft ins Leere, da die ursprüngliche Verbindung von Fernsehbild und Ton nicht mehr gegeben ist.

In diesem Wahrnehmungs- und Verarbeitungskreislauf befindet man sich als Besucher sanft gefangen. Es

I programhæftet til stykket *Sunset Scientists* (2003/2004) på Teater Neumarkt i Zürich citerer Kuhn et uddrag af et foredrag af kybernetikeren Heinz von Foerster: »En amerikansk malerisamler havde besøgt Picasso og sagde til ham, at han hellere skulle male billeder af ting, som de virkelig så ud: Objektive billeder. Picasso mumlede, at han ikke var helt sikker på, hvad det skulle være for en slags billeder. Da havde manden trukket et foto af sin kone op af tasken: ›Kan De se, det er det, jeg mener. Det er et billede af min kone, som hun ser ud i virkeligheden.‹ Picasso svarede: ›Hun er dog meget lille, ikke sandt? Og også meget flad.‹«

Måske bliver der med de perspektiviske brydninger i Hans Peter Kuhns installationer ligeledes rørt ved spørgsmålet, om hvad der så *er virkeligt*.

Oversat fra tysk af Esben N. Petersen

1 H. P. Kuhn, Warum Klang und warum dann auch noch Licht?, i: Kunstmusik. Schriften zur Musik als Kunst 3 (2004), 35–38, 38.

2 Hans Peter Kuhn. Licht und Klang, udstillingskatalog, udg. af B. Schulz, Heidelberg 2000, 44.

3 Kuhn 2004, (se note 1), 36f.

Kuhn quotes a passage from a lecture by the cyberneticist Heinz von Foerster: »An American art collector went to visit Picasso and told him he should paint pictures of things that are real: objective pictures. Picasso murmured that he wasn't quite sure if he knew what kind of pictures they should be. At which point the man took a photograph of his wife out of his wallet: ›Look, that's what I mean. That is a picture of my wife, the way she really looks.‹ Picasso replied: ›But she is extremely small, isn't she? And also extremely flat.‹«

Perhaps, through the perspectival ruptures in Hans Peter Kuhn's installations, the question will in fact also touch on what *really is*.

Translated from German by Jeanne Haunschild

1 H. P. Kuhn, Warum Klang und warum dann auch noch Licht?, in: Kunstmusik. Schriften zur Musik als Kunst 3 (2004), 35–38, 38.

2 Hans Peter Kuhn. Licht und Klang, exh. cat., ed. by B. Schulz, Heidelberg 2000, 44.

3 Kuhn 2004 (see fn. 1), 36f.

ist ein wenig so wie in der eingangs beschriebenen Installation *Aquarium*: Man beobachtet wie man beobachtet.

Im Programmheft für das Stück *Sunset Scientists* (2003/2004) am Theater Neumarkt in Zürich zitiert Kuhn einen Auszug eines Vortrags des Kybernetikers Heinz von Foerster: »Ein amerikanischer Bildersammler hat Picasso besucht und sagte zu ihm, er solle doch lieber Bilder von Dingen malen, wie sie wirklich sind: objektive Bilder. Picasso murmelte, dass er sich nicht ganz sicher sei, was das für Bilder sein sollten. Da hat der Mann ein Photo von seiner Frau aus der Brieftasche gezogen: ›Sehen Sie, das meine ich. Das ist ein Bild meiner Frau, wie sie wirklich aussieht.‹ Picasso erwiderte: ›Sie ist aber sehr klein, nicht wahr? Und auch sehr flach.‹«

Vielleicht wird durch die perspektivischen Brechungen in den Installationen von Hans Peter Kuhn eben auch an der Frage gerührt, was denn *wirklich ist*.

1 H. P. Kuhn, Warum Klang und warum dann auch noch Licht?, in: Kunstmusik. Schriften zur Musik als Kunst 3 (2004), 35–38, 38.

2 Hans Peter Kuhn. Licht und Klang, Ausst.-Kat., hg. von B. Schulz, Heidelberg 2000, 44.

3 Kuhn 2004 (wie Anm. 1), 36f.

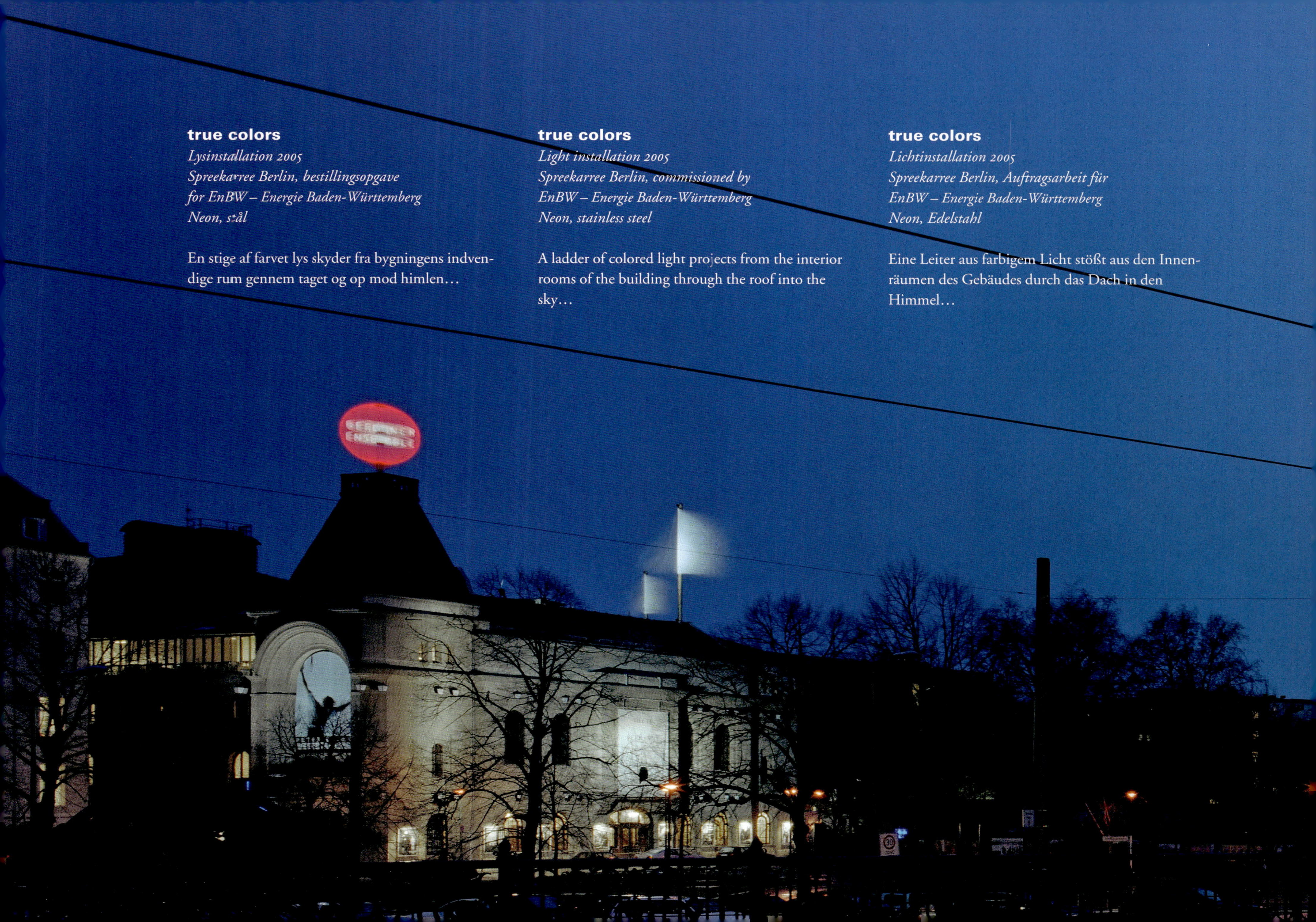

true colors
Lysinstallation 2005
Spreekarree Berlin, bestillingsopgave
for EnBW – Energie Baden-Württemberg
Neon, stål

En stige af farvet lys skyder fra bygningens indvendige rum gennem taget og op mod himlen…

true colors
Light installation 2005
Spreekarree Berlin, commissioned by
EnBW – Energie Baden-Württemberg
Neon, stainless steel

A ladder of colored light projects from the interior rooms of the building through the roof into the sky…

true colors
Lichtinstallation 2005
Spreekarree Berlin, Auftragsarbeit für
EnBW – Energie Baden-Württemberg
Neon, Edelstahl

Eine Leiter aus farbigem Licht stößt aus den Innenräumen des Gebäudes durch das Dach in den Himmel…

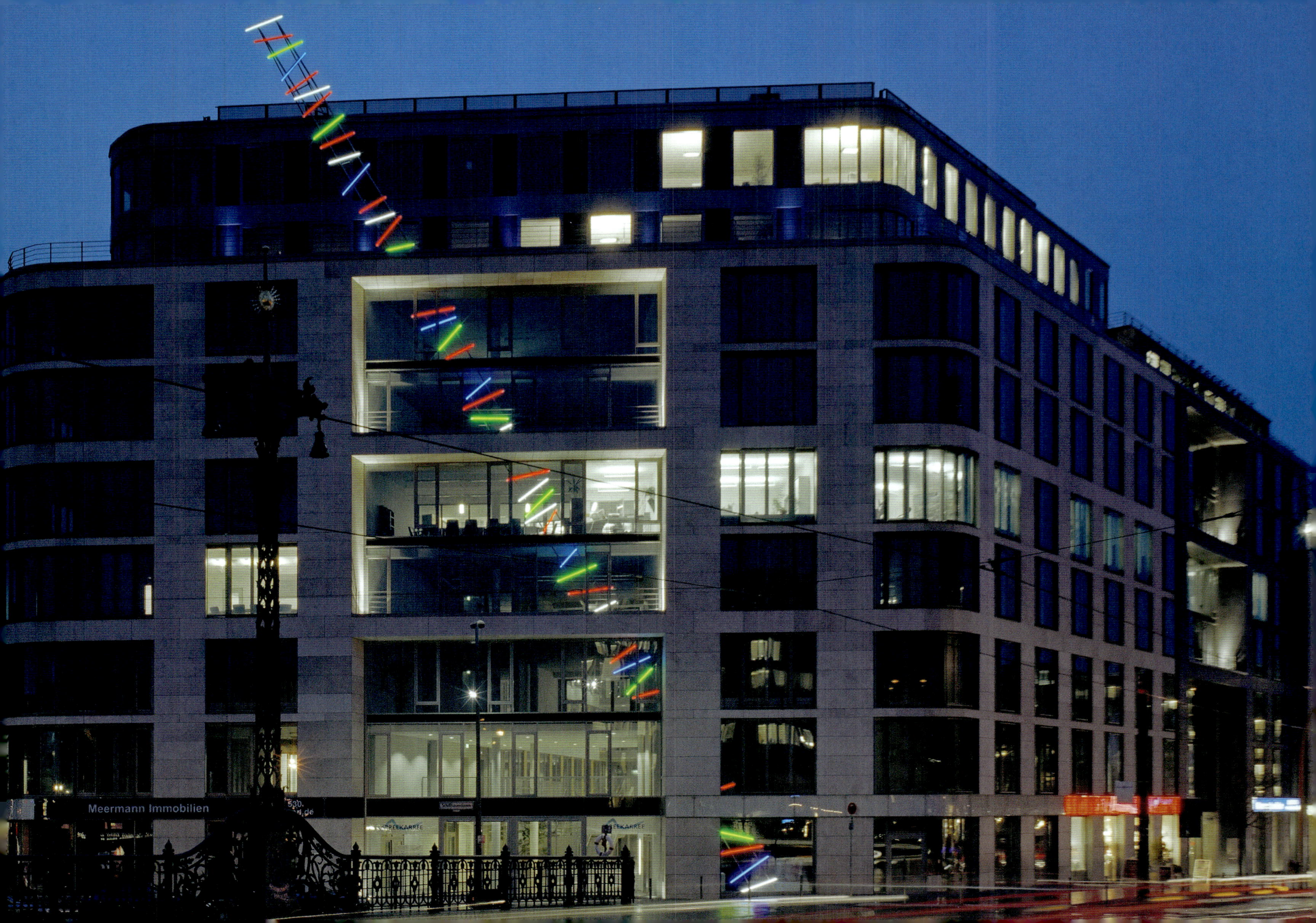
Meermann Immobilien

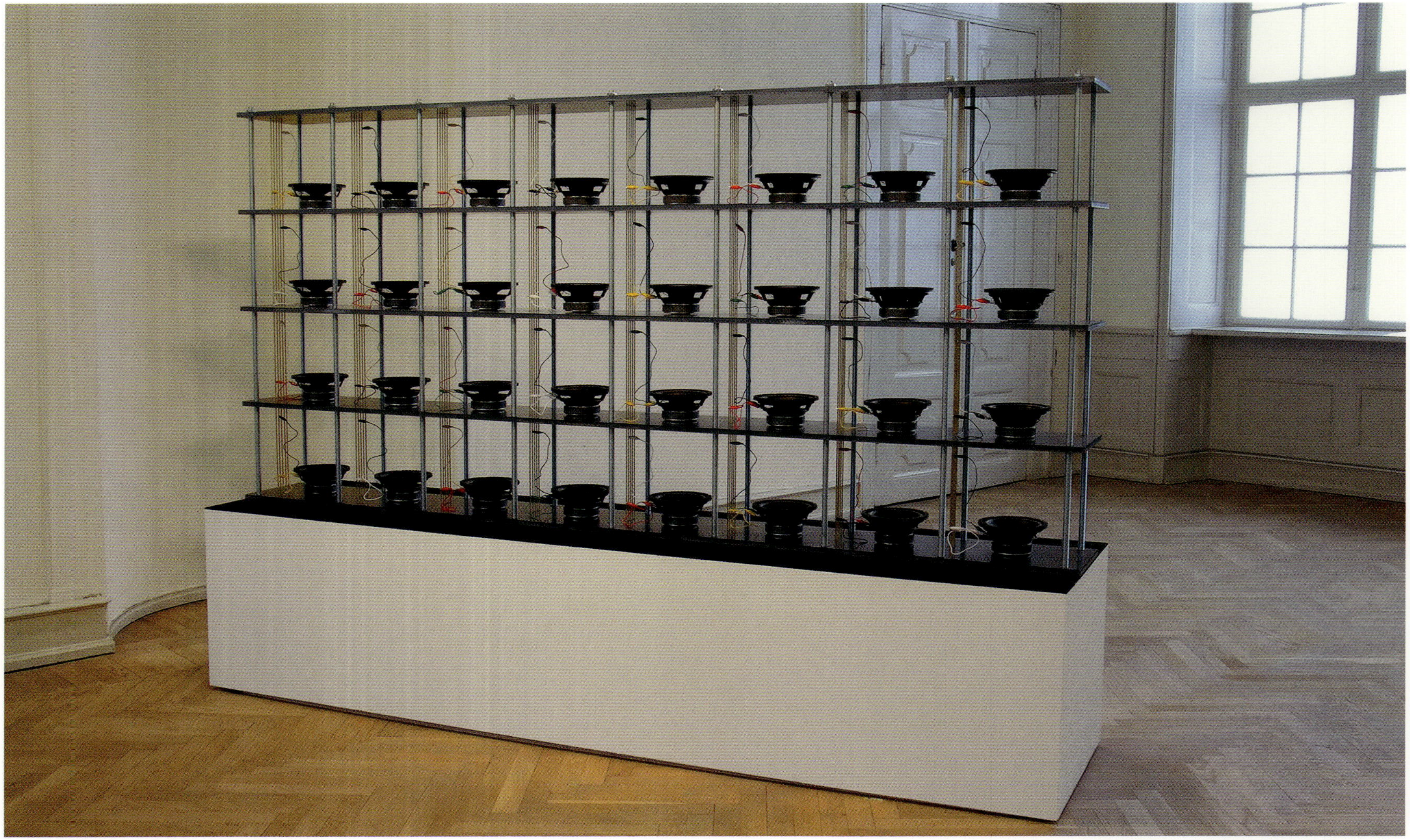

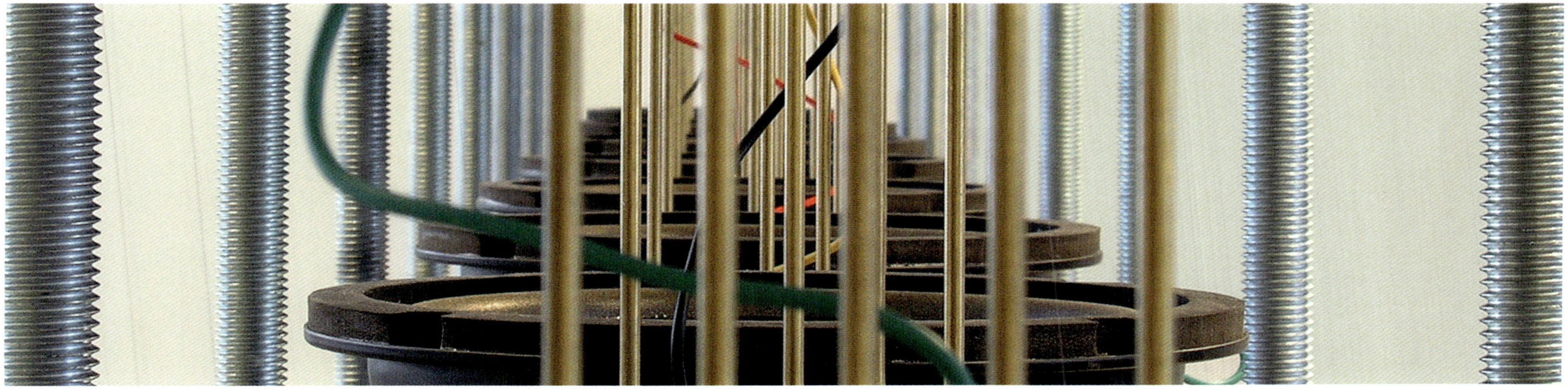

CHAOS A

Klanginstallation 2004
Museet for Samtidskunst, Roskilde (DK)
Stål, træ, messing, højtalere, kabler, elektronisk fordeler, mpeg-afspiller

I en reol af 32 stålplader ligger 32 højtalere, der afspiller toner udvalgt af en tilfældighedsgenerator. Hastigheden hvormed der skiftes sted er særdeles, så tilhøreren snarere oplever et akustisk felt end enkelte lydkilder.

CHAOS A

Sound installation 2004
Museet for Samtidskunst, Roskilde (DK)
Steel, wood, brass, loudspeakers, colored measuring cable, electronic splitter, mpeg player

32 loudspeakers are placed on steel plate shelves. The speakers play tones evoked by a random generator. The shifts between the loudspeakers are so fast that the listener perceives more an acoustic field than individual sources of sound.

CHAOS A

Klanginstallation 2004
Museet for Samtidskunst, Roskilde (DK)
Stahl, Holz, Messing, Lautsprecher, farbige Meßkabel, elektronischer Verteiler, mpeg-Player

In einem Regal aus Stahlplatten liegen 32 Lautsprecher, die, über einen Zufallsgenerator angewählt, Töne abspielen. Die Geschwindigkeit des Ortswechsel ist sehr hoch, so dass der Zuhörer eher ein akustisches Feld als einzelne Schallquellen wahrnimmt.

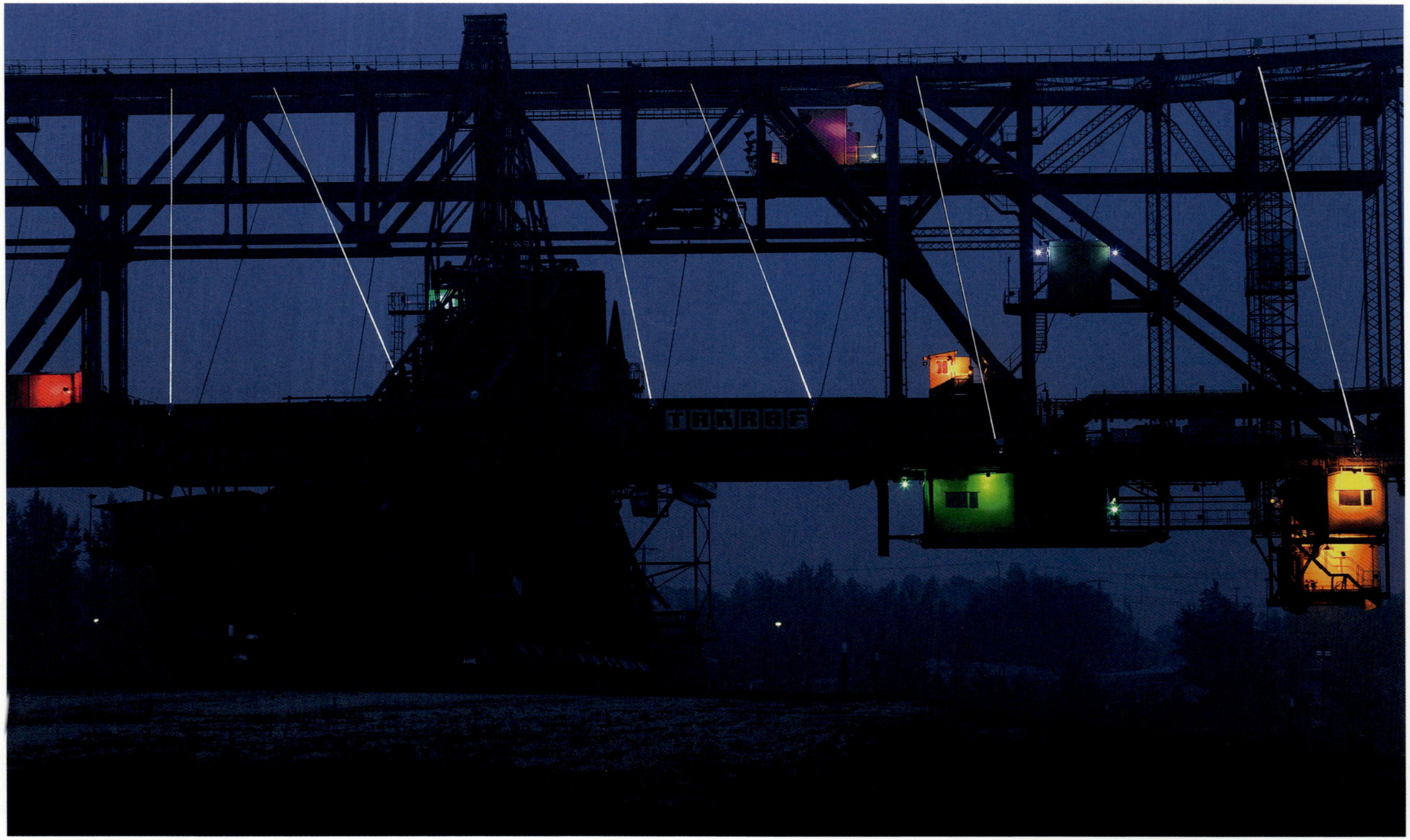
TAKRAF

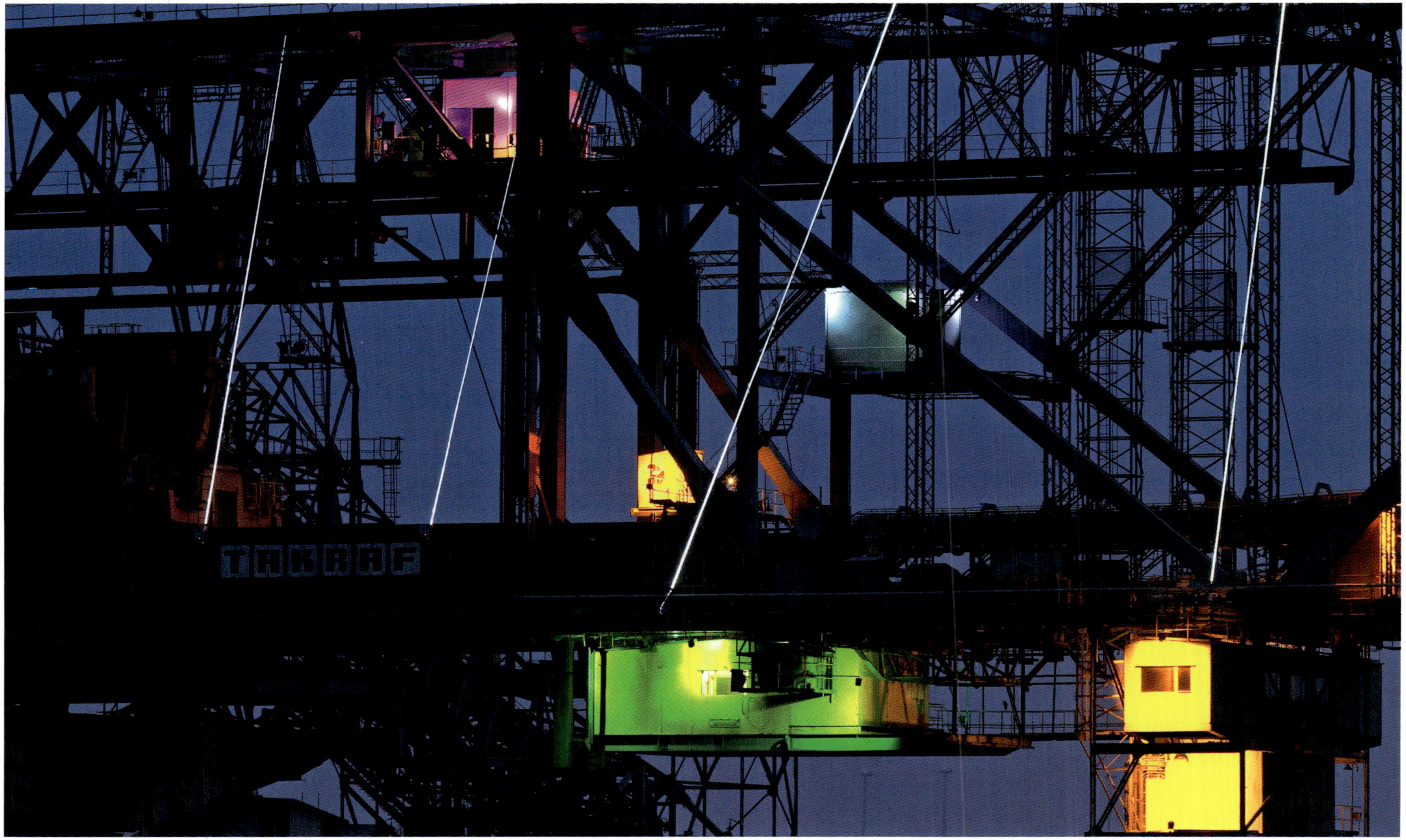
TAKRAF

Lichterfeld F 60

Lys- og klanginstallation 2003
Besucherbergwerk (Det åbne bjergværk) F 60,
Lichterfeld-Schacksdorf (D)
Lyslederfibre, projektører, farveskiver, mpeg-afspiller, forstærker, højtalere

Overjordshejsebroen F 60 var DDR's sidste store bygningsværk. Lovprist som det største bevægelige værktøj i verden blev det færdigbygget i 1990 og gik med det samme i prøvedrift. Da brunkullene imidlertid ikke længere kunne afsættes, gik gruben og dermed også F 60 i stilstand det følgende år. Menneskene i lokalsamfundet Lichterfeld-Schacksdorf kæmpede i

Lichterfeld F 60

Light and sound installation 2003
Besucherbergwerk (Mine Museum) F 60,
Lichterfeld-Schacksdorf (D)
Optical fibers, spotlights, colored disks, mpeg player, amplifier, loudspeakers

The excavation conveyor gantry F 60 was East Germany's last major construction project. Praised as the largest movable tool in the world, it was completed in 1990 and went into trial runs immediately. But since the lignite coal could no longer be sold, the mine and with it the F 60 were shut down in the following year. The people of the community of Lichterfeld-Schacksdorf fought for years to keep the

Lichterfeld F 60

Licht- und Klanginstallation 2003
Besucherbergwerk F 60,
Lichterfeld-Schacksdorf (D)
Lichtleitfasern, Scheinwerfer, Farbscheiben, mpeg-Player, Verstärker, Lautsprecher

Die Abraumförderbrücke F 60 war das letzte große Bauwerk der DDR. Gepriesen als das größte bewegliche Werkzeug der Welt wurde es 1990 fertiggestellt und ging sogleich in den Probebetrieb. Da die Braunkohle aber nicht mehr absetzbar war, wurde die Grube und damit auch die F 60 im darauf folgenden Jahr stillgelegt. Die Menschen der Gemeinde Lichterfeld-Schacksdorf kämpften über Jahre dafür,

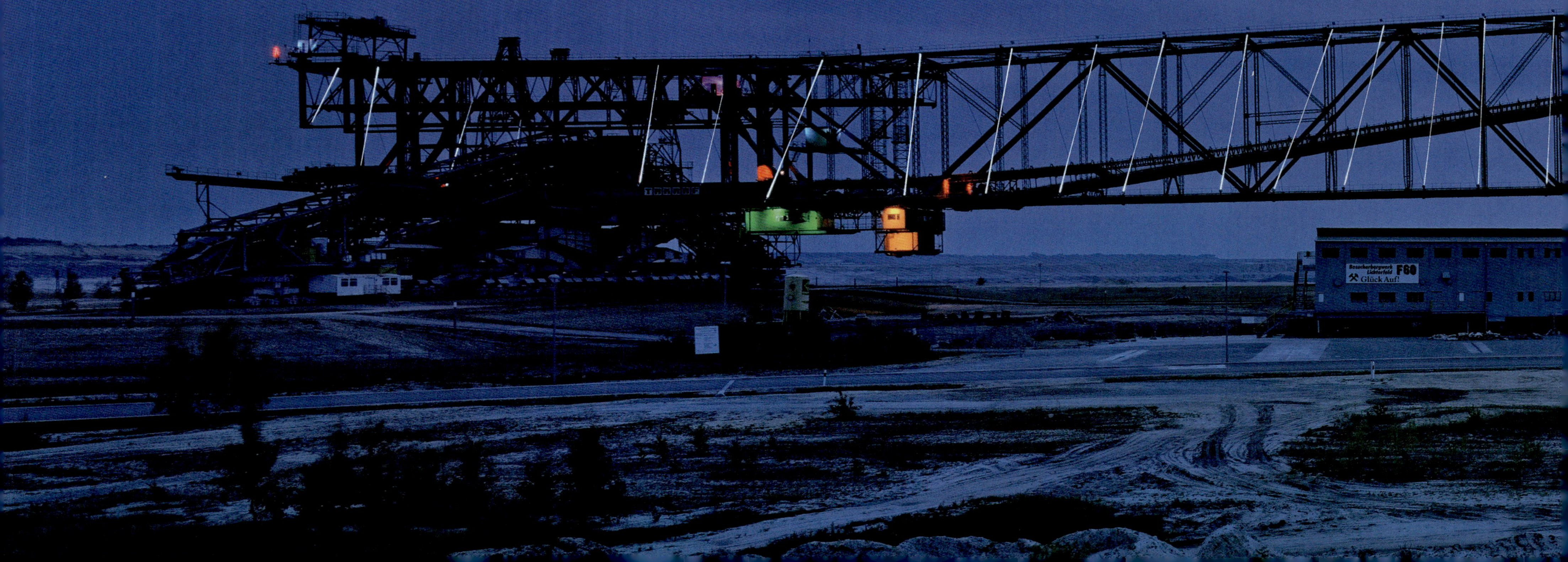

årevis for, at den 500 m. lange bro skulle blive stående, og fik på trods af stærk modstand sikret dens bevarelse. I år 2003 indviede man lys- og klanginstallationen, der kom i stand særligt i kraft af det arbejde, der blev gjort af Fürst-Pückler-Lands bygeudstilling. En skravering af lys aftegnede omridset af broen på den natlige himmel og en klangkomposition over tolv højtalere på hejsebæltet skaber en atmosfære, der stemmer overens med giganten.

500-meter gantry in place and prevailed against strong resistance. The light and sound installation, created on commission from the International Construction Exhibition Fürst-Pückler-Land, was inaugurated in 2003. A cross-hatching of light traces the contours of the gantry in the nocturnal sky, and a sound composition plays through twelve loudspeakers mounted on the lower belt. This creates an atmosphere corresponding to this gigantic machine.

dass die 500 m lange Brücke stehen bliebe und setzten ihren Erhalt gegen starke Widerstände durch. Im Jahr 2003 wurde die Licht- und Klanginstallation, die insbesondere auch auf das Betreiben der Internationalen Bauausstellung Fürst-Pückler-Land zustande kam, eingeweiht. Eine Schraffur aus Licht zeichnet den Umriss der Brücke im nächtlichen Himmel nach, und eine Klangkomposition über zwölf Lautsprecher am Untergurt schafft eine Atmosphäre, die dem Giganten entspricht.

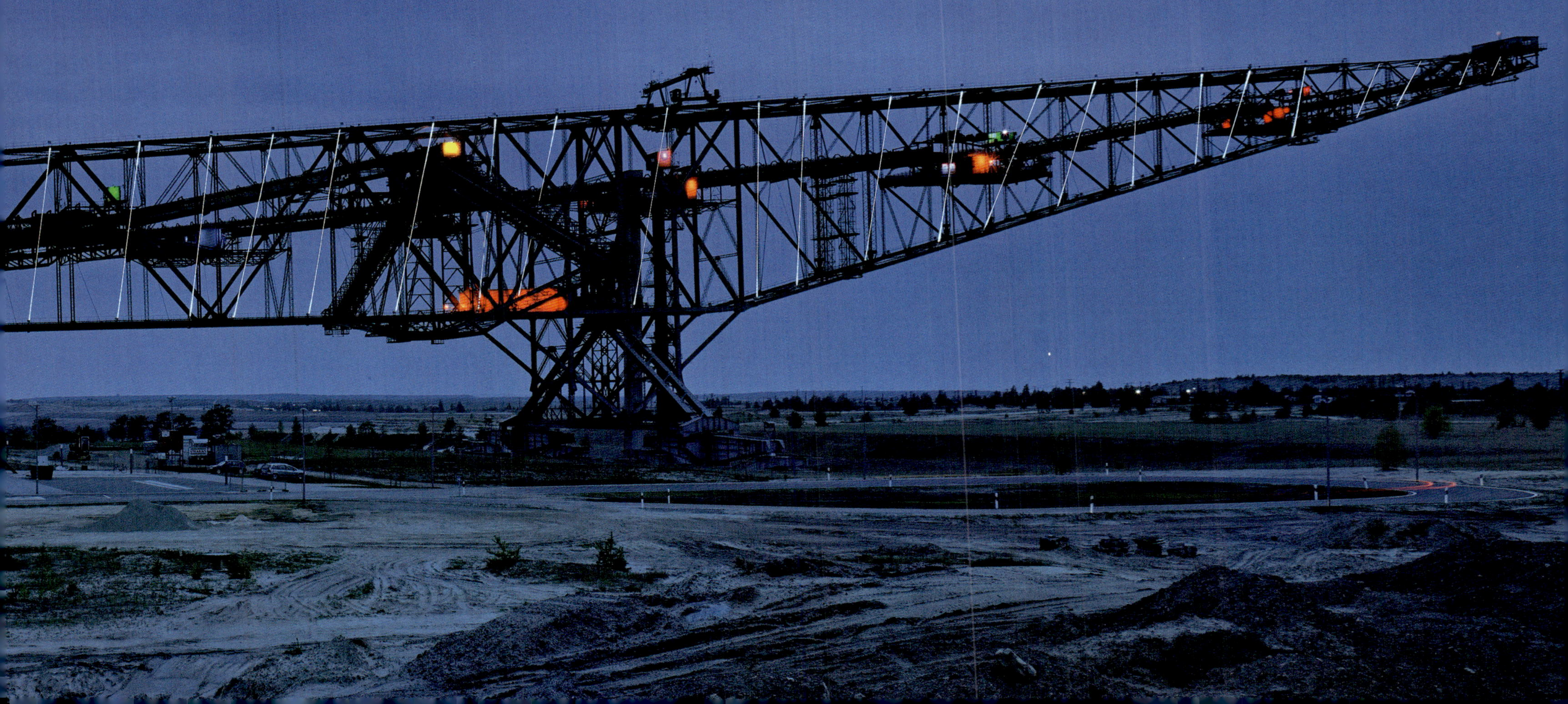

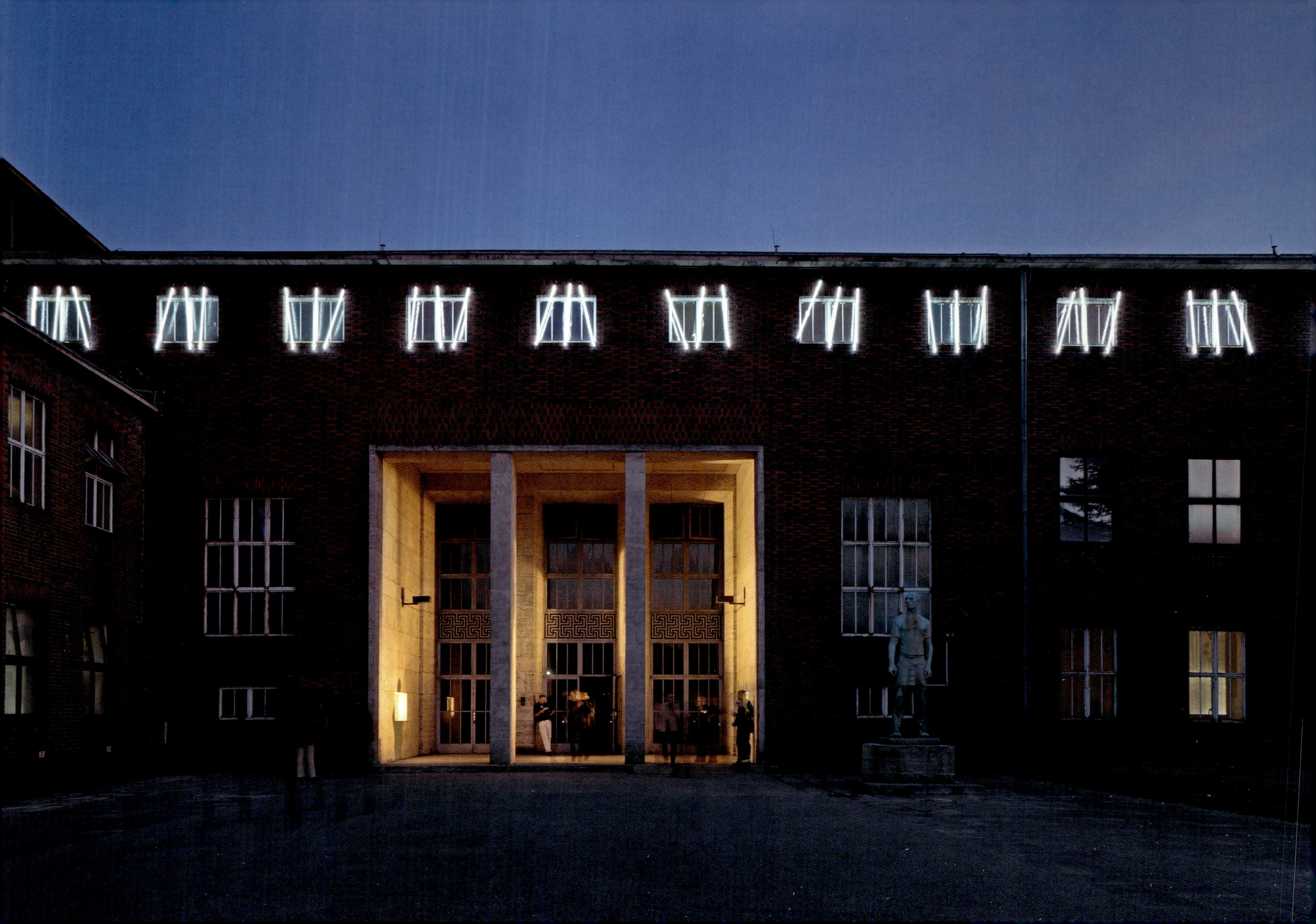

Lichtwechsel

Lys- og klanginstallation med performances af yderligere kunstnere 2003
Festival Schicht-Wechsel, Industrie Kultur Saar
Grube Reden, Neunkirchen-Reden (D)
Neonrør, farvefolier, højtalere, forstærker, sampler

I de otte baderum ved indgangen til Grube Reden i Saarland, der alle står på en række i en gang direkte overfor hovedindgangen til grubebyggeriet, skulle otte forskellige performances af otte forskellige kunstnere finde sted til en klangkomposition af Kuhn. For at give de enkelte baderum hver deres karakter, blev der foran vinduerne hængt neonrør i et vilkårligt mønster, og på vinduerne blev der opklæbet projektørfolie med hver sin farve. Hvert baderum havde sin egen farve og samtidig blev indgangsportalen dermed også forsynet med en lysinstallation.

Lichtwechsel

Light and sound installation with performances by additional artists 2003
Festival Schicht-Wechsel, Industrie Kultur Saar
Reden Mine, Neunkirchen-Reden (D)
Neon lamps, colored foil, loudspeakers, amplifier, sampler

Eight different performances by eight artists were staged in the eight mine-foreman's baths of Reden Mine in Saarland, with a sound composition by Kuhn. The baths are all in a line along the corridor directly above the main entrance to the mine building. To give the separate baths an individual character, neon lamps were hung in front of the windows in an arbitrary pattern, and the inside of each window was covered with spotlight foil in a different color. This gave each bath its own color. At the same time, it provided a light installation for the entry gate.

Lichtwechsel

Licht- und Klanginstallation mit Performances weiterer Künstler 2003
Festival Schicht-Wechsel, Industrie Kultur Saar
Grube Reden, Neunkirchen-Reden (D)
Neonröhren, Farbfolien, Lautsprecher, Verstärker, Sampler

In den acht Steigerbädern der Grube Reden im Saarland, die alle in einer Reihe an einem Gang direkt über dem Haupteingang zum Grubengebäude liegen, fanden zu einer Klangkomposition acht verschiedene Performances von acht Künstlern statt. Um den einzelnen Bädern einen individuellen Charakter zu geben, wurden vor die Fenster Neonröhren in einem willkürlichen Muster gehängt und die Fenster innen mit Scheinwerferfolie in jeweils einer anderen Farbe beklebt. Dadurch hatte jedes Bad eine eigene Farbe. Gleichzeitig wurde dadurch auch das Eingangsportal mit einer Lichtinstallation versehen.

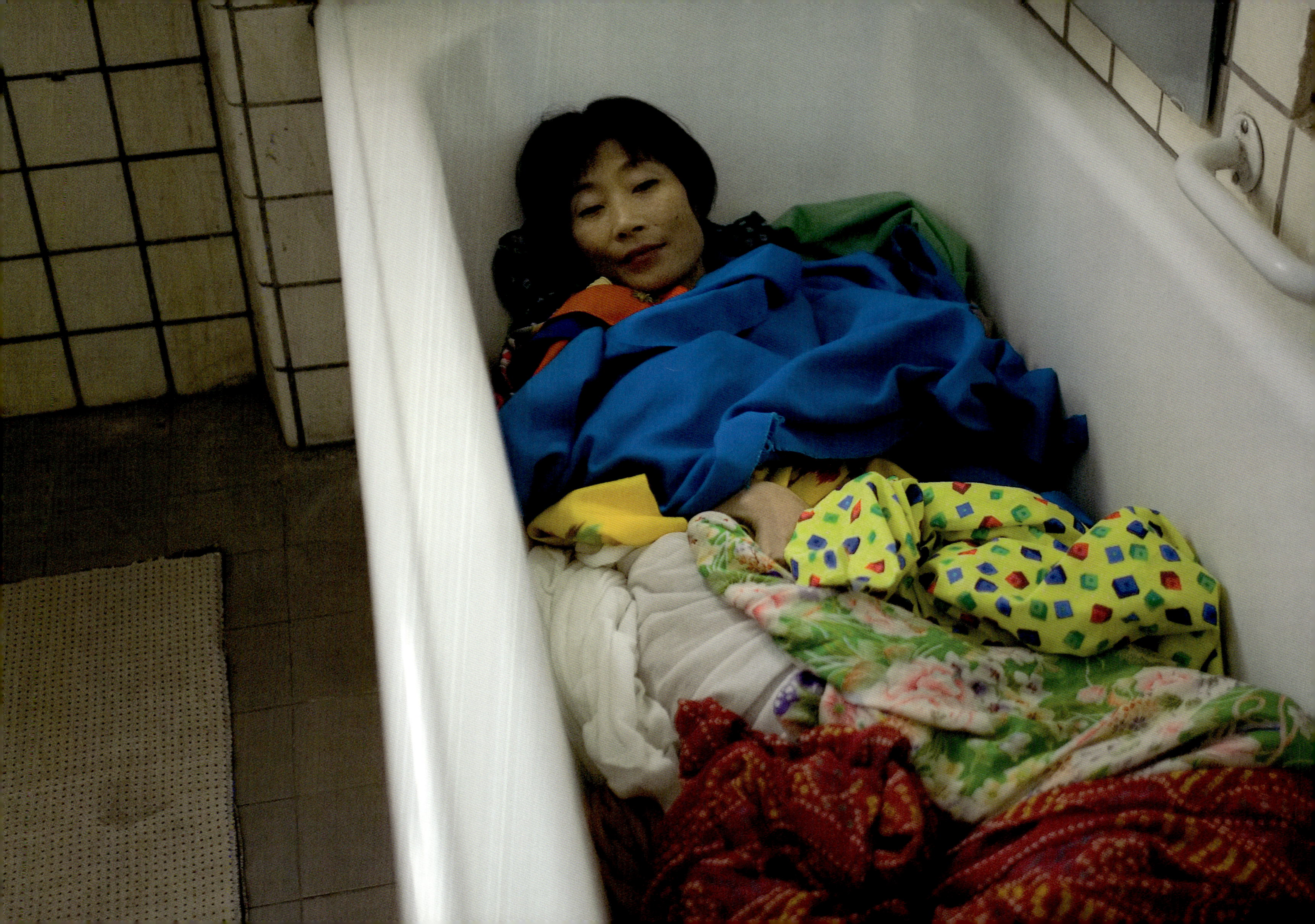

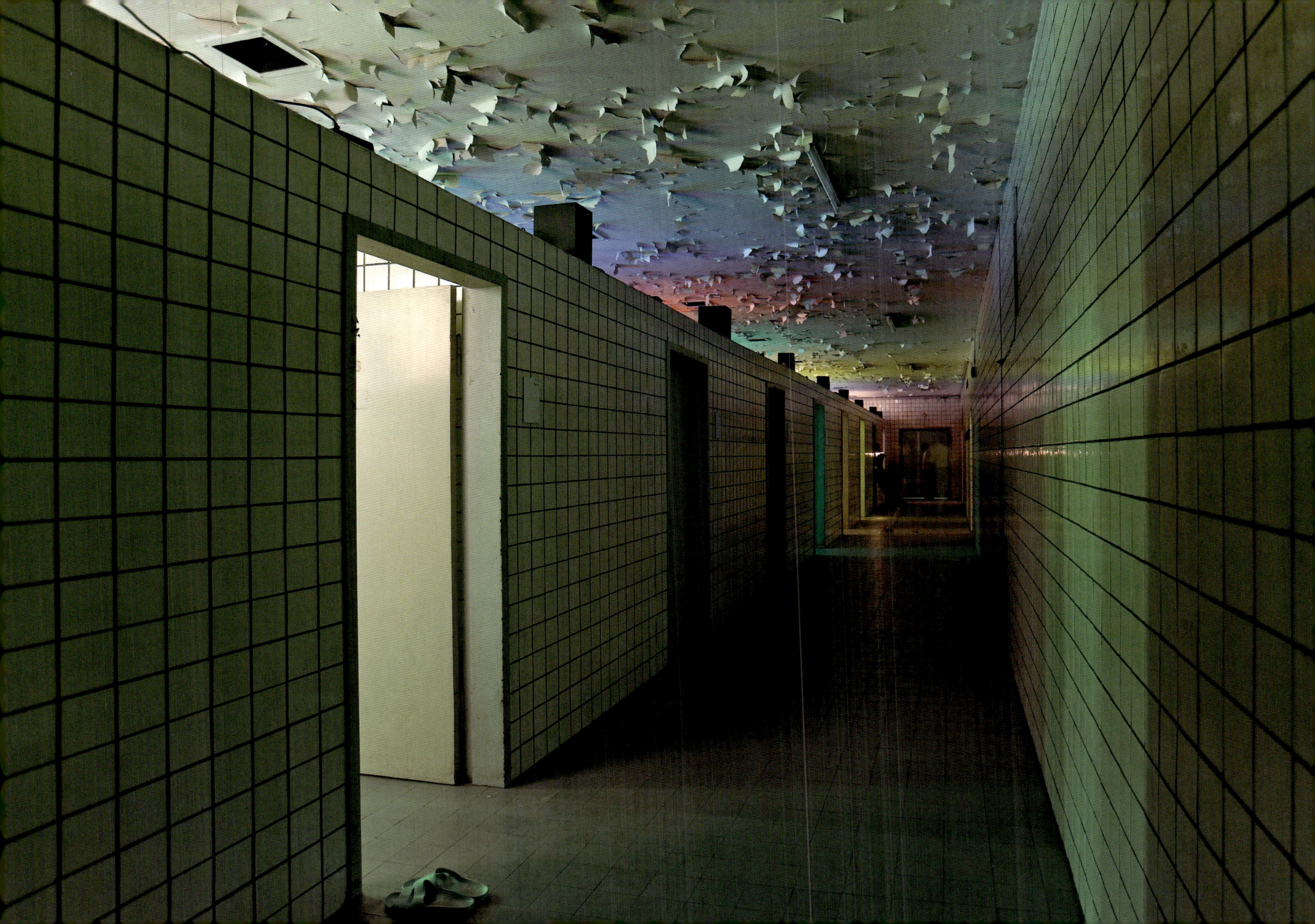

Echtzeit 24

Videoinstallation 2003
Festival Schicht-Wechsel, Industrie Kultur Saar
Det tidligere bjergværk Göttelborn-Quierschied
Videomonitorer, satellitmodtageranlæg, højtalere, træ

Den såkaldte inddamper i bjergværket Göttelborn er en slags tragt, et stort rundt betonbyggeri med tragtformet loft, uden vinduer og cirkelrund. Til installationen *Echtzeit 24* blev der i en kreds stillet 24 søjler, hvor der i hver var indbygget en fjernsynsmodtager og en højtaler. Monitorernes billedrør var rettet mod væggen, højtalerne sendte lyd mod rummets midte. Hvert fjernsyn modtog via satellit et program fra et af de 24 europæiske lande. De stadige billedbevægelser frembragte en nordlysagtig, permanent farvet blafren på væggen. Af og til løb tonerne fra et af fjernsynene i en kreds rundt om publikum.

Echtzeit 24

Video installation 2003
Festival Schicht-Wechsel, Industrie Kultur Saar
Former mine in Göttelborn-Quierschied
Video monitors, satellite receiver, loudspeakers, wood

The so-called thicker in Göttelborn mine is a kind of funnel, a large, circular concrete construction with a funnel-shaped cover and no window. For the installation *Echtzeit 24*, 24 columns were erected in a circle. A television set and a loudspeaker were mounted in each of them. The picture tubes directed toward the wall, while the loudspeakers broadcast toward the middle of the room. Each television set received a program from one of 24 European countries. The constant movement of the images created a constant colorful flickering on the wall, resembling the Northern Lights. Occasionally, the sound from one of the programs circled the audience in the room.

Echtzeit 24

Videoinstallation 2003
Festival Schicht-Wechsel, Industrie Kultur Saar
ehemaliges Bergwerk Göttelborn-Quierschied
Videomonitore, Satellitenempfangsanlage,
Lautsprecher, Holz

Der sogenannte Eindicker im Bergwerk Göttelborn ist eine Art Trichter, ein großer runder Betonbau mit trichterförmiger Decke, ohne Fenster und kreisrund. Für die Installation *Echtzeit 24* wurden 24 Säulen im Kreis aufgestellt, in denen jeweils ein Fernsehempfänger und ein Lautsprecher eingebaut waren. Die Bildröhren der Monitore waren gegen die Wand gerichtet, die Lautsprecher strahlten in Richtung der Raummitte. Jeder Fernseher empfing über Satellit ein Programm aus einem von 24 europäischen Ländern. Die ständigen Bildbewegungen erzeugten ein nordlichtartiges, permanentes farbiges Flackern auf der Wand. Hin und wieder lief einer der Fernsehtöne im Kreis um das Publikum herum.

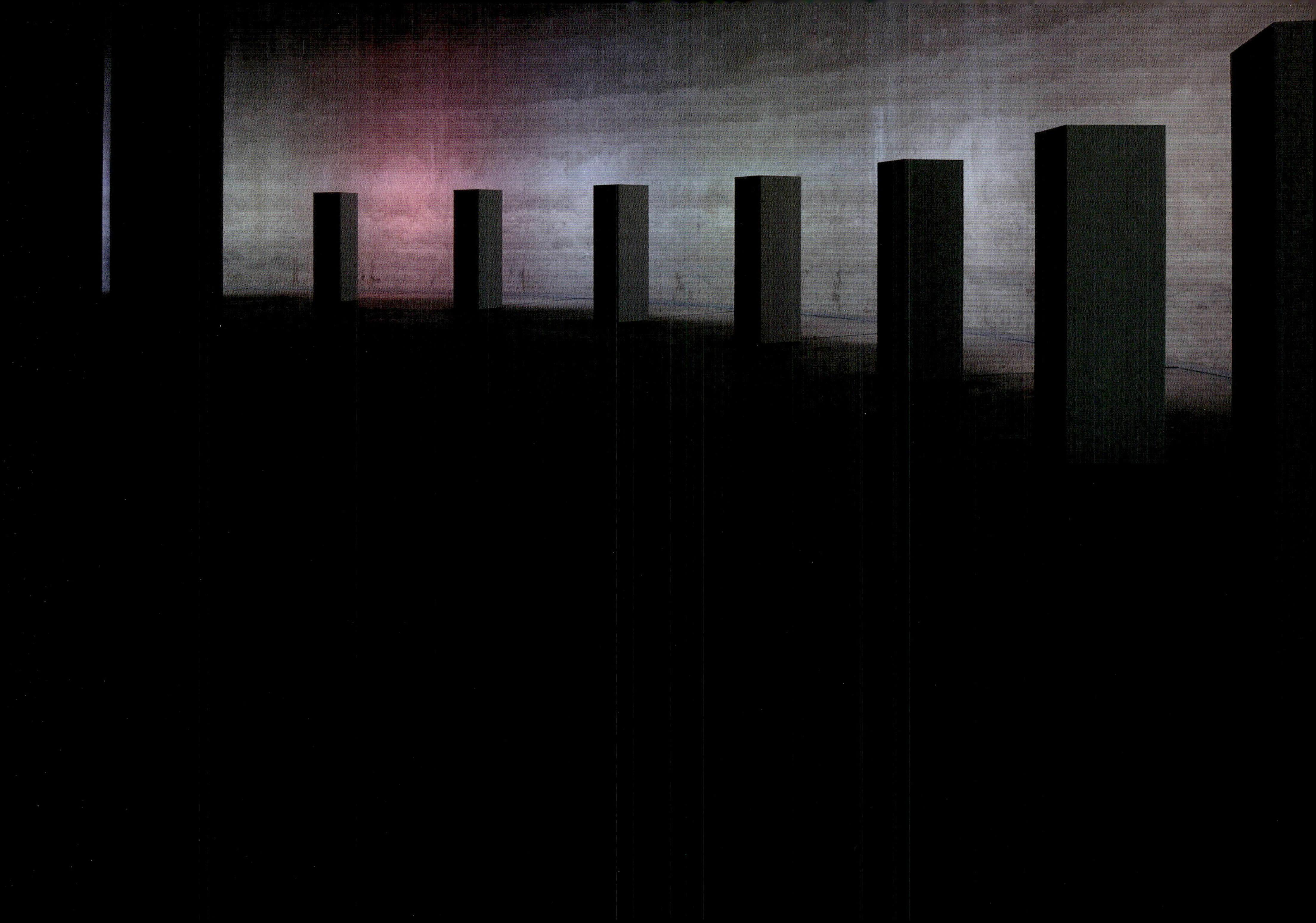

Aquarium

Lys- og klanginstallation 2000
Klangkunstforum, HVBprojekt
Parkkolonnaden, Potsdamer Platz, Berlin
Rullegræs, glas, stål, lysstofrør,
industrilamper,sampler, forstærker,
højtalere, inventar.

I en endnu ikke udlejet detailbutik i nybyggeriet blev der igennem to år, med støtte fra bygningens ejer, drevet klangkunstgalleri. Til udstillingen *Aquarium*, der blev vist i vinteren 2000, blev det nederste og største del af rummet belagt med rullegræs. Fem store glaskasser med stålrammer – Akvarier – fyldt med knust glas blev placeret på plænen. Over 32 små højtalere, der hang fra loftet i et tilfældigt mønster, blev et klangfelt i hurtig bevægelse spillet frem. I den øverste del af rummet stod to tunge lænestole, en standerlampe og et lille bord med vodka og cigaretter på. Herfra kunne i ro betragte værket med et glas vodka – så at sige fra et højere stade.

Aquarium

Light and sound installation 2000
Klangkunstforum, HVBprojekt
Park colonnades, Potsdamer Platz, Berlin
Pre-grown lawn, glass, steel, fluorescent lamps,
industrial lamps, sampler, amplifier,
loudspeaker, furniture

A Sound Art gallery was open for about two years in an unoccupied storefront in a newly constructed building, sponsored by the building's owner. For the installation shown in Winter 2000, *Aquarium*, the lower, larger part of the room is covered with pre-grown lawn. Five large, steel-framed glass aquariums filled with broken glass and fluorescent lamps are placed on the lawn. A fast-paced sound field is played from 32 small loudspeakers hanging randomly from the ceiling. In the upper part of the room are two heavy armchairs, a steel lamp, and a small table with vodka and cigarettes on it. From here, one could watch the work at one's leisure over a glass of vodka – from a higher level, so to speak.

Aquarium

Licht- und Klanginstallation 2000
Klangkunstforum, HVBprojekt
Parkkolonnaden, Potsdamer Platz, Berlin
Rollrasen, Glas, Stahl, Leuchtstoffröhren,
Industrieleuchten, Sampler, Verstärker,
Lautsprecher, Mobiliar

In einem noch nicht vermieteten Ladengeschäft des Neubaus wurde für etwa zwei Jahre, gefördert durch den Hauseigentümer, eine Klangkunstgalerie betrieben. Für die im Winter 2000 gezeigte Installation *Aquarium* wurde der untere, größere Teil des Raumes mit Rollrasen ausgelegt. Fünf große, Stahl umrahmte, mit Bruchglas und Leuchtstoffröhren gefüllte Glaskästen – Aquarien – wurden auf dem Rasen platziert. Über 32 kleine Lautsprecher, die in zufälligem Muster von der Decke hingen, wurde ein schnell bewegtes Klangfeld eingespielt. Im oberen Teil des Raumes standen zwei schwere Sessel, eine Stehlampe und ein Tischchen mit Wodka und Zigaretten. Von hier aus konnte man die Arbeit in Ruhe bei einem Gläschen Wodka – sozusagen von höherer Warte aus – betrachten.

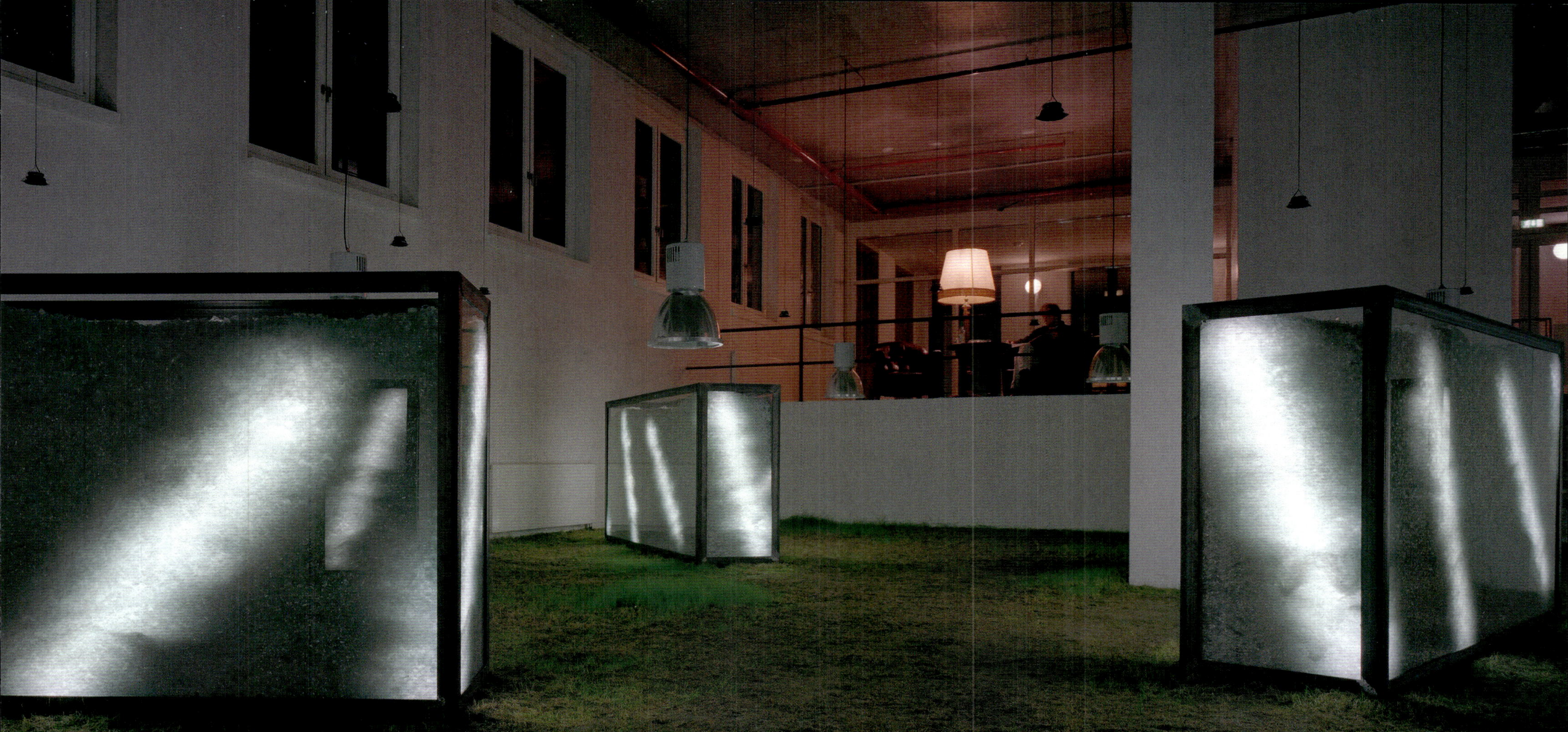

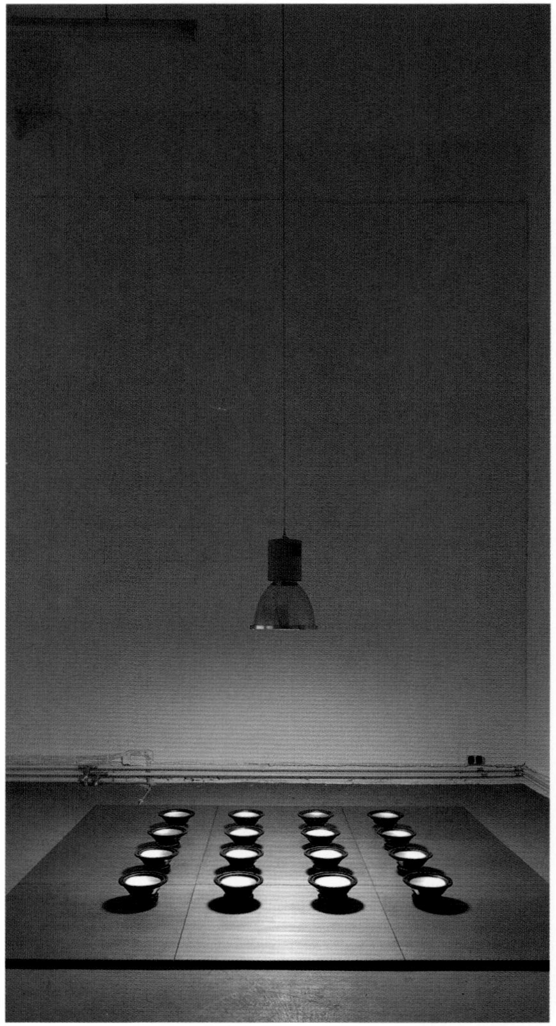

GERNOT BÖHME

Akustiske atmosfærer

I. Indledning

Siden det æstetisk moderne, altså omtrent siden Baudelaires tid, har der til stadighed været et kapløb mellem kunstens udvikling og æstetisk teori. I dette kapløb deltager ikke kun billedkunsten, der med sine avantgarde-bevægelser igen og igen har overskredet forestillingerne om, hvad kunst overhovedet er, men også udviklinger på musikkens område. I særdeleshed fremtvang den *musique concrète* og klanginstallationerne en revision af musikteorien og derudover ændringer af selve æstetikkens grundkoncepter. Disse forandringer angår, for at sige det foregribende og på stikordsform: Udvidelsen af lydmaterialet, begrebet om musikken som rumkunst og hørelsens forrang.

Æstetikken er nemlig i midten af det 18. århundrede, hos Alexander Gottlieb Baumgarten, oprindelig konciperet som teorien om den sanselige erkendelse. Kun alt for hurtigt har den dog udviklet sig til en smagens teori og indskrænket sit genstandsområde til kunstværker. Mens æstetikken hos Kant stadig i væsentlig grad syntes at være en naturæstetik,[1] var denne hos

Acoustic Atmospheres

I. Introduction

Ever since aesthetic modernism, that is, since the days of Baudelaire, there has been an unremitting competition between the development of the arts and aesthetic theory. In the process, not only have developments in the visual arts, in their avant-garde movements, time and again transcended existing ideas of what art is, but developments in music have done so as well. *Musique concrète* and sound installations, in particular, forced a revision of music theory and, moreover, changes in the fundamental concepts of aesthetics in general. To outline the basic issues from the outset, these changes concern: the expansion of sound material, the notion of music as environment art, and the precedence of hearing.

Aesthetics was originally conceived, in the mid-18th century, by Alexander Gottlieb Baumgarten, as a theory of sensory perception. However, it all too rapidly evolved into a theory of taste and limited itself, in its object of study, to art works. Whereas, with Kant, aesthetics still seemed to be fundamentally an

Akustische Atmosphären

I. Einleitung

Seit der ästhetischen Moderne, also etwa seit der Zeit Baudelaires, hat es einen beständigen Wettlauf zwischen Kunstentwicklung und ästhetischer Theorie gegeben. Dabei sind es nicht nur die Entwicklungen in der bildenden Kunst, die in ihren Avantgarden immer wieder die Vorstellungen davon, was Kunst überhaupt sei, überschritten, sondern auch Entwicklungen im Bereich der Musik. Ganz besonders die *musique concrète* und die Klanginstallationen, zwangen zu einer Revision der Musiktheorie und darüber hinaus zu Veränderungen in den Grundkonzepten von Ästhetik überhaupt. Diese Veränderungen betreffen, um es stichwortartig vorweg zu sagen: die Erweiterung des Tonmaterials, das Konzept von Musik als Raumkunst und den Vorrang des Hörens.

Die Ästhetik ist in der Mitte des 18. Jahrhunderts, nämlich bei Alexander Gottlieb Baumgarten, ursprünglich als Theorie der sinnlichen Erkenntnis konzipiert worden. Nur allzu schnell hat sie sich jedoch zu einer Theorie des Geschmacks entwickelt und sich

Hegel kun en forgård til den egentlige æstetik, kunstværkets teori. Æstetikken tjente fra da af i væsentlighed den æstetiske domfældelse og dermed kunstkritikken og havde helt forladt den sanselige erfarings og den affektive overvældelses felt.

II Grundlaget for en atmosfærernes æstetik

Den overordentlige fordel ved en atmosfærernes æstetik er, at den forbinder sig med et stort reservoir af hverdagserfaringer. Man taler om en *hyggelig*[2] dal, om et *trykkende vejr*, om den *spændte atmosfære ved et møde*, og det er let at blive enige om betegnelsernes gyldighed. Hvis atmosfærer således er stemninger, der ligger i luften, så betegner man dermed et fænomen, som enhver er fortrolig med, og dertil kommer: At der findes et nærmest uudtømmeligt grundlag for at tale om atmosfærer, for at karakterisere atmosfærer. Man taler om en *alvorlig atmosfære*, en *truende atmosfære*, en *ophøjet atmosfære*, men man taler også om en *atmosfære af voldelighed* eller *hellighed*, og man snakker sågar om et *boudoirs atmosfære*, om en *småborgerlig atmosfære*, om *20'ernes atmosfære*.

Byggende på disse erfaringer og talemåder fra hverdagen er begrebet om atmosfære imidlertid blevet udviklet til et videnskabeligt begreb.[3] Det særlige, men også teoretisk vanskelige, består deri, at det betegner et typisk mellemfænomen. Atmosfærerne er

aesthetics of nature,[1] already, with Hegel, the latter had devolved into a mere preliminary to aesthetics proper, i. e., the theory of the work of art. Aesthetics, from then on, essentially served the development of aesthetic judgment and, by extension, art criticism and had completely abandoned the field of sensory experience and affective resonance.

II. The State of the Aesthetics of Atmospheres

The extraordinary advantage of an aesthetics of atmospheres is that it relies on a broad repository of everyday experiences. We speak of a *bright* valley, of an *oppressive atmosphere* before an impending thunderstorm, of the *tense atmosphere of a meeting*, and these are notions that are easily communicable. If atmospheres are moods pervading the air, the phenomenon thus described is familiar to all of us. What is more, there are almost endless ways and means of speaking about atmospheres, of characterizing atmospheres. We speak of a *serious atmosphere*, an *ominous atmosphere*, but we also speak of an *atmosphere of violence*, or a *holy atmosphere*, and we even speak of *boudoir atmosphere*, of a *petit-bourgeois atmosphere*, of the *atmosphere of the Twenties*.

Based on these everyday experiences and ways of speaking, the term atmosphere has meanwhile been developed into a scientific concept.[2] What is special

in ihren Gegenständen auf Kunstwerke eingeschränkt. Während die Ästhetik bei Kant noch wesentlich eine Naturästhetik zu sein schien,[1] war diese bei Hegel bereits nur noch der Vorhof zur eigentlichen Ästhetik, der Theorie des Kunstwerks. Die Ästhetik diente fortan im Wesentlichen der ästhetischen Urteilsbildung und damit der Kunstkritik und hatte das Feld sinnlicher Erfahrung und affektiver Betroffenheit gänzlich verlassen.

II. Stand der Ästhetik der Atmosphären

Der außerordentliche Vorteil einer Ästhetik der Atmosphären ist, dass sie an ein breites Reservoir von Alltagserfahrungen anknüpfen kann. Man spricht von einem *heiteren Tal*, von einer *drückenden Gewitterstimmung*, von der *gespannten Atmosphäre einer Sitzung*, und es ist leicht, sich darüber zu verständigen. Wenn Atmosphären Stimmungen sind, die in der Luft liegen, so ist damit ein Phänomen bezeichnet, das jedermann vertraut ist, mehr noch: Es gibt einen schier unerschöpflichen Fundus über Atmosphären zu sprechen, Atmosphären zu charakterisieren. Man spricht von einer *ernsten Atmosphäre*, einer *bedrohlichen Atmosphäre*, einer *erhabenen Atmosphäre*, aber man spricht auch von der *Atmosphäre der Gewalt* oder *der Heiligkeit* und man redet sogar von der *Atmosphäre eines Boudoirs*, von einer *kleinbürgerlichen Atmosphäre*, von der *Atmosphäre der Zwanziger Jahre*.

noget midt imellem subjekt og objekt: man kan betegne dem som kvasi-objektive følelser, der ubestemte er strømmet ud i rummet. Men ligeledes må man betegne dem som subjektive, for så vidt som de ikke er noget uden et erfarende subjekt. Men netop i denne væren midt imellem ligger deres høje værdi. Gennem dem forbindes nemlig, hvad der traditionelt var adskilt som produktions- og receptionsæstetik. Ganske vist kan man frembringe atmosfærer, og der findes fuldt udarbejdede kunstarter, der specifikt har frembringelsen af atmosfærer som tema. Det drejer sig i den forbindelse om anvendelsen af helt igennem tingslige, tekniske hjælpemidler, ikke som kausale virkeårsager, men i stedet som frembringere af atmosfærer. Scenografiens kunst er paradigmatisk for denne tilgang til atmosfærer. På den anden side erfares atmosfærer i affektiv overvældelse, og man kan kun sige, hvilken karakter de har, idet man udsætter sig for dem i et kropsligt nærvær, for at mærke dem i sin egen befindtlighed. Dette er receptionsæstetikkens klassiske side.

Til studiet af atmosfærerne er den kontrastive og den ingressive erfaring blevet foreslået: Man erfarer bedst atmosfærernes specificitet, når deres karakter er trådt frem, d. v. s. ikke når, de som det, der ensartet omgiver én, allerede er sunket ned i ubemærkethed. De erfares altså i kontrast, d. v. s. når man er i atmosfærer, der ligger skævt i forhold til éns eget stem-

about this concept and what, at the same time, makes it theoretically problematic is that it denotes an intermediate phenomenon. Atmospheres are something in between subject and object: they can be defined as more or less objective sentiments indeterminately spread into the environment. In the same way, however, they have to be defined as subjective in so far as they are nothing without a subject experiencing them. Yet it is precisely in this intermediacy that its great value lies, for through it is united what traditionally has been separate: as an aesthetics of production on the one hand and an aesthetics of reception on the other. To be sure, atmospheres can be created and there are elaborate arts that deal specifically with the creation of atmospheres. They revolve around the deployment of eminently material, technical devices, however, not as causal agents, but rather as generators of atmospheres. The art of stage design is paradigmatic for this approach to atmospheres. On the other hand, atmospheres are experienced in a state of affective resonance and we can only tell what their nature is by exposing ourselves to them by being there physically, in order to perceive them in our particular frame of mind. This is the classical aspect of the aesthetics of reception.

For the study of atmospheres, both the contrastive and the ingressive forms of experience have been proposed: the specificity of atmospheres is most readily experienced when their respective nature stands out,

Aufbauend auf diesen alltäglichen Erfahrungen und Redeweisen ist inzwischen der Begriff der Atmosphäre zu einem wissenschaftlichen Begriff entwickelt worden.[2] Das Besondere, aber auch theoretisch Schwierige besteht darin, dass er ein typisches Zwischenphänomen bezeichnet. Die Atmosphären sind etwas zwischen Subjekt und Objekt: man kann sie als quasi objektive Gefühle bezeichnen, die unbestimmt in den Raum ergossen sind. Aber ebenso muss man sie als subjektiv bezeichnen, insofern sie nichts sind ohne ein erfahrendes Subjekt. Aber gerade in diesem Zwischensein liegt ihr hoher Wert. Durch sie wird nämlich verbunden, was traditionell als Produktions- und Rezeptionsästhetik getrennt war. Allerdings kann man Atmosphären erzeugen, und es gibt ausgearbeitete Künste, deren Thema spezifisch die Erzeugung von Atmosphären ist. Es geht dabei um den Einsatz durchaus dinglicher, technischer Hilfsmittel, nicht aber als kausale Wirkfaktoren, sondern als Erzeugende für Atmosphären. Die Kunst des Bühnenbildes ist für diese Zugangsart zu Atmosphären paradigmatisch. Auf der anderen Seite werden Atmosphären in affektiver Betroffenheit erfahren und man kann nur sagen, welchen Charakter sie haben, indem man sich ihnen in leiblicher Anwesenheit aussetzt, um sie in der eigenen Befindlichkeit zu spüren. Das ist die klassische Seite der Rezeptionsästhetik.

Zum Studium der Atmosphären wurden die kontrastive und die ingressive Erfahrung vorgeschlagen:

ningsleje, eller når man træder ind i en atmosfære ved at bevæge sig fra en atmosfære til en anden. Atmosfærerne erfares da som vage, følelsesbetonede fornemmelser (tysk: *Anmutungen*)[4], d. v. s. som en tendens, til at bringe én i en bestemt stemning.

På produktionsæstetikkens side bliver atmosfærerne, som sagt, undersøgt ud fra det, som frembringer dem: Det er genstande, deres kvaliteter, arrangementer af dem, lys, lyd o. s. v. Det afgørende er imidlertid, afgørende først og fremmest for tings-ontologien, at det her ikke drejer sig om de egenskaber, som en ting har, gennem hvilke den afgrænser sig og bliver forskellig fra andre, men derimod om de kvaliteter gennem hvilke, den stråler ud i rummet. Nærmere bestemt, handler det om at læse egenskaber som *ekstaser*[5], d. v. s. måder, hvorpå en ting træder ud af sig selv og modificerer sfæren for sin tilstedeværelse. Studiet af ekstaserne er særligt vigtigt for designkun-

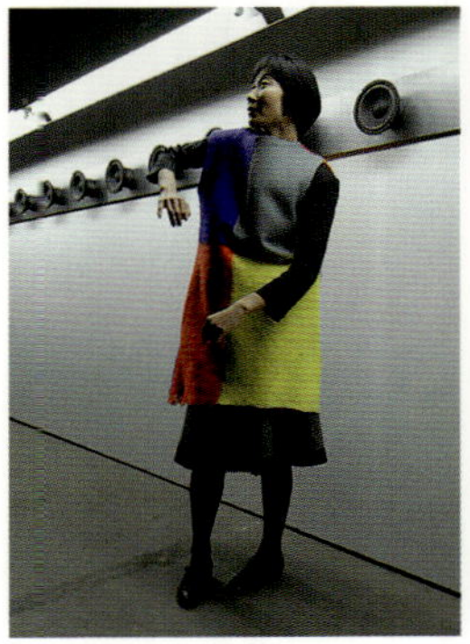

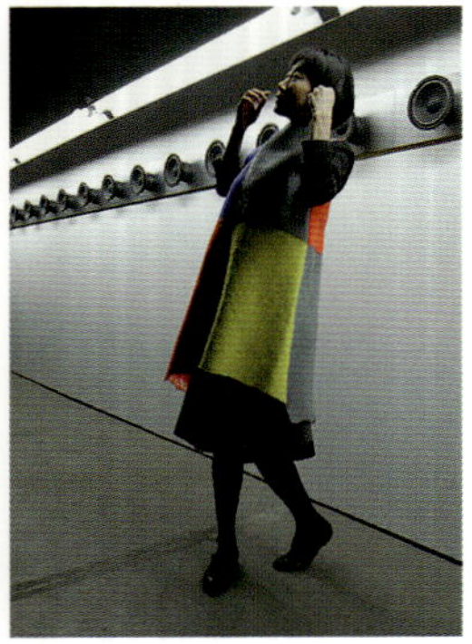

i. e., not when they have already descended into unobtrusiveness as something evenly surrounding us. Consequently, they are experienced through contrast, that is, when finding ourselves in atmospheres that clash with our own emotional state, or when entering into them by moving from one atmosphere to another. In this case, atmospheres are experienced as *Anmutungen*[3], impressions that tend to affect a particular mood.

On the side of the aesthetics of production, atmospheres are examined, as mentioned earlier, with regard to what creates them: objects, their features, arrangements, light, sound, etc. What is crucial, however, particularly for the ontology of the object, is that it is not the properties a thing possesses – that define it and distinguish it from others – that matter here, but rather the properties through which it radiates into space. The point is, more precisely, to read properties as *ecstasies*[4], i. e., as ways in which an object comes out of its shell, as it were, and transforms the sphere of its presence. The study of ecstasies is of particular importance for the arts of design and stage design, since the focus here is less on the objective properties and functions of things than on their dramatic value.

The aesthetics of atmospheres which, hence, has its roots in ecological aesthetics, is in the meantime evolving into a rehabilitation of the original approach

Man erfährt die Spezifität von Atmosphären am besten, wenn ihre Charaktere abgehoben sind, d. h. nicht dann, wenn sie als das, was einen gleichmäßig umgibt, bereits zur Unauffälligkeit herabgesunken sind. Sie werden also erfahren im Kontrast, d. h. wenn man in Atmosphären ist, die zur eigenen Stimmungslage quer liegen, oder wenn man in sie eintritt, durch den Wechsel von einer Atmosphäre zur anderen. Die Atmosphären werden dann als *Anmutungen*[3] erfahren, d. h. als eine Tendenz, einen in eine bestimmte Stimmung zu bringen.

Auf der Seite der Produktionsästhetik werden die Atmosphären, wie gesagt, auf ihre Erzeugenden hin untersucht: das sind Gegenstände, deren Qualitäten, Arrangements, Licht, Ton usw. Das Entscheidende ist aber, entscheidend vor allem für die Dingontologie, dass es hier nicht um die Eigenschaften geht, die ein Ding hat, durch die es eingegrenzt und von anderen unterschieden wird, sondern vielmehr um die Qualitäten, durch die es in den Raum hinausstrahlt. Genauer gesagt geht es darum, Eigenschaften als *Ekstasen*[4] zu lesen, d. h. Weisen, in denen ein Ding aus sich herausgeht und die Sphäre seiner Anwesenheit modifiziert. Das Studium der Ekstasen ist besonders wichtig für die Kunst des Designs und des Bühnenbildes, denn hier geht es weniger um die objektiven Eigenschaften und Funktionen von Dingen als vielmehr um ihren szenischen Wert.

sten og scenografien, for her handler det langt mindre om tingenes objektive egenskaber og funktioner og langt mere om deres sceniske værdi.

Atmosfærernes æstetik, der altså har sin begyndelse i den økologiske æstetik, udvikler sig i mellemtiden til en rehabilitation af Alexander Gottlieb Baumgartens oprindelige ansats, d. v. s. æstetikken som *aisthetik*, som almen lære om sanseerfaringen. Den har i mellemtiden vist sin oplysende kraft i en række casestudier, der således omhandler en bys atmosfære, om lys som atmosfære, den atmosfæriske dæmring, om kirkelige rums atmosfære, om musik som atmosfære[6] og endelig i studiet af atmosfærerne i mellemmenneskelig kommunikation[7].

III. Den æstetiske erobring af det akustiske rum

Musikken som kunstlære var siden grækerne tonelære, og hvad toner er, var bestemt gennem harmoniske afstande til en grundtone, gennem intervallerne. Denne opfattelse af musik forekommer os i dag ufattelig indskrænket. Det 20. århundrede har i forhold til denne bragt en enorm udvidelse af det musikalske materiale, som udfolder sig i mange dimensioner. Man kan ligefrem tale om en erobring af det akustiske rum. Fra tonaliteten over chromatikken førte vejen til en trinvis udvidelse af det i musikken tilladte akustiske materiale, indtil man

of Alexander Gottlieb Baumgarten, i. e., of aesthetics as *aisthetik*, as a general theory of perception. It has by now demonstrated its revelatory power in a series of case studies, for example, on the atmosphere of a city, on light as atmosphere, on the atmospherics of twilight, on the atmosphere of church interiors, on music as atmosphere[5], and, finally, in the study of the atmospheres of human interaction[6].

III. The Aesthetic Conquest of Acoustic Space

Since the ancient Greeks, music as an artistic doctrine has been understood as the knowledge of tones, with the nature of tones being determined by harmonious distances to a fundamental, the intervals. To us today, this concept of music seems limited beyond comprehension. In comparison, the 20th century has brought with it an immense, multifariously-unfolding expansion of the material of music. One can quite aptly refer to it as a conquest of acoustic space. From tonality through chromaticism, things have proceeded to a gradual expansion of the acoustic material allowed in music, eventually including pure sound and noise. It started out with intermediate tones in the intervals of chromaticism and with how tones as such are created and made up – the sounding, pulling, striking, – and with growing interest in the individual character of instruments, in their particular voices, sound gained in importance as well.

Die Ästhetik der Atmosphären, deren Anfänge also bei der ökologischen Ästhetik liegen, entwickelt sich inzwischen zu einer Rehabilitation des ursprünglichen Ansatzes von Alexander Gottlieb Baumgarten, d. h. der Ästhetik als *Aisthetik*, als allgemeiner Wahrnehmungslehre. Sie hat inzwischen ihre aufschließende Kraft in einer Reihe von Fallstudien erwiesen, so über die Atmosphäre einer Stadt, über Licht als Atmosphäre, das Atmosphärische der Dämmerung, über die Atmosphäre kirchlicher Räume, über Musik als Atmosphäre[5] und schließlich im Studium der Atmosphären zwischenmenschlicher Kommunikation[6].

III. Die ästhetische Eroberung des akustischen Raums

Die Musik als Kunstlehre war seit den Griechen die Kenntnis der Töne, und was Töne sind, bestimmte sich durch harmonische Abstände von einem Grundton, durch die Intervalle. Diese Auffassung von Musik kommt uns heute unfassbar eingeschränkt vor. Das 20. Jahrhundert hat ihr gegenüber eine ungeheure, in viele Dimensionen sich entfaltende Erweiterung des musikalischen Materials gebracht. Man kann geradezu von einer Eroberung des akustischen Raums sprechen. Von der Tonalität über die Chromatik führte der Weg zu einer schrittweisen Erweiterung des in der Musik zugelassenen akustischen Materials bis hin zum reinen Geräusch und zum Lärm. Waren es zunächst Zwischentöne in den Inter-

nåede til ren lyd og til støj. I begyndelsen var det mellemtonerne i chromatikkens intervaller og opståelsen af og det indre liv i tonen selv, intoneringen, anstrøget, anslaget, og voksede interessen for instrumenternes individualitet, deres stemmer, så voksede også dermed lydens betydning. Dernæst blev der med »forbedringer« af instrumenterne, slåen og skraben på klanglegemerne med stadig nye former for slagtøj tilladt en fylde af støj, ikke længere kun af toner, i musikken. Endelig blev hverdagslyde, byscenarier, naturlyde og fabrikkens akustiske verden inddraget i musikken ved hjælp af båndoptager. Sampling-teknikken gør i dag enhver form for akustisk materiale tilgængeligt for kompositioner. Ved siden af denne udvidelse af det musikalske materiale kan man konstatere en grundlæggende forvandling eller, også her rettere sagt, en udvidelse af musikkens væsen. Langt ind i vores århundrede herskede endnu dogmet om, at musik er tidskunst. Dens egentlige væsen fandtes i den tidslige gestaltning, i den over øjeblikket udspændte enhed af den musikalske hændelse. Fra grundfordringen om kadence og tilbagevenden til tonika gennem melodi og tema, til sammenføjningen af satser i symfoniens enhed: Det til en enhed sammenbundne efter-hinanden udgjorde musikken. Selv i Schönbergs tolvtonemusik blev det egentligt musikalske med overtagelsen af fuga-teknikken stadig sat ind i den enhed, der etableres med et efter-hinanden. Denne opfattelse af musikken blev ikke forældet, men dog relativeret,

Then, with the perversion of instruments by striking and scratching their resonators, as well as through ever newer percussion instruments, a wealth of sounds beyond mere tones were admitted in music. Finally, through tape recordings, everyday sounds, street scenes, nature sounds, and the acoustic world of the factory were introduced into music. Today, the technique of sampling makes any kind of acoustic material available for musical compositions.

In addition to this expansion of the material of music, a fundamental change in – or again, more precisely, an expansion of – the nature of music can be observed as well. Well into the 20th century, the dogma prevailed that music is a temporal art, finding its true essence in its temporal form, in the moment-transcending unity of the musical action. From the basic demand for cadence and a return to the tonic through melody and theme, the structure of movements to

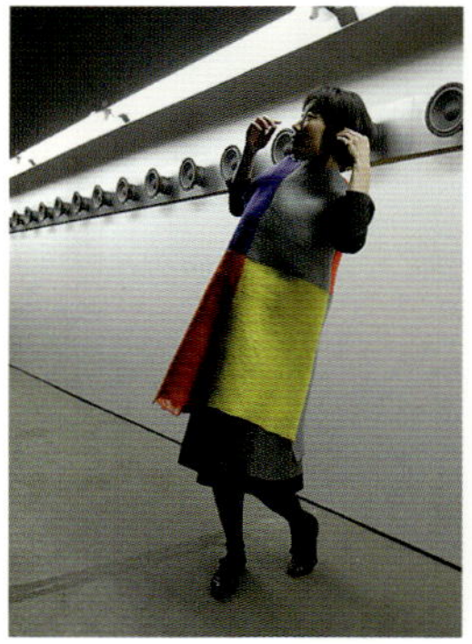

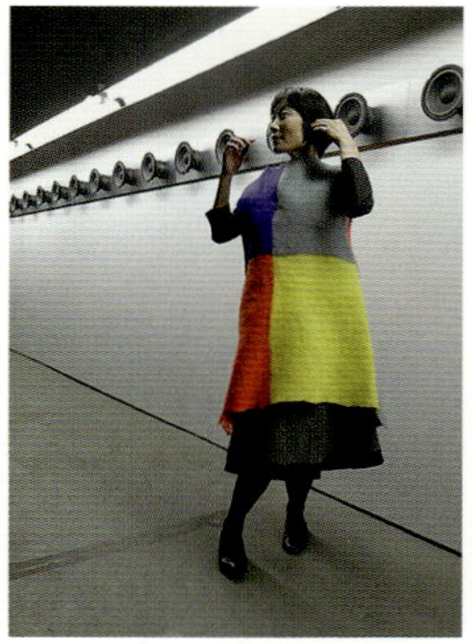

vallen der Chromatik und das Entstehen und das innere Leben des Tons selbst, das Anblasen, Anstreichen, Anreißen, und wuchs das Interesse an der Individualität der Instrumente, ihrer Stimme, so wuchs die Bedeutung des Sounds. Dann wurde mit der Verballhornung der Instrumente, durch Anschlagen und Kratzen der Klangkörper, durch immer neue Schlagzeuge eine Fülle von Geräuschen, nicht mehr nur von Tönen, in der Musik zugelassen. Schließlich wurden über Tonbänder Alltagsgeräusche, Straßenszenen, Naturlaute und die akustische Welt der Fabrik in die Musik einbezogen. Die Technik des Sampling macht heute jede Art von akustischem Material für Kompositionen verfügbar.

Neben dieser Erweiterung des musikalischen Materials ist ein grundsätzlicher Wandel oder, auch hier besser gesagt, eine Erweiterung des Wesens von Musik zu konstatieren. Bis weit in unser Jahrhundert hinein herrschte noch das Dogma, dass Musik Zeitkunst sei. Ihr eigentliches Wesen fand sie in der Zeitgestalt, in der den Augenblick überspannenden Einheit des musikalischen Geschehens. Von der Grundforderung nach Kadenz und Rückkehr zur Tonika über die Melodie und Thema, das Gefüge von Sätzen bis hin zur Einheit der Sinfonie: Das zur Einheit gebundene Nacheinander machte die Musik aus. Selbst noch in der Zwölfton-Musik eines Schönberg wurde durch die Adaptation der Fugentechnik das eigentlich Musikalische in die Einheit des Nacheinander

for så vidt som man opdagede musikken som *rumkunst* og i den ny musik mere eller mindre eksplicit udviklede den som sådan. At musik fylder rum, og at den med rummets resonans og genlyd frembringer et væsentligt element i sin virkning, var allerede velkendt. Det som blev opdaget, var, at den enkelte tone, ensemblet af toner, men også tonefølgen, eller rettere sagt lydfølgen, har rumlige gestaltninger, at de danner figurer og ensembler i rummet. Tidligere var dette ikke et tema for musikken. Tilsyneladende var det først de moderne elektroniske teknikker til reproduktion og produktion af musikken, der gjorde dette område håndgribeligt og dermed rettede opmærksomheden mod det. At lade en tone svirre gennem rummet som et insekt eller måske at lade den stige op over de klangløse lag i en tonemasse og sprede sig som et fyrværkeri, det er muligheder, der først er kommet med teknikken og dermed har rettet opmærksomheden mod noget, der på en vis måde altid har hørt til musikken. Allerede de græske betegnelser for høj og dyb, nemlig οξύς og βαρύς, spids og tung, peger derpå. I den ny musik begyndte man dog, dels med anvendelsen af de klassiske instrumenter og dels med elektroniske installationer, bevidst at arbejde med musikkens rumlige gestalt og dermed at bane vejen for rummet i det hele taget som en væsentlig dimension i den musikalske gestaltning. Denne dimension kan under nogle omstændigheder blive til et musikalsk kunstværks egentlige dimension, hvorved

the unity of the symphony: the essence of music lay in the sequence bound into unity. Even in the twelve-tone music of, say, Schönberg, musicality as such was embedded in the unity of the sequence. This understanding of music did not become obsolete, but it was relativized in so far as music was newly discovered as an *environment art* and, in New Music, was more or less explicitly developed as such. That music fills spaces and that space, through resonance and reverberation, constitutes an integral part of its effect was something that had been known all along. What was newly realized was that the individual tone, the ensemble of tones, as well as the sequence of tones – or, more precisely, the sequence of sounds – have spatial shapes, forming figures and ensembles in space. This was previously not a matter that music reflected on. Most likely, it was only the modern electronic techniques of reproducing and producing music that made this field manageable and, consequently, also drew attention to it. To have a sound buzz like an insect through space or, perhaps, have it rise above a muffled sound mass and explode like fireworks – these are possibilities that only technology has provided, thereby drawing attention to something that, in certain respects, has always been a part of music. Even the Greek words for high and low, οξύς and βαρύς, meaning sharp, acid, and heavy, broad, point to this fact. New Music, however, started to make very deliberate use of the spatial shape of music, partly via the use of the

gesetzt. Diese Auffassung von Musik wurde nicht überholt, aber doch relativiert, insofern man die Musik als *Raumkunst* entdeckte und in der Neuen Musik mehr oder weniger explizit als solche entwickelte. Dass Musik Räume füllt und dass über Resonanz und Hall der Raum ein wesentliches Element ihrer Wirkung darstellt, war immer schon bekannt. Was entdeckt wurde ist, dass der einzelne Ton, das Tonensemble, aber auch die Tonfolge oder besser gesagt: die Geräuschfolge räumliche Gestalten haben, Figuren und Ensembles im Raum bilden. Das war vorher für die Musik kein Thema. Wahrscheinlich waren es erst die modernen elektronischen Techniken der Reproduktion und Produktion der Musik, die diesen Bereich handhabbar machten und dadurch auch die Aufmerksamkeit darauf lenkten. Einen Ton wie ein Insekt durch den Raum schwirren zu lassen oder vielleicht über einer dumpf gelagerten Tonmasse aufsteigen und wie ein Feuerwerk zersprühen zu lassen, das sind Möglichkeiten, die erst durch die Technik gegeben wurden und dadurch die Aufmerksamkeit auf etwas richteten, das in gewisser Weise immer schon zur Musik gehört hat. Schon die griechischen Bezeichnungen für hoch und tief, nämlich οξύς und βαρύς, d. h. soviel wie spitz und schwer, breitgelagert, weisen darauf hin. In der Neuen Musik aber begann man, teils durch Verwendung der klassischen Instrumente, teils durch elektronische Installationen ganz bewusst an der Raumgestalt von Musik zu arbeiten und damit dem Raum überhaupt zur

man så ikke længere konsekvent vil kunne forlange sådan noget som begyndelse og slutning og et princip af tidsligt udstrakt gestalt.

De nævnte karakteristika i musik med udvidet lydmateriale og i musik som rumkunst forefindes næsten alle i Hans Peter Kuhns værker. Hans ruminstallationer er tilmed udvidet intermedialt, for så vidt som de integrerer lyd og lys. Det som dermed opstår, er rum med en besynderlig men også befriende kunstighed. Det sidstnævnte kommer for lydenes vedkommende i stand ved, at Kuhn ikke kun sampler originallydene, der stammer fra instrumentalmusik, naturen, fra produktionens og trafikkens verden, men i stedet også bearbejder dem elektronisk. For lysets vedkommende opstår dette indtryk, fordi Kuhn ikke skjuler, nej ligefrem fremhæver, at lysspillet i værkerne kommer i stand med kunstigt lys. Man kunne dertil sige, at Kuhn tager sætningen fra den

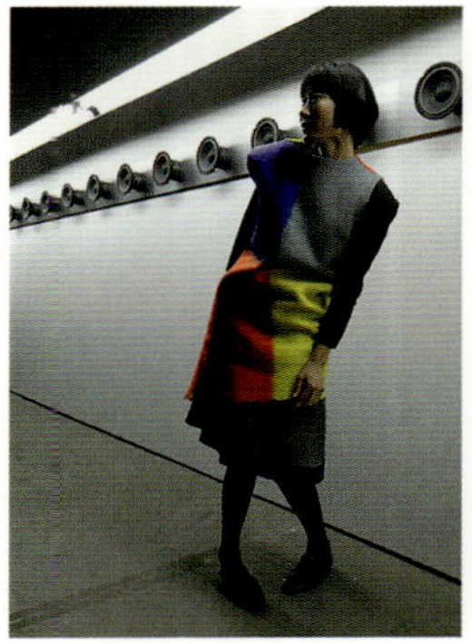

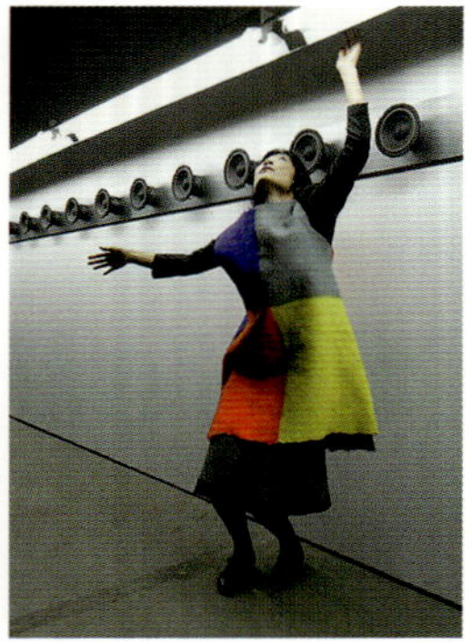

classical instruments, partly through electronic installations, thus creating awareness of space as an essential dimension of musical composition in the first place. In some cases, this dimension can turn into the actual dimension of a musical art work which, consequently, can no longer be expected to have something like a beginning or an end or, for that matter, a principle of time-transcending form.

Almost all the characteristics mentioned of music expanded in terms of its sound material and of music as environment art can be found in the work of Hans Peter Kuhn. His installations are, moreover, intermedially expanded in the sense that they integrate sound and light, creating environments of unsettling, yet also liberating, artificiality. On the part of the sound, this artificiality results from the fact that Kuhn not only samples the original sounds which come from instrumental music, nature, and the worlds of manufacturing and traffic, but as such also electronically processes them. On the part of the light, it is the result of Kuhn not hiding, but, on the contrary, practically parading the fact that the play of light in his works is created by artificial light. Therefore, one could say that Kuhn almost inverts the dictum of Kantian aesthetics according to which art should imitate nature, in order to be beautiful: all the things of nature used, from the materials and the sounds to the light, have to appear artificial, in order to be … what? Beautiful? Yes, that too, but that's not

Anerkennung als einer wesentlichen Dimension musikalischer Gestaltung zu verhelfen. Diese Dimension kann unter Umständen zur eigentlichen Dimension eines musikalischen Kunstwerks werden, bei dem dann konsequenterweise so etwas wie Anfang und Ende und ein Prinzip zeitübergreifender Gestalt nicht mehr verlangt werden können.

Von den genannten Charakteristika einer über das Tonmaterial erweiterten Musik und von Musik als Raumkunst finden sich fast alle im Werk von Hans Peter Kuhn. Seine Rauminstallationen sind zudem intermedial erweitert, insofern sie Ton und Licht integrieren. Was dabei entsteht, sind Räume einer befremdenden, aber auch befreienden Künstlichkeit. Letzteres kommt von Seiten des Tons dadurch zustande, dass Kuhn die Originalsounds, die der Instrumentalmusik, der Natur, der Welt von Produktion und Verkehr entstammen, nicht nur sampelt, sondern auch als solche elektronisch bearbeitet. Von Seiten des Lichtes kommt dieser Eindruck zustande, weil Kuhn nicht verbirgt, nein geradezu hervorkehrt, dass das Lichtspiel in den Werken durch künstliches Licht zustande kommt. Man könnte danach sagen, dass Kuhn den Satz der Kantischen Ästhetik, alle Kunst müsse so aussehen wie Natur, um schön zu sein, geradezu umkehrt: Alle verwendeten Naturalien vom Material über den Ton bis zum Licht müssen künstlich erscheinen, sollen sie – schön sein? Ja das auch, aber darauf kommt es

Kantianske æstetik, at alt må se ud som natur for at være skønt, og vender den om: Alle anvendte naturalier fra materialet og lyden til lyset må fremstå som kunstige, skal de – være skønne?, ja også det, men derpå kommer det ikke an, i stedet skal de være *æstetiske*. Og her betyder *æstetisk* i den nye æstetiks forstand at komme til fremtræden således, at deres kommen til fremtræden selv fremtræder for de mennesker, der erfarer dem. Kunst bliver her til en demonstration af muligheden for at frembringe atmosfærer.

Det er netop musikkens tenderen mod rumkunst, der bringer den ind på området for en atmosfærernes æstetik. Rummene, hvorom det drejer sig her, kan nemlig ikke entydigt identificeres med det geometriske rum, højest med det topologiske. Ganske vist er der retninger i det musikalske rum, der findes også noget gestaltlignende, der findes også en væren-uden-for-hinanden, men intet af alt dette i den strenge forstand af en adskillelse, men snarere i form af foranderlige, ind i hinanden flydende, fremtrædende og forsvindende dannelser. Hertil kommer, at dette rum erfares affektivt. Det hvilende som tungt og trykkende, det opstigende som lettende og glædeligt, splintrende som lystigt o. s. v. Betragter man dem sammen, erkender man, at det med det musikalske rum nærmere bestemt handler om det udvidede kropslige rum, d. v. s. om at mærke sig frem i det rum, der formes og artikuleres af musikken.

the point: the point is to be *aesthetic*. And being *aesthetic* means, according to the new aesthetics, that the work manifests itself to the individual who experiences it in such a way that its manifestation as such becomes evident as well. Art, in this case, becomes a demonstration of the possibility of creating atmospheres.

It is precisely its tendency toward environment art that has moved music into the realm of an aesthetics of atmospheres. The environments or spaces at issue here cannot, in fact, simply be identified with geometric space – at best, if at all, they can be identified with topological space. To be sure, there are, in musical space, directions, there is something resembling form and a kind of being outside the other as well, but all this not in the strict sense of a separation, but rather as changing, merging, emerging, and disappearing shapes. Moreover, this space is experienced affectively. That which is expansive is experienced as heavy and oppressive, that which is rising as relieving and joyous, that which is shattering as jolly, etc. Taken together, one realizes that musical space is, in fact, the expanded space of the body, i. e., the sensing out into space, which is shaped and articulated by music.

This realization that music is the fundamental atmospheric art form has solved an old, always bothersome and yet unavoidable problem for music theory:

nicht an, sondern *ästhetisch* sein. Und dabei heißt *ästhetisch* im Sinne der neuen Ästhetik so zur Erscheinung kommen, dass für den Menschen, der sie erfährt, ihr Erscheinen selbst mit erscheint. Kunst wird hier zur Demonstration der Möglichkeit, Atmosphären zu erzeugen.

Es ist gerade die Tendenz der Musik zur Raumkunst, die sie in den Bereich einer Ästhetik der Atmosphären gebracht hat. Die Räume, um die es hier geht, sind nämlich nicht einfach mit dem geometrischen Raum zu identifizieren, allenfalls mit dem topologischen. Zwar gibt es im musikalischen Raum Richtungen, es gibt auch Gestaltartiges, es gibt auch eine Art Außereinander, aber all dieses nicht strikt im Sinne einer Scheidung, sondern vielmehr in Form sich wandelnder, ineinanderfließender, hervortretender und verschwindender Gebilde. Hinzu kommt, dass dieser Raum affektiv erfahren wird. Breitgelagertes als schwer und bedrückend, Aufsteigendes als erleichternd und freudig, Zersplitterndes als lustig usf. Beides zusammen genommen, erkennt man, dass es sich bei dem musikalischen Raum genaugenommen um den erweiterten leiblichen Raum handelt, d. h. um das Hinausspüren in den Raum, das von der Musik geformt und artikuliert wird.

Diese Entdeckung, dass die Musik die grundlegende atmosphärische Kunst ist, hat für die Musiktheorie ein altes, immer lästiges und doch unausweichliches

Denne opdagelse, at musikken er den grundlæggende atmosfæriske kunst, har for musikteorien løst et gammelt, altid besværligt og dog uomgængeligt problem, nemlig spørgsmålet om, hvori musikkens såkaldte emotionelle virkning egentlig består. I modsætning til henholdsvis de hjælpeløse associationsteorier og de teorier, der har ulejliget fantasien ved at indsætte den som mellemled, kan atmosfærernes æstetik give det enkle svar, at musik som sådan er modifikationen af det kropsligt erfarede rum. Musikken etablerer den hørendes befinden-sig i rummet, den griber umiddelbart ind i dennes kropslige økonomi. Praktikere har gjort brug af dette længe før den teoretiske indsigt: Allerede med stumfilm blev billedet med musikken tilført såvel rumlig som emotionel dybde. Den senere filmmusik har fulgt denne praksis. Omkring hørespil eller features i lydradio taler man på tysk ligefrem om en *Atmo*, musik eller almindelige akustiske begivenheder, som man lægger under handlingen for at forsyne det talte med atmosfære. På lignende måde frembringer man på barer med bestemte lyde en atmosfære og man gør tilstedeværelsen i lufthavne, på undergrunds-stationer eller hos tandlægen mere behagelig med muzak, mens tilstedeværelsen i indkøbscentre og hotelfoyerer på samme måde gøres munter og aktiv.

Har musikken i vores århundrede, gennem udvidelsen af lydmaterialet, udvidet det akustiske rum helt ud i tekniske lyde og hverdagssamples, ja helt ud i larm,

the question what the so-called emotional effect of music actually consists in. As opposed to the inadequate theories of association or the theories calling upon imagination as an intermediate link, the aesthetics of atmospheres can provide the simple answer that music as such is the transformation of physically sensed space. Music shapes the way the listener finds him- or herself in space, it intervenes directly in his or her physical economy. Practitioners have made use of this long before any theoretical realization: already with silent movies, music served to lend the image three-dimensionality as well as emotional depth. Film music later followed this practice. With regard to radio plays or radio features people actually refer to an *atmos* serving as background to the narrative: music or, more generally, acoustic action to provide the spoken words with atmosphere. Similarly, in bars, an atmosphere is created through a specific sound, and Muzak is used to make it pleas-

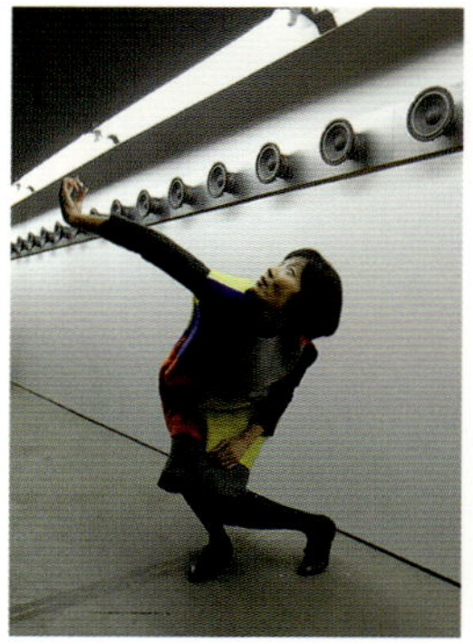

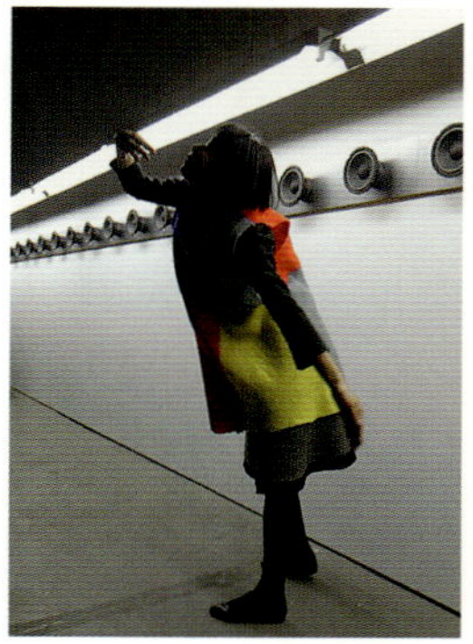

Problem gelöst, nämlich die Frage, worin die so genannte emotionale Wirkung von Musik eigentlich besteht. Gegenüber den hilflosen Assoziationstheorien bzw. den Theorien, die die Fantasie als Zwischenglied bemühten, kann die Ästhetik der Atmosphären die einfache Antwort geben, dass die Musik als solche die Modifikation des leiblich gespürten Raums ist. Die Musik formiert das Sichbefinden des Hörers im Raum, sie greift unmittelbar in dessen leibliche Ökonomie ein. Praktiker haben davon lange vor der theoretischen Einsicht Gebrauch gemacht: Schon beim Stummfilm wurde durch die Musik dem Bild zugleich räumliche wie emotionale Tiefe verliehen. Die spätere Filmmusik ist dieser Praxis gefolgt. Beim Hörspiel oder Feature im Hörfunk redet man geradezu von einer *Atmo*, die man der Handlung unterlegt, nämlich Musik oder allgemeiner: akustisches Geschehen, um das Gesprochene mit Atmosphäre zu versehen. Ähnlich erzeugt man in Bars durch einen bestimmten Sound eine Atmosphäre, und man macht die Anwesenheit in Flughäfen, U-Bahn-Schächten oder beim Zahnarzt durch Muzak angenehm bzw. in Kaufhäusern, Hotelfoyers heiter und aktiv.

Hat die Musik unseres Jahrhunderts den akustischen Raum durch Erweiterung des Tonmaterials bis hin zu technischen Geräuschen und Alltagssamples, ja bis hin zum Lärm erweitert, und ist schließlich die Musik von einer Zeitkunst zu einer Kunst geworden, die bewusst affektive Räume gestaltet, so kam ihr bei

og er musikken endelig gået fra at være tidskunst til at være en kunstart, der bevidst gestalter affektive rum, så er en ganske anden udvikling kommet den i møde, hvad angår denne erobring af rummet. Hermed mener jeg det i 1970'erne af Murray Schafer grundlagte verdensomspændende projekt *Soundscape*.[8] Her blev de naturlige lydes verden, en bys akustiske liv og den akustiske karakter af teknik og arbejde udforsket og dokumenteret, og til sidst blev der komponeret med det indsamlede materiale. Akustikere og tonemestre arbejdede sammen med musikere eller var selv komponister. Det som betragtet fra musikkens side var en udvikling mod en udvidelse af det musikalske materiale, var fra denne side en opdagelse af verdens egen musikalitet. Givetvis havde det hele tiden været anerkendt, at fuglene og også hvalerne har deres egen musik. Men her drejede det sig om noget mere, nemlig om opdagelsen af de akustiske karakterer eller bedre, livsrummenes karakteristiske gestalt, både af de naturlige som havet, skoven eller andre landskaber og byers og landsbyers livsrum. Det viste sig, at fortættelsen og kompositionen var nødvendig blot for at kunne dokumentere sådanne akustiske verdener, nemlig for at formidle dem til dem, som ikke befandt sig på hjemlig grund i disse områder. Hvad kunne ligge nærmere, end at gøre denne fortætten og komponeren til en eksplicit form og på denne måde dels at mødes med musikken, dels at forbinde sig med den. Et slående eksempel på det sidste, er værket *Roaratorio* af John Cage.

ant to be at airports, in subway stations, or at the dentist's, or to brighten and enliven one's presence in department stores or hotel lobbies.

If 20th-century music has expanded acoustic space by introducing new sound materials including technical sounds and everyday samples and even noise, and if music finally has been transformed from a temporal art form into an art form that deliberately shapes affective environments, it has benefited in this conquest of space from an entirely different development. I am referring to the *World Soundscape Project* founded in the 1970s by Murray Schafer.[7] Here, the world of natural sounds, the acoustic life of a city, the acoustic nature of technology and work were researched, documented and, eventually, the newly mined material was used for compositions. Acoustics and sound engineers collaborated with musicians or created works themselves as composers. Something that, from the point of view of music, was a development toward the expansion of musical materials presented itself in this respect as a discovery of the musicality of the world itself. Certainly, it had always been realized that birds or, for that matter, whales have their own music. But this was about more: about the discovery of acoustic characters, or rather, of the characteristic shape of habitats, be they natural ones, such as the sea, the forest, and other landscapes, or the habitats of cities and towns. It turned out that documenting these acoustic worlds alone

dieser Eroberung des Raums eine ganz andere Entwicklung entgegen. Ich meine das von Murray Schafer in den 1970er Jahren gegründete weltweite Projekt *Soundscape*.[7] Hier wurde die Welt der natürlichen Geräusche, das akustische Leben einer Stadt, wurden die akustischen Charaktere von Technik und Arbeit erforscht, dokumentiert und schließlich wurde mit dem gewonnenen Material komponiert. Akustiker und Toningenieure arbeiteten mit Musikern zusammen oder waren selbst Komponisten. Was von Seiten der Musik her gesehen eine Entwicklung zur Erweiterung des musikalischen Materials war, war von dieser Seite eine Entdeckung der Musikalität der Welt selbst. Sicher war schon immer anerkannt, dass die Vögel oder auch die Wale ihre eigene Musik haben. Aber hier ging es um mehr, nämlich um die Entdeckung der akustischen Charaktere oder besser: der charakteristischen Gestalt von Lebensräumen, seien es nun natürliche wie das Meer, der Wald und andere Landschaften, seien es die Lebensräume von Städten und Dörfern. Es zeigte sich, dass schon für die Dokumentation solcher akustischer Welten Verdichtung und Komposition notwendig war, um sie nämlich dem, der nicht in diesen Gegenden zu Hause war, zu vermitteln. Was lag näher, als dieses Verdichten und Komponieren zu einem expliziten Gestalten zu machen und sich auf diesem Wege teils mit der Musik zu treffen, teils sich mit ihr zu verbinden. Für letzteres dürfte das Werk von John Cage, *Roaratorio*, beispielhaft sein.

I mellemtiden har man opdaget, at fornemmelsen af en hjemstavn i væsentlig grad formidles af lyden af en egn, og at den karakteristiske fornemmelse af en livsstil, en bymæssig eller landlig atmosfære, i al væsentlighed er bestemt gennem de foreliggende akustiske rum. Det betyder, at det, som et landskab er, i dag ikke længere kan indskrænkes til, hvad man ser, og at byplanlægning ikke længere, som man skulle tro, kan nøjes med kun at beskæftige sig med henholdsvis støjdæmpning og støjafskærmning, men i stedet må drage omsorg for karakteren af de akustiske atmosfærer på pladser, i fodgængerzoner og i hele byer.

Vi må ikke betragte de to udviklinger, musikkens udvikling i det 20. århundrede og *Soundscape* projektets udvikling, uden at tage den tekniske udvikling i betragtning. Hvor udfoldelsen af musikken som rumkunst er utænkelig uden de elektroniske reproduktions- og produktionsteknikker, gælder det tilsva-

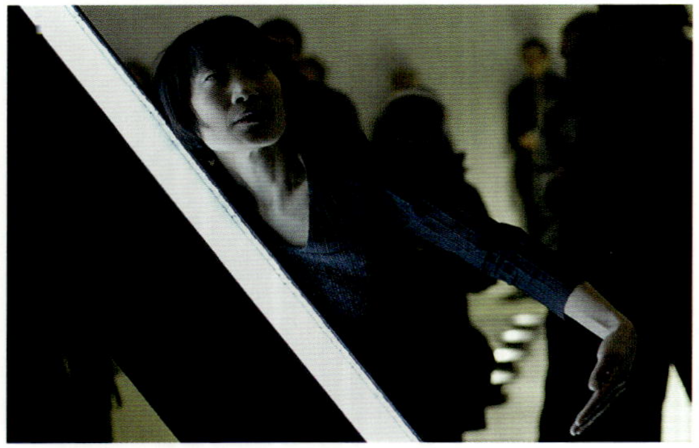

required a process of distillation and composition, in order to make them accessible to those not at home in these parts. What could be more natural than turning this process of distillation and composition into an explicit process of creation, thereby partly meeting music, partly merging with it? John Cage's work, *Roaratorio*, can be considered exemplary for the latter.

In the meantime, it has been discovered that a sense of home is essentially conveyed by the sound of a region and that the specific feeling of a lifestyle, of an urban or rural atmosphere, is quite fundamentally determined by the particular acoustic environment. This means that, today, what constitutes a landscape can no longer be reduced to things visible and that urban planning, for instance, can no longer merely devote itself to reducing or protecting against noise, but rather has to attend to the particular character of the acoustic atmospheres of squares, pedestrian zones, and entire cities.

These two developments, i. e., of 20th century music and of the *Soundscape Project*, should not be considered independently of the development of technology. Just as the development of music as environment art is hardly conceivable without electronic reproduction and production technology, the examination of acoustic landscapes is inconceivable without electronic recording and reproduction technol-

Inzwischen hat man entdeckt, dass das Gefühl für Heimat wesentlich durch den Sound einer Gegend vermittelt wird und dass das charakteristische Gefühl eines Lebensstils, einer städtischen oder ländlichen Atmosphäre ganz wesentlich durch den jeweiligen akustischen Raum bestimmt ist. Das heißt, dass heute, was eine Landschaft ist, nicht mehr auf das eingeschränkt werden darf, was man sieht, und dass etwa Stadtplanung nicht mehr nur mit Lärmvermeidung bzw. Lärmschutz befasst sein darf, sondern sich um den Charakter der akustischen Atmosphäre von Plätzen, Fußgängerzonen, ganzen Städten kümmern muss.

Wir dürfen die beiden Entwicklungen, nämlich die der Musik im 20. Jahrhundert und die des Projekts *Soundscape*, nicht ohne die Technikentwicklung sehen. Ist die Entfaltung von Musik als Raumkunst kaum ohne die elektronischen Reproduktions- und Produktionstechniken denkbar, so ebenso auch die Erforschung von akustischen Landschaften nicht ohne elektronische Aufnahme- und Reproduktionstechniken. Die Entwicklung der akustischen Technik im 20. Jahrhundert hat aber auch eine Wirkung gehabt, die von den beiden genannten ganz unabhängig ist, nämlich die Allgegenwart von Musik. Musik, die in den letzten Jahrtausenden der europäischen Tradition etwas war, was mit Fest und besonderem Anlass zu tun hatte, ist zum wohlfeilen allgemeinen Konsumgut geworden. Über Rundfunk und Fern-

rende, at udforskningen af akustiske landskaber ikke er tænkelig uden elektroniske optage- og reproduktionsteknikker. Udviklingen af den akustiske teknik i det 20. århundrede har imidlertid også haft en virkning, der er fuldstændig uafhængig af begge de to udviklinger, nemlig musikkens allestedsnærvær. Musik, som i det sidste årtusindes europæiske tradition var noget, der havde med fest og særlige anledninger at gøre, er blevet et alment forbrugsgode til en billig penge. Gennem radio og fjernsyn står musik hele tiden til rådighed og gennem den akustiske møblering af offentlige rum er vore akustiske omgivelser i reglen allerede okkuperet eller i hvert fald gennemtrængt af musik.

Hvad er konsekvenserne af denne udvikling? Ud fra det sidste punkt kunne man tale om en akustisk forurening af vores omverden.[9] Men på den anden side må man sige, at den akustiske bevidsthed hos gennemsnitsmennesket har oplevet en afgørende udvikling. Dermed menes der ikke kun, at trangen til musik og de akustiske fordringer i denne trang er steget betydeligt, men også, at det at høre som sådan har udviklet sig til en dimension i livet og til et område for trivsel. Naturligvis må man sige, at den moderne verdens larm og okkuperingen af det offentlige rum med musik også har ført til, at det at overhøre er blevet en gennemsnitlig praksis. Men lige såvel har hørelsen udfoldet sig, nemlig fra at være en instrumentel sans – jeg hører noget – til at være

ogy. The development of acoustic engineering in the 20th century, however, has had yet another effect entirely independent of the two mentioned: the omnipresence of music. Music which, in the past millennia of the European tradition, was something related to celebrations and special occasions, has become a cheap common consumer commodity. Through radio broadcasting and television, music is available any time, and through the acoustic furnishing of public spaces our acoustic environments tend to be already occupied by, or at least interspersed with, music.

What are the consequences of this development? Based on the latter observation, one could speak of an acoustic pollution of our environment.[8] On the other hand, however, we have to acknowledge that the acoustic awareness of the average person has evolved significantly, not only in the sense that musical needs and, as part of these, acoustic demands have increased considerably, but also in the sense that, for the general public, hearing as such has become a dimension of life and an area of gratification. Of course, it cannot be denied that the noise of the modern world and the invasion of public space by music have, at the same time, resulted in a common practice of tuning out. Nevertheless, hearing has indeed developed from an instrumental sense – hearing something – into a way of taking part in the life of the world. As far as music is concerned, the developments

sehen steht Musik jederzeit zur Verfügung und durch die akustische Möblierung öffentlicher Räume sind unsere akustischen Umwelten in der Regel schon von Musik besetzt oder zumindest durchsetzt.

Was sind die Konsequenzen dieser Entwicklung? Vom letzten Punkt her könnte man von einer akustischen Pollution unserer Umwelt reden.[8] Aber auf der anderen Seite muss man sagen, dass das akustische Bewusstsein des Durchschnittsmenschen eine bedeutende Entwicklung erfahren hat. Damit ist nicht nur gemeint, dass die musikalischen Bedürfnisse und innerhalb dieser die akustischen Ansprüche erheblich gesteigert worden sind, sondern auch, dass das Hören als solches sich für die breite Bevölkerung zu einer Dimension des Lebens und zu einem Bereich der Befriedigung entwickelt hat. Natürlich muss man sagen, dass der Lärm der modernen Welt und die Besetzung des öffentlichen Raums mit Musik auch zu einer durchschnittlichen Praxis des Weghörens geführt hat. Aber gleichwohl hat sich das Hören entfaltet, nämlich von einem instrumentellen Sinn – ich höre etwas – hin zu einer Weise, in der man am Leben der Welt teilnimmt. Was die Musik angeht, muss man sagen, dass durch die genannten Entwicklungen ihre Grenzen unscharf geworden sind. Hatte sie sich am Anfang der europäischen Musikgeschichte gerade durch das Setzen solcher Grenzen definiert, so ist durch die beständige Erweiterung ihres Feldes tendenziell jede Grenze unbestimmt geworden. Wenn

noget, hvormed man tager del i livet i verden. Hvad musikken angår, må man sige, at dens grænser gennem den omtalte udvikling er blevet uskarpe. Hvor den ved begyndelsen af den europæiske musikhistorie havde defineret sig selv ved at sætte sådanne grænser, så er enhver grænse nu tendentielt, med den stadige udvidelse af dens felt, blevet ubestemt. Når Thierry de Duve[10] med henblik på billedkunsten har sagt, at æstetikkens grundspørgsmål, *hvad er skønt?*, efter Duchamp har forvandlet sig til spørgsmålet, *hvad er kunst?*, så gælder dette også musikken.

IV. Akustiske atmosfærer

Måske er der med henvisningen til de akustiske atmosfærer givet et foreløbigt svar på dette spørgsmål. Foreløbigt vil sige: Et svar, der bestemmer det for vores tid karakteristiske for musikerfaringen. Man må således páregne, at der til andre tider efter vores, måske kort efter vores, må gives andre svar. Sikkert er det dog, at platonismens storhedstid inden for musikken er forbi. Platon kritiserede de folk, der stræbte efter med øret at finde ud af, hvad harmoniske intervaller er.[11] Og Adorno kunne stadig sige, at den passende måde at høre en symfoni på var at læse partituret. Hvor himmelvidt har vi dog i dag fjernet os derfra! med den moderne musik er det blevet et spørgsmål, om den overhovedet kan noteres adækvat. Tilsyneladende har musikkens sanselighed oplevet en

mentioned have obviously resulted in blurring its boundaries. Whereas, at the outset of the history of Western music, it had actually defined itself by establishing such boundaries, the continuous expansion of its field has tended to render any boundaries indefinite. When Thierry de Duve[9] asserted with regard to the visual arts that, after Duchamp, the fundamental question of aesthetics has shifted from: *what is beautiful?* to: *what is art?*, the same holds true for music.

IV. Acoustic Atmospheres

Perhaps, by pointing to acoustic atmospheres this question has received a *provisional* answer, provisional meaning: an answer defining what, for our times, is characteristic of musical experience. It is to be expected that in different times after us, perhaps soon after us, other answers will have to be provided. What is certain, however, is that the great age of Platonism in music has come to an end. Plato criticized those who used their ears to try to find out what harmonic intervals are.[10] And even Adorno could still claim that the proper way to listen to a symphony is to read the score. How infinitely far away are we from that today! With modern music, it has become doubtful to us whether it can still be adequately written down. It appears that sensuality in music has undergone rehabilitation and that we have

Thierry de Duve[9] in Bezug auf die bildende Kunst gesagt hat, dass nach Duchamp die Grundfrage der Ästhetik: *Was ist schön?*, sich in die Frage gewandelt hat: *Was ist Kunst?*, so gilt das auch für die Musik.

IV. Akustische Atmosphären

Vielleicht ist mit dem Hinweis auf die akustischen Atmosphären eine vorläufige Antwort auf diese Frage gegeben. Vorläufig heißt: eine Antwort, die das für unsere Zeit Charakteristische der Musikerfahrung bestimmt. Es ist damit zu rechnen, dass in anderen Zeiten nach uns, vielleicht bald nach uns, andere Antworten gegeben werden müssen. Sicher ist aber, dass die große Periode des Platonismus in der Musik zu Ende gegangen ist. Platon kritisierte die Leute, die mit den Ohren herauszufinden trachteten, was harmonische Intervalle sind.[10] Und noch Adorno konnte sagen, die angemessene Weise, eine Sinfonie zu hören, sei die Partitur zu lesen. Wie himmelweit sind wir heute davon entfernt! Fraglich ist uns mit der modernen Musik geworden, ob sie überhaupt noch adäquat notiert werden kann. Es scheint, dass die Sinnlichkeit in der Musik eine Rehabilitation erfahren hat und dass wir gegen die ganze platonische Periode sagen müssen, dass, was Musik ist, *nur* hörend erfasst werden kann. Vielleicht muss man sogar sagen, dass das eigentliche Thema der Musik das Hören selbst ist. Man hat von der modernen

rehabilitering, og mod den platoniske periode må vi sige, at det, som musik er, *kun* kan begribes hørende. Måske må man sågar sige, at musikkens egentlige tema er det at høre. Man har sagt om den moderne kunst i almindelighed, at den er refleksiv, at den gør kunsten selv, dens placering i samfundet, dens antropologiske betydning og dens rene fremtræden til tema. For billedkunsten har det, at den bliver refleksiv, en påviselig mening. I mange af dens værker drejer det sig ikke længere om fremstillingen af et eller andet, men i stedet om erfaringen af selve det at se. Dette er måske begyndt allerede med Turner eller med impressionisterne, men bliver helt tydeligt med kunstnere som Joseph Albers, Barnett Newman og Mark Rothko. I musikken er denne udvikling måske ikke så tydelig, fordi den der på visse måder er mere naturlig. For i modsætning til billedet har det hele tiden været klart, at musik er *genstandsløs*, at den ikke gengiver. Naturligvis har der været malerisk musik, har der været programmusik. Men det var dog ikke til at benægte, at dette egentlig var afveje, og at musikken dermed snarere stillede sig i tjeneste hos noget andet. Allerede Kant sagde, at musikken er følelsernes sprog. Naturligvis kunne man ud fra den sædvanlige semiotiske opfattelse af sprog også fortolke denne udtalelse således, at musikken betegner følelser, at den altså gengiver. Men sådan er den ikke ment fra Kants side, for han har med hensyn til det talte sprog netop skelnet mellem tonen, hvormed noget siges og det gennem tegnene formidlede ind-

to insist, against the entire Platonic age, that music is something that can be experienced *only* through hearing. We may even have to argue that the real subject of music is hearing itself. Modern art in general has been said to be self-reflective, to turn to art itself, to its social status, its anthropological meaning, and its sheer appearance for its subject matter. In the visual arts, this turn toward self-reflection had a clear and identifiable purpose. In many instances, works created in the visual arts were no longer about representing something, but rather about the experience of seeing itself. Starting, perhaps, as early as William Turner or the Impressionists, this became particularly obvious with artists such as Joseph Albers, Barnett Newman, and Mark Rothko. In music, this development may not have become as evident, being, in certain respects, much more in the nature of things. For it has always been clear that music, as opposed to images, is *non-representational*, does not represent anything. To be sure, there has been painterly music, there has been program music. In reality, however, these were undeniably deviations, with music tending to serve a different cause. Kant already suggested that music is the language of emotion, a statement that, following the common semiotic view of language, could readily be understood to mean that music denotes emotions, i. e., is representational. But that is not what Kant meant, since he actually distinguished the tone in which something is said from the meaning communicated through signs, the tone

Kunst allgemein gesagt, dass sie reflexiv sei, dass sie die Kunst selbst, ihre gesellschaftliche Stellung, ihre anthropologische Bedeutung, ihr pures Erscheinen zum Thema mache. In der bildenden Kunst hatte dieses Reflexivwerden einen klaren ausweisbaren Sinn. In vielen ihrer Werke ging es nicht mehr um die Darstellung von etwas, sondern um die Erfahrung des Sehens selbst. Das mag schon bei William Turner oder den Impressionisten angefangen haben, wird aber ganz deutlich bei Künstlern wie Joseph Albers, Barnett Newman, Mark Rothko. In der Musik mag diese Entwicklung nicht so deutlich geworden sein, weil sie ihr in gewisser Weise viel natürlicher ist. Denn im Gegensatz zum Bild war es immer schon klar, dass Musik *gegenstandslos* ist, nichts darstellt. Natürlich hat es malerische Musik gegeben, hat es Programmmusik gegeben. Aber es war doch nicht zu leugnen, dass das eigentlich Abwege waren und dass sich dabei die Musik eher in den Dienst von etwas Anderem stellte. Schon Kant hat gesagt, dass die Musik die Sprache der Gefühle sei. Natürlich könnte man den Ausspruch nach der üblichen semiotischen Auffassung von Sprache auch so deuten, dass die Musik Gefühle bezeichne, also darstelle. Aber so war es von Kant nicht gemeint, denn er hat bei der gesprochenen Sprache gerade den Ton, in dem etwas gesagt wird, von dem durch Zeichen vermittelten Inhalt unterschieden, den Ton der einen am Gefühl des Sprechers unmittelbar teilnehmen lässt.[11] Musik war für ihn die Verselbständigung

hold, den tone der lader én tage umiddelbar del i det, den talende føler.[12] Musik var for ham en selvstændiggørelse af denne måde at meddele følelser på. Vi har i dag anledning til at gøre denne overvejelse generel. Derudfra vil det afgørende for musikken blive tematiseringen af akustiske atmosfærer som sådanne. Dermed vil der være givet en ganske anden afgrænsning af musikken, i forhold til den der trådte os i møde fra den platoniske tradition. Musik blev i denne tradition i al væsentlighed defineret gennem afgrænsningen af lydmaterialet eller rettere sagt gennem en indskrænkning af det akustiske rum, defineret ved de musikalske toner. Vi kunne i dag sige, at det altid drejer sig om musik, når en akustisk hændelse angår den akustiske atmosfære som sådan, d.v.s. om det at høre som sådan, ikke det at høre et eller andet. Dette må forklares. Men allerede på forhånd kan man sige, at musikken dermed ikke længere nødvendigvis behøver at være menneskeskabt.

Hvad betyder det: At det handler om det at høre som sådan og ikke om det at høre noget? Når man stiller dette spørgsmål, opdager man som det første, i hvor høj grad det at høre i reglen er genstandsorienteret. *Jeg hører en bil køre forbi, jeg hører, at det slår tolv*, *jeg hører nogen snakke, jeg hører en myg, jeg hører signalhornet fra et skib*. Denne form for hørelse er nyttig og fornuftig, den tjener os til identificering af genstande og til lokalisering af dem i rummet. Men på visse måder bliver selve det at høre overhørt i denne form

allowing us to share directly in the emotion of the speaker.[11] Music, to him, was the independent form this manner of communicating emotions took. Today, we have reason to generalize this idea: accordingly, what distinguishes music is that it is about acoustic atmospheres themselves. Music's boundaries would thus be marked out very differently from the way they presented themselves to us in the Platonic tradition. Music, in this tradition, was essentially defined by a limitation of sound materials, or more precisely, by a restriction of the acoustic space through which musical tones were defined. Today, we can argue that we are dealing with music whenever an acoustic event is about the acoustic atmosphere as such, i. e., is about hearing as such, rather than about hearing something. This requires further clarification, but one thing we can already say is that, as a result, music most certainly does not have to be manmade anymore.

What does it mean then, that it is about hearing as such, rather than about hearing something? What we first realize when asking this question is the great extent to which hearing is usually object-related. *I hear a car passing by, I hear the clock strike twelve, I hear someone talking, I hear a mosquito, I hear the horn of a ship.* This way of hearing is useful and plausible; it serves us to identify objects and their position in space. But, in certain respects, in this mode of hearing, hearing as such goes unnoticed. Of course,

dieser Weise der Mitteilung von Gefühlen. Wir haben heute Anlass, diese Überlegung zu verallgemeinern. Danach wäre das Entscheidende der Musik die Thematisierung von akustischen Atmosphären als solchen. Damit wäre eine ganz andere Eingrenzung für Musik gegeben, als sie uns aus der platonischen Tradition entgegentrat. Musik wurde in dieser Tradition ganz wesentlich durch Eingrenzung des Tonmaterials definiert, besser gesagt durch eine Einschränkung des akustischen Raums, durch den musikalische Töne definiert wurden. Wir können heute sagen, dass es sich immer dann um Musik handelt, wenn es bei einem akustischen Ereignis um die akustische Atmosphäre als solche geht, d. h. um das Hören als solches, nicht das Hören von etwas. Das muss erläutert werden. Aber vorweg kann man schon sagen, dass damit Musik in jedem Fall nicht mehr notwendig Menschen-gemacht sein muss.

Was heißt: dass es um das Hören als solches und nicht um das Hören von etwas geht? Wenn man diese Frage stellt, entdeckt man zunächst, in wie hohem Maße das Hören in der Regel gegenstandsbezogen ist. *Ich höre ein Auto vorbeifahren, ich höre es zwölf schlagen, ich höre jemanden reden, ich höre eine Mücke, ich höre das Signalhorn eines Schiffes*. Diese Art des Hörens ist nützlich und plausibel, sie dient uns zur Identifizierung von Gegenständen und ihrer Lokalisierung im Raum. Aber in gewisser Weise wird in dieser Art des Hörens das Hören selbst überhört.

for hørelse. Naturligvis kan man i stedet for *jeg hører en hund gø* også sige, *jeg hører en hunds gøen*. Men faktisk handler det så om en anden form for hørelse. Det er sikkert, at lyden af gøen hører til hunden. Den er *en* måde, hvorpå hunden er til stede i rummet. Men det karakteristiske ved stemmer, toner og lyde er, at de kan skilles fra deres oprindelse henholdsvis selv skiller sig derfra, fylder rummet og bevæger sig gennem det næsten som ting. At erfare akustiske fænomener således, og – dermed menes som sådan, ikke som udtryksformer for et eller andet – fordrer en ændring i indstilling. Denne har vi, det 20. århundredes mennesker, i adskillige former indøvet i forbindelse med brugen af akustiske redskaber, i særdeleshed gennem anvendelsen af hovedtelefoner. Det er beskæmmende for mange af os, at det er på denne måde, vi har måttet opdage, at akustiske rum er noget for sig selv, uafhængigt af tingene, og ikke er identiske med det reale rum. Men naturligvis erfares også det akustiske rum i det reale rum. Det handler imidlertid om det kropslige rum, min egen tilstedeværelses rum, der udspændes med vidden af min kropslige erfaring. I det at høre, at tone, stemme og lyd ikke springer tilbage til de genstande, som de måtte stamme fra, mærker den hørende stemme, tone og lyd som modifikationer af sin egen tilstedeværelses rum. Den som hører på denne måde, er åben på en farlig måde, han vover sig ud på de åbne vidder og kan derfor rammes af akustiske hændelser. Liflige melodier vil forføre ham, tordenskrald slå

instead of saying: *I hear a dog barking,* one could say: *I hear the barking of a dog.* But in this case we would, in fact, be dealing with a different kind of hearing. The barking, to be sure, belongs to the dog. It is *one* mode of its being in space. However, what distinguishes voices, tones, and sounds is that they can be separated from their sources or can separate themselves from them, filling the space and traveling across it almost like objects. Perceiving acoustic phenomena in this way – i. e., perceiving them as such and not as ways in which things express themselves – requires a change of focus. As children of our times we have actually oftentimes practiced this through the use of acoustic equipment, in particular, by listening through headphones. To many of us it has been humiliating that this was necessary to finally realize that acoustic environments are something in themselves, independent of the world of objects and not identical with actual space. But, of course, acoustic space is experienced in real space, as well. It is, however, the space of the body, the space of my own presence, which is expanded through the reach of physical perception. In hearing that tone, voice, and sound do not shift to the objects from which they may have originated, the listener perceives voice, tone, and sound as a transformation of the space of his own presence. Whoever listens in this manner is dangerously exposed, letting himself out into wide open space, and therefore susceptible to being struck by acoustic events. Sweet melodies may carry him

Natürlich kann man anstelle von: *ich höre einen Hund bellen,* auch sagen: *ich höre das Bellen eines Hundes.* Aber tatsächlich handelt es sich dann um ein anderes Hören. Sicher gehört das Bellen zum Hund. Es ist *eine* Weise seiner Anwesenheit im Raum. Aber das Charakteristische von Stimmen, Tönen, Geräuschen ist, dass sie von ihren Ursprüngen getrennt werden können bzw. sich selbst von ihnen trennen, den Raum füllen und ihn quasi wie Dinge selbst durchwandern. Akustische Phänomene so wahrzunehmen – das heißt als solche, nicht als Äußerungsformen von etwas –, erfordert eine Einstellungsänderung. Diese haben wir, die Menschen des 20. Jahrhunderts, vielfach gerade durch Benutzung akustischer Geräte, insbesondere durch das Hören mit dem Kopfhörer, eingeübt. Es ist beschämend für viele für uns, dass wir erst auf diese Weise haben entdecken müssen, dass akustische Räume etwas für sich sind, unabhängig von den Dingen und nicht identisch mit dem realen Raum. Aber natürlich wird der akustische Raum auch im realen Raum erfahren. Es handelt sich jedoch um den leiblichen Raum, den Raum meiner eigenen Anwesenheit, der durch die Weite des leiblichen Spürens aufgespannt wird. Im Hören, dass Ton, Stimme und Geräusch nicht auf die Gegenstände, von denen sie herrühren mögen, überspringen, spürt der Hörende Stimme, Ton, Geräusch als Modifikation des Raumes seiner eigenen Anwesenheit. Wer so hört, ist gefährlich offen, er lässt sich hinaus in die Weite und kann deshalb von

ham omkuld, svirrende lyde bedrage ham og skærende toner skade ham. Det at høre er en væren-uden-for-sig-selv, det kan netop derfor være den lyksaliggørende oplevelse at mærke, at man overhovedet er i verden.

Disse erfaringer må man gøre sig, de lader sig ikke meddele verbalt. Der findes dog en god analogi, som kan tydeliggøre, hvad der menes. Allerede Descartes, altså en mekanistisk tænkende filosof, har spurgt, hvor en person, der med en stok rører en sten, mærker denne sten. Hans svar var, som senere i det 20. århundredes gestaltpsykologi, at man mærker stenen, hvor den er. Man har også betegnet dette som kropsliggørelse (tysk: *Einleibung*) af stokken, og dette er heller ikke helt forkert. Men sagt præcist drejer det sig om udvidelsen af det kropslige rum. Og hvor kan man dog i langt højere grad, end om det at røre med en stok, sige om det at høre, at vi, når vi hører, er *derude*. Og denne væren-derude støder ikke på stemmer, toner og lyde, i stedet bliver den selv formet, bevæget, modelleret, karvet, snittet, hævet op, trykket ned, udvidet og indsnævret af stemmer, toner og lyde.

Den bedste model, der indtil nu har været for hørelsen, siger, at man indvendig fuldstændiggør det hørte. Dette var resonansmodellen for hørelse og havde også en vis plausibilitet ud fra den velkendte erfaring, at man på en vis måde indvendigt synger

away, claps of thunder may strike him down, buzzing sounds may be threatening to him, a biting sound may injure him. Hearing is a form of being beside oneself and, for this very reason, it can provide a gratifying awareness of being in the world.

These are things one has to experience; they cannot be conveyed verbally. There is, however, a suitable analogy that can clarify what is meant. A philosopher essentially thinking in mechanistic terms, Descartes, nevertheless, already inquired about the place where someone poking at a stone with a stick actually perceives this stone. His answer was, as it would be later, in 20th-century Gestalt psychology, that one perceives the stone in the place where it is. This has been described as *Einleibung* (embodiement), as physically assimilating the stick, which, indeed, is not entirely wrong. Strictly speaking, however, we are dealing with an expansion of the space of the body. How much more pertinent even than to poking with a stick is it to argue with regard to hearing that, in hearing, we are *outside*? And this being outside does not encounter voices, tones, and sounds out there, but, rather, is itself shaped, moved, modeled, carved, cut, raised, pressed down, expanded and restricted by voices, sounds, noises.

The best model of hearing that has been around until now asserts that what is heard is simultaneously reconstituted internally. This was the resonance model

akustischen Ereignissen getroffen werden. Liebliche Weisen mögen ihn entführen, Donnerschläge niederschlagen, sirrende Geräusche bedrohen, ein schneidender Ton verletzen. Hören ist ein Außer-sich-sein, es kann gerade deshalb das beglückende Erlebnis sein zu spüren, dass man überhaupt in der Welt ist.

Diese Erfahrungen muss man machen, sie lassen sich nicht verbal mitteilen. Es gibt aber eine gute Analogie, die das Gemeinte verdeutlichen kann. Schon Descartes, also ein im Prinzip mechanistisch denkender Philosoph, hat gefragt, wo jemand, der mit einem Stock einen Stein ertastet, diesen Stein empfindet. Seine Antwort war, wie später in der Gestaltpsychologie des 20. Jahrhunderts, dass man den Stein dort empfindet, wo er ist. Man hat das auch als Einleibung des Stockes bezeichnet, und das ist auch nicht ganz verkehrt. Aber genaugenommen handelt es sich ja um die Ausweitung des leiblichen Raums. Wie viel mehr noch als beim Tasten mit einem Stock kann man vom Hören sagen, dass wir im Hören *draußen* sind. Und dieses unser Draußen-sein trifft dort nicht auf Stimmen, Töne, Geräusche, sondern es wird selbst durch Stimmen, Töne, Geräusche geformt, bewegt, modelliert, gekerbt, geschnitten, gehoben, gedrückt, geweitet und beengt.

Das beste Modell, das es bisher vom Hören gab, besagt, dass man das Gehörte innerlich mit vollzieht. Es war das Resonanzmodell des Hörens und hatte

med på en melodi, som man hører. Men denne model lider af den forfejlede topologi for indre og ydre, og først og fremmest når den hurtigt sine grænser i forhold til det hørtes kompleksitet og fremmedhed. Man vil vel overhovedet ikke kunne synge indvendigt med på lydene fra et maskinhus med deres snurren, skrigen, fløjten og svirren. Man hører heller ikke disse lyde indvendig, men netop udenfor. Det, som her bliver til i resonansen, og hvori stemmer, toner og lyde optræder, er selve det kropslige rum. Denne erfaring optræder ganske vist sjældent eller, rettere sagt, kun sjældent i ren form, for på en vis måde ligger til grund for enhver høreoplevelse. Kun gælder det normalt, at jeget ikke fortaber sig i det at høre, men fastholder sig selv, i og med at det forbinder stemmer, toner og lyde med deres kilder og dermed springer over erfaringen af det »imellem«, der strækker sig mellem jeget og lydkilderne.

V. Afslutning

Vi skal til slut endnu en gang vende tilbage til begyndelsen, der jo bestod i et økologisk spørgsmål. Musikkens udvikling i det 20. århundrede har ført til, at musik i sig selv er blevet en bestanddel af omverdenen. Dens funktionalisering som element i indendørsarkitekturen – man taler om akustisk møblering – har på en vis måde reduceret den til det atmosfæriske. Samtidig har avantgardemusikken på

of hearing and it had some plausibility in the familiar experience that we tend to sing along in our heads with a tune we hear. This model, however, suffers from the untenable topology of an inside and outside and quickly finds its limits, particularly, vis-à-vis the complexity and unfamiliarity of things heard. After all, we would hardly be able to sing along in our heads with the sounds of an engine room with all its whirring, shrilling, whistling, and buzzing. We actually do not hear these sounds in our heads at all, but rather outside. What is resonating here, and the space in which these voices, tones, and sounds occur, is the space of the body itself. To be sure, this experience probably occurs only rarely, or more precisely, only rarely in a pure form, since, in a way, it underlies any hearing experience. It is just that the self does not usually abandon itself to hearing and preserves itself by relegating the voices, tones, and sounds to their sources, thus skipping the experience of the in-between.

V. Conclusion

In conclusion, we should return once more to the beginning which, as we remember, consisted of an ecological question. The development of music in the 20th century has resulted in music itself becoming an element of the environment. Its functionalization as a factor of interior design – it is common to

auch einige Plausibilität in der bekannten Erfahrung, dass man eine Melodie, die man hört, gewissermaßen innerlich mitsingt. Aber dieses Modell leidet an der verfehlten Topologie eines Innen und Außen und findet vor allem an der Komplexität und der Fremdheit des Gehörten schnell seine Grenze. Man wird ja wohl kaum die Geräusche eines Maschinenhauses mit ihrem Surren, Schrillen, Pfeifen, Sirren innerlich mitsingen können. Man hört auch all diese Geräusche gar nicht innen, sondern eben draußen. Was hier in Resonanz gerät und worin sich diese Stimmen, Töne und Geräusche ereignen, ist der leibliche Raum selbst. Diese Erfahrung ereignet sich allerdings wohl selten oder besser gesagt: nur selten rein, denn in gewisser Weise grundiert sie jede Hörerfahrung. Nur verliert sich normalerweise das Ich nicht ans Hören und bewahrt sich selbst, indem es die Stimmen, Töne und Geräusche auf ihre Quellen hin distanziert und damit die Erfahrung des Dazwischen überspringt.

V. Schluss

Wir sollten zum Schluss noch einmal auf den Anfang, der ja in einer ökologischen Frage bestand, zurückkommen. Die Entwicklung der Musik im 20. Jahrhundert hat dazu geführt, dass Musik selbst zu einem Bestandstück der Umwelt wurde. Ihre Funktionalisierung zum Moment der Innenarchitektur – man

den ene side og projektet *Soundscape* på den anden hævet den akustiske atmosfære op til ligefrem at være det væsentlige ved musikken. På denne måde har tingenes stemmer og verdens koncert oplevet voksende opmærksomhed, og det at høre har fået større vægt i tilværelsen. Når man lægger dette sammen, er den økologiske æstetik på det akustiske område ikke blot et tillæg til den naturvidenskabelige økologi, men har derimod i langt højere grad sin egen opgave, nemlig erkendelsen, bevarelsen og gestaltningen af det akustiske rum. Spørgsmålet om, hvad en human omverden er, rejser sig her som et spørgsmål om karakteren af akustiske atmosfærer. Også her gælder det om at overvinde den tilgang, der alene er naturvidenskabelig og højest kan begribe larm som decibel, og stille spørgsmålet om, hvilke akustiske karakterer de rum, vi lever i, skal have.

Oversat fra tysk af Esben N. Petersen

1 Dette indtryk forflygtiger sig ved et nærmere studium. Det viser sig at netop eksempler fra kategorien design står i centrum. G. Böhme: Index over de æstetiske eksempler i Kants »Kritik der Urteilskraft«, i: Kritik (København) 105 (1993), 79–80; G. Böhme, Kants Kritik der Urteilskraft in neuer Sicht, Frankfurt am Main 1999.

2 I den oprindelige tyske version af teksten benyttes ordet heiteren (da: lystig, munter), da en direkte oversættelse af ordet til dansk imidlertid ikke umiddelbart kan indgå i beskrivelsen af et

speak of acoustic design – has, to a certain extent, reduced it to the atmospheric dimension. At the same time, however, avant-garde music on the one hand and the *World Soundscape Project* on the other have virtually elevated the acoustic atmosphere to music's essence. In the process, the voices of things and the concert of the world have received growing attention and hearing has gained in importance to life. When we add this up, ecological aesthetics in the realm of the acoustic is not merely a complement to scientific ecology, but rather has its own purpose: the awareness, the preservation, and the shaping of acoustic space. Accordingly, the question as to what constitutes a humane environment poses itself as an inquiry into the particular characters of acoustic atmospheres. Here, too, it is essential to transcend the merely scientific approach which can, at best, register noise in terms of decibels, and to ask what acoustic characters the spaces we live in should have.

Translated from German by Bram Opstelten

1 This impression dissolves on closer scrutiny. As it turns out, it focuses precisely on examples from the realm of design. G. Böhme, Index over de æstetiske eksempler i Kants »Kritik der Urteilskraft«, in: Kritik (Copenhagen), 105 (1993), 79–80; G. Böhme, Kants Kritik der Urteilskraft in neuer Sicht, Frankfurt am Main 1999.

2 G. Böhme, Atmosphäre. Essays zur neuen Ästhetik, Frankfurt am Main 1995, 2nd ed. 1997; M. Hauskeller, Atmosphären erleben.

spricht von akustischer Möblierung – hat sie gewissermaßen auf das Atmosphärische reduziert. Andererseits hat die Avantgarde-Musik von der einen Seite und das Projekt *Soundscape* von der anderen Seite die akustische Atmosphäre geradezu zum Wesentlichen der Musik erhoben. Auf diese Weise haben die Stimmen der Dinge und das Konzert der Welt wachsende Aufmerksamkeit erfahren und das Hören hat an Gewicht für das Leben gewonnen. Wenn man das zusammen nimmt, dann ist die ökologische Ästhetik im Bereich des Akustischen nicht bloß eine Ergänzung zur naturwissenschaftlichen Ökologie, sondern hat vielmehr ihre eigene Aufgabe, nämlich die Erkenntnis, die Bewahrung und die Gestaltung des akustischen Raums. Die Frage, was eine humane Umwelt ist, stellt sich hier als eine Frage nach den Charakteren akustischer Atmosphären. Auch hier gilt es den bloß naturwissenschaftlichen Zugang zu überwinden, der allenfalls noch Lärm in Dezibel fassen kann, und die Frage zu stellen, welche akustischen Charaktere die Räume haben sollen, in denen wir leben.

1 Dieser Eindruck verfliegt bei näherem Studium. Es zeigt sich, dass gerade Beispiele aus dem Feld des Designs im Zentrum stehen. G. Böhme, Index over de æstetiske eksempler i Kants »Kritik der Urteilskraft«, in: Kritik (Kopenhagen) 105 (1993), 79–80. G. Böhme, Kants Kritik der Urteilskraft in neuer Sicht, Frankfurt an Main 1999.

landskab, er hyggelig her anvendt som en tilnærmelse. Oversætterens note.
3 G. Böhme, Atmosphäre. Essays zur neuen Ästhetik, Frankfurt am Main 1995, 2. opl. 1997; M. Hauskeller, Atmosphären erleben. Philosophische Untersuchungen zur Sinneswahrnehmung, Berlin 1995.
4 G. Böhme, Anmutungen. Über das Atmosphärische, Ostfildern 1998.
5 Ang. dette begreb, se: Böhme 1995 (se note 3), del III i omtalte bog.
6 Disse studier forefindes i: Böhme 1998 (se note 4).
7 G. Böhme, Kommunikative Atmosphären, i: T. Arncken/ D. Rapp/H.-C. Zehnter (udg.), Eine Rose für Jochen Bockemühl, særnummer af Elemente der Naturwissenschaft, Dürnau 1999. Ang. de andre temaer: Böhme 1998 (se note 4).
8 Som nyere eksempel på R. Murray Schafers udstrakte værk nævnes her: Voices of Tyranny – Temples of Silence, Indian River/Ont. 1993.
9 Kritisk herom: H. Westerkamp, Listening and Soundmaking: A Study of Music-as-Environment, i: D. Lander/M. Lescier (udg.), Sound by Artists, Toronto 1990, 227–234.
10 Th. de Duve, Kant after Duchamp, Cambridge/Mass. 1996.
11 Platon, Politeia, VII, 531a.
12 I. Kant, Kritik der Urteilskraft, 3. originaludgave 1799, 219.

Philosophische Untersuchungen zur Sinneswahrnehmung, Berlin 1995.
3 G. Böhme, Anmutungen. Über das Atmosphärische, Ostfildern 1998.
4 On this concept see: Böhme 1995 (see fn. 2), part III.
5 These studies can be found in: Böhme 1998 (see fn. 3).
6 G. Böhme, Kommunikative Atmosphären, in: T. Arncken/D. Rapp/H.-C. Zehnter (eds.), Eine Rose für Jochen Bockemühl, special issue of Elemente der Naturwissenschaft, Dürnau 1999. For the other studies see: Böhme 1998 (see fn. 3).
7 A more recent example of R. Murray Schafer's vast body of work is: Voices of Tyranny – Temples of Silence, Indian River/Ont. 1993.
8 For a critical look at this see: H. Westerkamp, Listening and Soundmaking: A Study of Music-as-Environment, in: D. Lander/ M. Lescier (eds.), Sound by Artists, Toronto 1990, 227–234.
9 Th. de Duve, Kant after Duchamp, Cambridge/Mass. 1996.
10 Platon, Politeia, VII, 531a.
11 I. Kant, Kritik der Urteilskraft, 3rd ed. 1799, 219.

2 G. Böhme, Atmosphäre. Essays zur neuen Ästhetik, Frankfurt am Main 1995, 2. Aufl. 1997. M. Hauskeller, Atmosphären erleben. Philosophische Untersuchungen zur Sinneswahrnehmung, Berlin 1995.
3 G. Böhme, Anmutungen. Über das Atmosphärische, Ostfildern 1998.
4 Zu diesem Begriff siehe: Böhme 1995 (wie Anm. 2), Teil III.
5 Diese Studien finden sich in: Böhme 1998 (wie Anm. 3).
6 G. Böhme, Kommunikative Atmosphären, in: T. Arncken/ D. Rapp/H.-C. Zehnter (Hgg.), Eine Rose für Jochen Bockemühl, Sondernummer der Elemente der Naturwissenschaft, Dürnau 1999. Für die anderen Themen siehe: Böhme 1998 (wie Anm. 3).
7 Als neueres Beispiel des ausgedehnten Werkes von R. Murray Schafer sei genannt: Voices of Tyranny – Temples of Silence, Indian River/Ont. 1993.
8 Kritisch dazu: H. Westerkamp, Listening and Soundmaking: A Study of Music-as-Environment, in: D. Lander/M. Lescier (Hgg.), Sound by Artists, Toronto 1990, 227–234.
9 Th. de Duve, Kant after Duchamp, Cambridge/Mass. 1996.
10 Platon, Politeia, VII, 531a.
11 I. Kant, Kritik der Urteilskraft, 3. Originalausgabe 1799, 219.

Advertising

Lys- og klanginstallation 2005
Artissima Torino (I)
Indendørsskillevægge, minilysstofrør, højtalere, elektronik

På en af de lange vægge i det ca. 12 m x 6 m store rum er 63 små lysstofrør med en længde af 26 cm anbragt med samme afstand til hinanden således, at deres midtpunkter alle ligger på en linie, men således at de alle er drejet en lille smule omkring deres midtpunkt, hver enkelt af dem med deres forskellige vinkler. Bag 16 af disse rør – på væggens bagside – er der monteret 16 højtalere, hvis lyd kun kommer frem gennem en lille spalte, der ligger parallelt med rørene og skjult bag dem, således at de næsten ikke er synlige for betragteren, og kun tonen kan høres. Blide klange løber langs væggen i en skiftende rytme. Det lyse, hvide og statiske visuelle rum kontrasterer med den høje hastighed og livligheden af tonerne, der i sig selv er indholdsløse, men som i oplevelsen af rummet sammen med lyset fortæller deres egen historie.

Advertising

Light and sound installation 2005
Artissima Turin (I)
Lightweight partition wall, mini fluorescent lamps, loudspeakers, electronics

On the long wall of a room about 12 m x 6 m, 63 small fluorescent lamps, 26 cm long each, are arranged at regular intervals so that their centers lie all in a line; but they are all slightly rotated on their middle, each at a different angle. 16 loudspeakers have been mounted behind 16 of these lamps, on the reverse side of the wall. Their sound comes solely through a small slit in the wall, parallel to and hidden behind the lamps, so that the viewer almost does not see it, but only hears the sound. Quiet tones run along the wall in various rhythms. The bright, white, and statically visual room contrasts with the high speed and vibrancy of the tones, which have no content, but which tell a story of their own in combination with the experience of the room and the light.

Advertising

Licht- und Klanginstallation 2005
Artissima Turin (I)
Leichtbauwand, Mini-Leuchtstoffröhren, Lautsprecher, Elektronik

An einer der Längswände des ca. 12 m x 6 m großen Raumes sind 63 kleine Leuchtstoffröhren von 26 cm Länge in gleichmäßigem Abstand zueinander so angebracht, dass ihre Mittelpunkte alle auf einer Linie liegen. Dabei sind sie alle ein wenig um den Mittelpunkt gedreht, jede mit einem anderen Winkel. Hinter 16 dieser Röhren sind auf der Rückseite der Wand 16 Lautsprecher montiert. Ihr Schall ist nur durch einen kleinen Schlitz zu hören, der parallel zur Röhre und hinter ihr versteckt liegt, so dass er für den Betrachter fast nicht zu sehen ist. Leise Klänge laufen entlang der Wand in unterschiedlichem Rhythmus. Der helle, weiße und statische visuelle Raum kontrastiert mit der hohen Geschwindigkeit und Lebendigkeit der Töne, die selbst zwar inhaltslos sind, aber in der Raumerfahrung gemeinsam mit dem Licht eine eigene Geschichte erzählen.

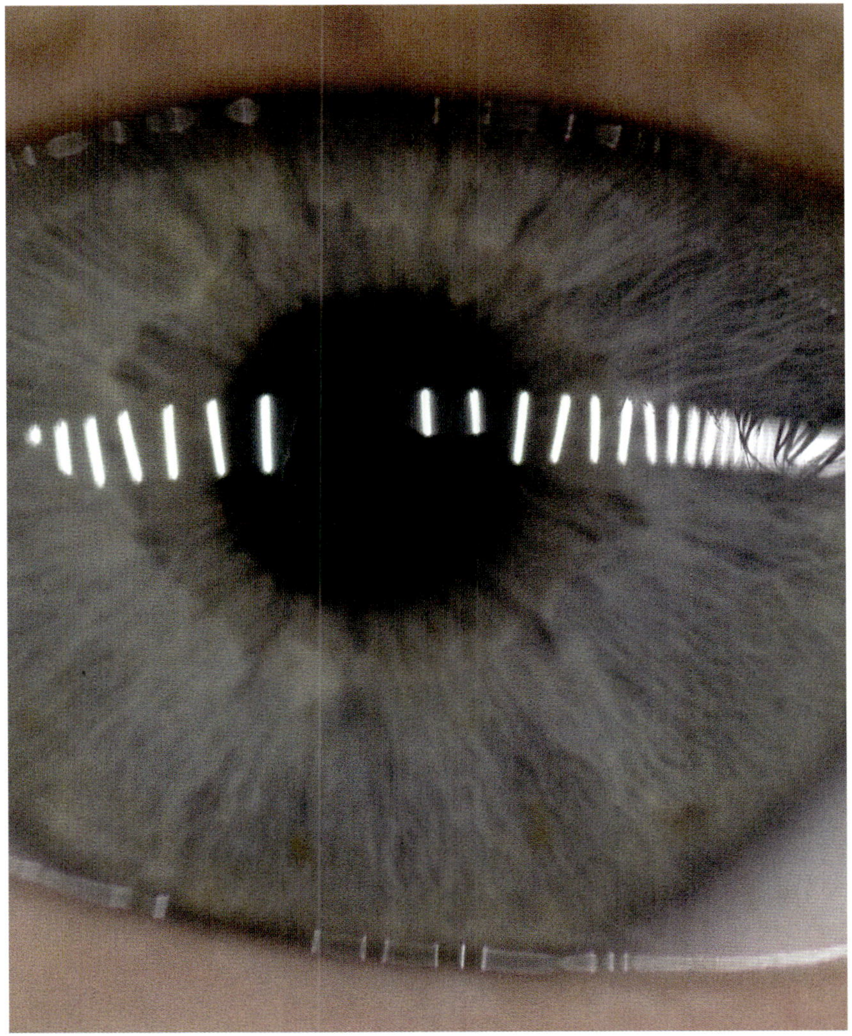

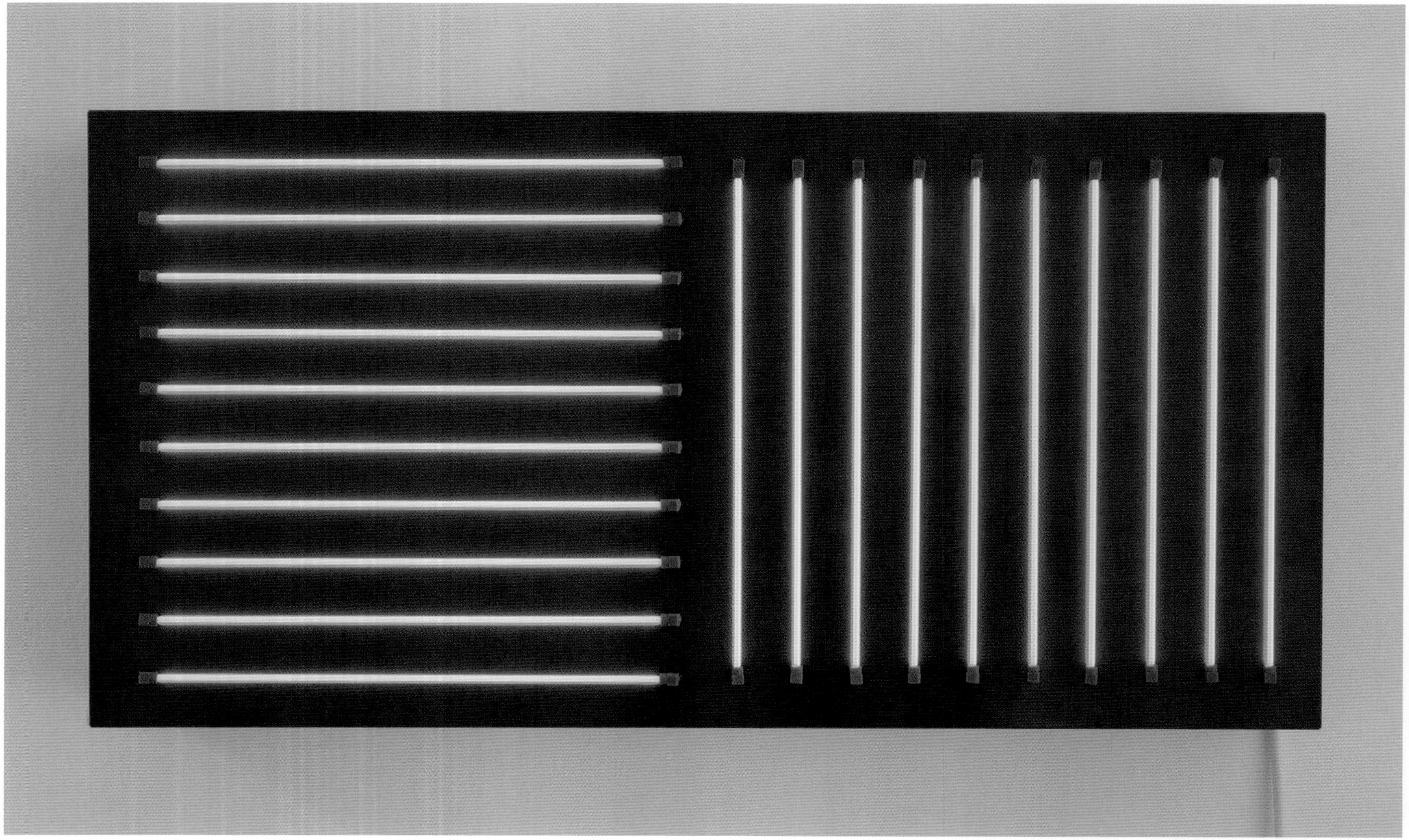

MODULE
Lys- og klangobjekter 2004/2005
Papplader, MDF, mini-lysstofrør, højtalere, mpeg-afspiller

Module er lys- og klangobjekter, hvis statiske lysmønster er ledsaget af en meget sagte men bevæget klang. De er lamper og billeder af lys i et kombineret med klangen af et tomt rum. De er rum i sig selv.

MODULE
Light and sound objects 2004/2005
Resin-bonded paper, medium-density fiberboard, mini fluorescent lamps, loudspeakers, mpeg player

The *Module* are light and sound objects whose static light pattern is accompanied by a very quiet but moving sound. They are lamps and light images in one, combined with the sound of an empty room. They are rooms in themselves.

MODULE
Licht- und Klangobjekte 2004/2005
Hartpapierplatte, MDF, Mini-Leuchtstoffröhren, Lautsprecher, mpeg-Player

Die *Module* sind Licht- und Klangobjekte, deren statische Lichtmuster von einem sehr leisen, aber bewegten Klang begleitet sind. Sie sind Lampe und Lichtbild in einem, kombiniert mit dem Klang eines leeren Raumes. Sie sind Räume in sich.

<- Module I, Collezione Colosimo e Dolcetti, Torino (I)

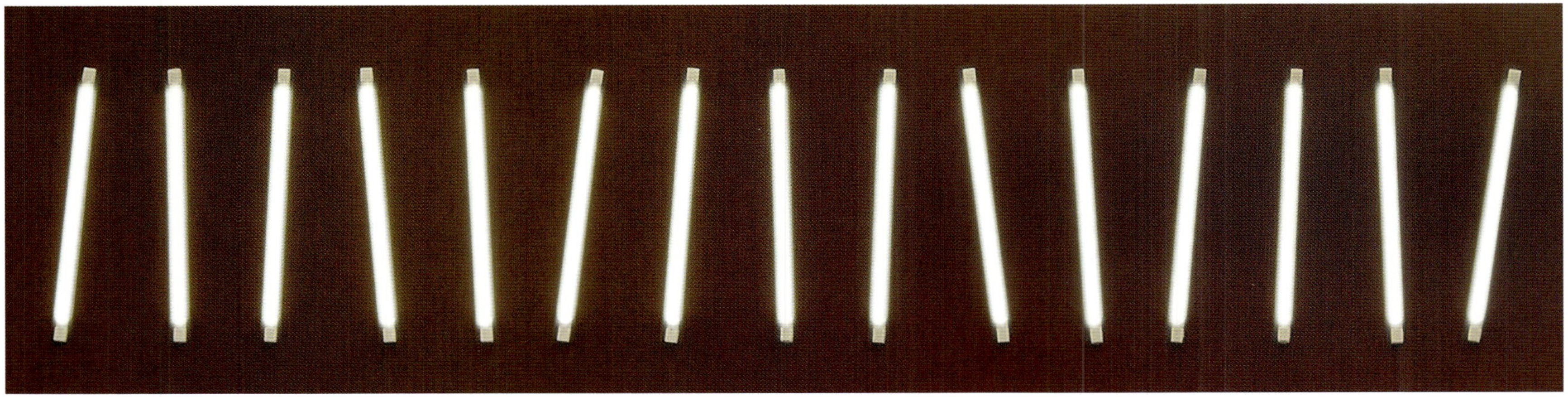

Installationen

Lys- og klanginstallationer 2003
Galerie Vostell Berlin
Stål, glas, højtalere, sampler, forstærker, neon, lysstofrør, industrilampe

Tre værker, der påviser forskellige aspekter af samspillet mellem lys og klang.
Scanner: 32 højtalere, der med deres magneter klæber til et stålbånd, som er skruet fast på væggen, bliver af en række lysstofrør belyst med koldthvidtlys. Over højtalerne bliver længere klangpassager af lyde fra hverdagen hakket fra hinanden i korte tidsafsnit, der afspilles tilfældigt fordelt.
Aus der Tiefe: 16 bashøjtalere ligger på en kvadratisk stålplade og bliver bestrålet af halogenlys med en let violet indfarvning. Klangmaterialet er interferenser mellem meget dybe toner, der lader membranerne svinge relativt langsomt, så bevægelsen er synlig, mens klangene ikke kan høres. Da hver enkelt højtaler har sit eget uafhængige program, opstår indtrykket af en sælsom livlighed.
Det tredje arbejde, *Ohne Titel,* er fuldstændig tavst og består kun af en stor dobbel-T ståldragermed indlagt neonlys og derover anbragte glasskiver. Lysfarven er blålig.

Installationen

Light and sound installations 2003
Galerie Vostell Berlin
Steel, glass, loudspeakers, sampler, amplifier, neon, fluorescent lights, industrial light

Three works were shown that display various aspects of the interplay of light and sound.
Scanner: magnets hold 32 loudspeakers against a strip of steel bolted to the wall. A row of fluorescent lamps illuminate the speakers with cold, white light. The loudspeakers randomly distribute longer passages of everyday sounds, chopped into short segments.
Aus der Tiefe: 16 bass speakers lie on a square steel plate and are illuminated by a purplish halogen spotlight. The sound material is the interferences of very deep tones that make the membranes vibrate relatively slowly, so that the motion is visible, but the sounds inaudible. Since each loudspeaker has its own independent program, the visitor is left with the impression of a strange vibrancy.
The third work, *Ohne Titel,* is completely silent and consists solely of a large double T steel beam with inlaid neon light and, above that, panes of glass. The color of the light is bluish.

Installationen

Licht- und Klanginstallationen 2003
Galerie Vostell Berlin
Stahl, Glas, Lautsprecher, Sampler, Verstärker, Neon, Leuchtstoffröhren, Industrielampe

Drei Werke, die unterschiedliche Aspekte des Zusammenwirkens von Licht und Klang aufweisen.
Scanner: 32 Lautsprecher kleben mit ihren Magneten an einem an die Wand geschraubten Stahlband und werden von kaltweißen Leuchtstoffröhren beleuchtet. Über die Lautsprecher werden längere Klangpassagen alltäglicher Geräusche, zerhackt in kurze Zeitabschnitte, zufällig verteilt gespielt.
Aus der Tiefe: 16 Basslautsprecher liegen auf einer quadratischen Stahlplatte und werden von einem Halogenstrahler mit leicht violetter Einfärbung beleuchtet. Das Klangmaterial sind Interferenzen sehr tiefer Töne, die die Membranen relativ langsam schwingen lassen, so dass die Bewegungen sichtbar sind, die Klänge aber nicht hörbar. Da jeder Lautsprecher ein eigenes unabhängiges Programm hat, entsteht der Eindruck einer seltsamen Lebendigkeit.
Die dritte Arbeit, *Ohne Titel,* ist vollständig stumm und besteht nur aus einem großen Doppel-T-Stahlträger mit eingelegtem Neonlicht und darüber eingebrachten Glasscheiben. Die Lichtfarbe ist bläulich.

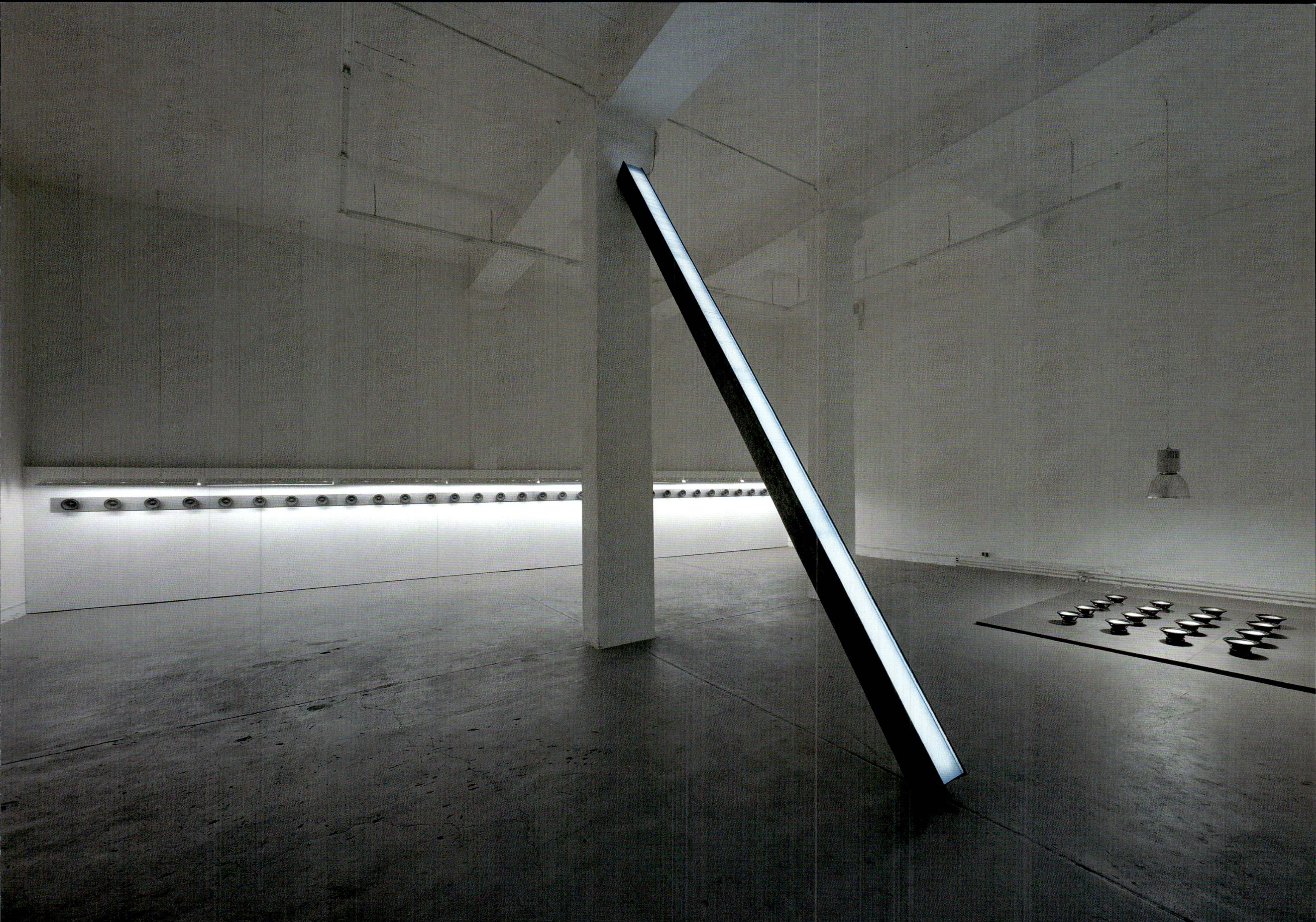

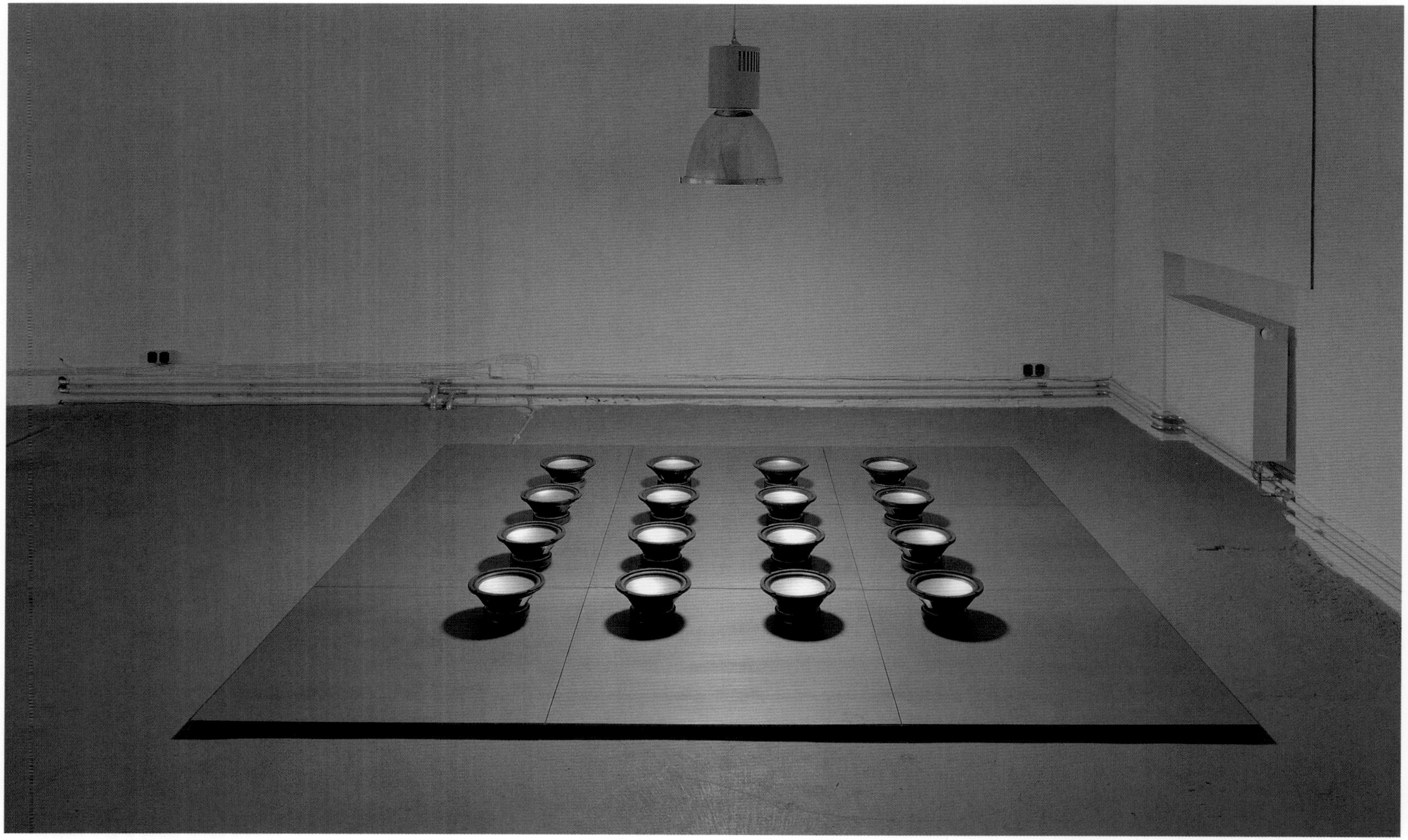

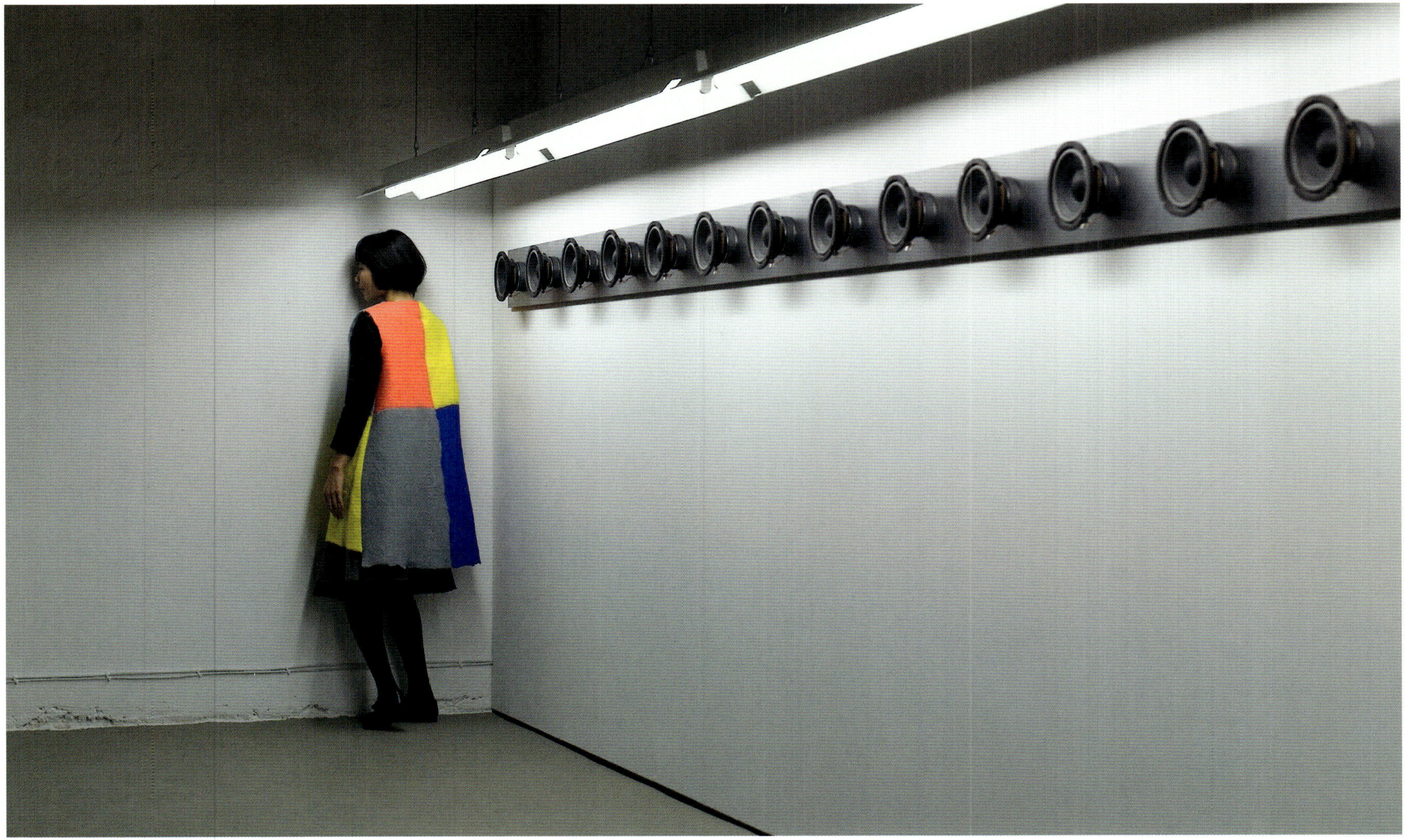

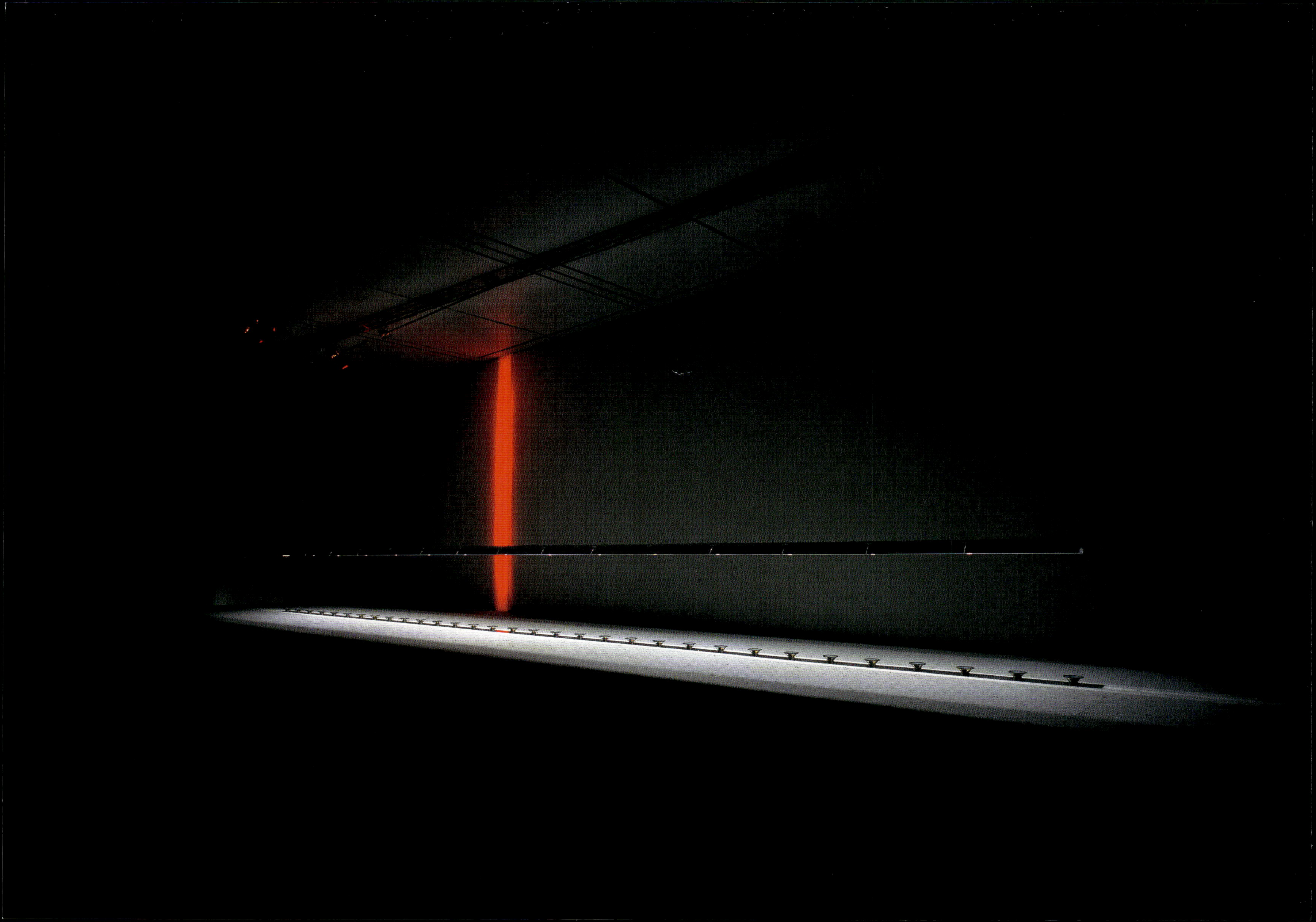

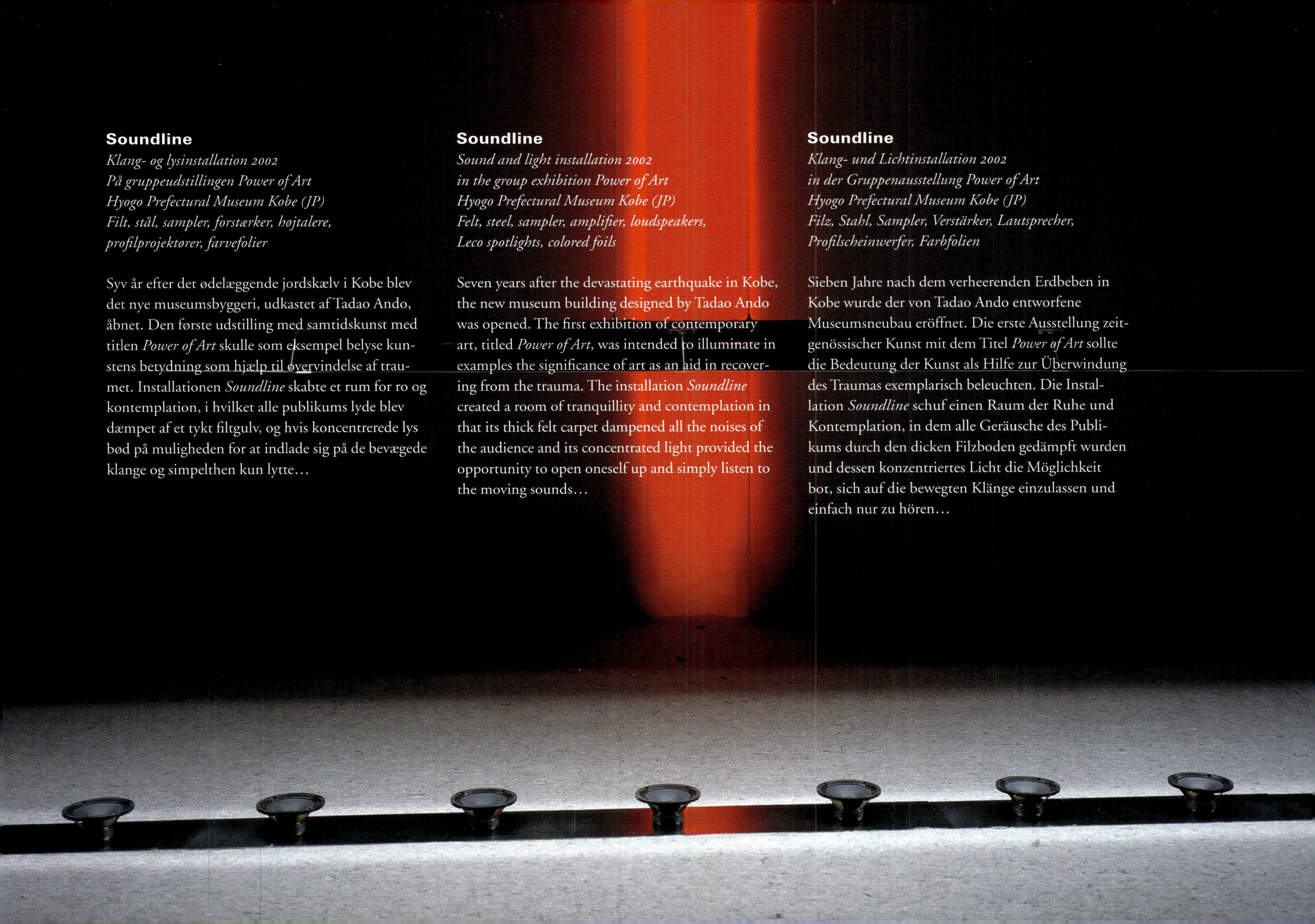

Soundline
Klang- og lysinstallation 2002
På gruppeudstillingen Power of Art
Hyogo Prefectural Museum Kobe (JP)
Filt, stål, sampler, forstærker, højtalere, profilprojektører, farvefolier

Syv år efter det ødelæggende jordskælv i Kobe blev det nye museumsbyggeri, udkastet af Tadao Ando, åbnet. Den første udstilling med samtidskunst med titlen *Power of Art* skulle som eksempel belyse kunstens betydning som hjælp til overvindelse af traumet. Installationen *Soundline* skabte et rum for ro og kontemplation, i hvilket alle publikums lyde blev dæmpet af et tykt filtgulv, og hvis koncentrerede lys bød på muligheden for at indlade sig på de bevægede klange og simpelthen kun lytte…

Soundline
Sound and light installation 2002
in the group exhibition Power of Art
Hyogo Prefectural Museum Kobe (JP)
Felt, steel, sampler, amplifier, loudspeakers, Leco spotlights, colored foils

Seven years after the devastating earthquake in Kobe, the new museum building designed by Tadao Ando was opened. The first exhibition of contemporary art, titled *Power of Art*, was intended to illuminate in examples the significance of art as an aid in recovering from the trauma. The installation *Soundline* created a room of tranquillity and contemplation in that its thick felt carpet dampened all the noises of the audience and its concentrated light provided the opportunity to open oneself up and simply listen to the moving sounds…

Soundline
Klang- und Lichtinstallation 2002
in der Gruppenausstellung Power of Art
Hyogo Prefectural Museum Kobe (JP)
Filz, Stahl, Sampler, Verstärker, Lautsprecher, Profilscheinwerfer, Farbfolien

Sieben Jahre nach dem verheerenden Erdbeben in Kobe wurde der von Tadao Ando entworfene Museumsneubau eröffnet. Die erste Ausstellung zeitgenössischer Kunst mit dem Titel *Power of Art* sollte die Bedeutung der Kunst als Hilfe zur Überwindung des Traumas exemplarisch beleuchten. Die Installation *Soundline* schuf einen Raum der Ruhe und Kontemplation, in dem alle Geräusche des Publikums durch den dicken Filzboden gedämpft wurden und dessen konzentriertes Licht die Möglichkeit bot, sich auf die bewegten Klänge einzulassen und einfach nur zu hören…

Mittwoch

Lys, scene, klangkomposition 2001
Dansestykke med Regina Baumgart og Junko Wada
Uropførelse i Theater am Halleschen Ufer, Berlin

Danserne agerer på to totalt forskellige scenearealer, en lille hvid trekant ved den forreste højre kant og den resterende sorte sceneområde. Denne uligevægt er også temaet for dansen, der ledsages af en klangkomposition med seks kanaler.

Mittwoch

Light, stage, sound composition 2001
Dance piece with Regina Baumgart and Junko Wada
World premiere in the Theater am Halleschen Ufer, Berlin

The dancers perform on two completely different stage areas; a small white triangle on the right front edge and the black remainder of the stage. This imbalance is also the theme of the dance, which is accompanied by a 6-channel sound composition.

Mittwoch

Licht, Bühne, Klangkomposition 2001
Tanzstück mit Regina Baumgart und Junko Wada
Uraufführung im Theater am Halleschen Ufer, Berlin

Die Tänzer agieren auf zwei vollkommen unterschiedlichen Bühnenarealen, einem kleinen weißen Dreieck am vorderen rechten Rand und dem schwarzen Rest der Bühne. Diese Ungleichgewichtigkeit ist auch das Thema des Tanzes, der von einer 6-kanaligen Klangkomposition begleitet wird.

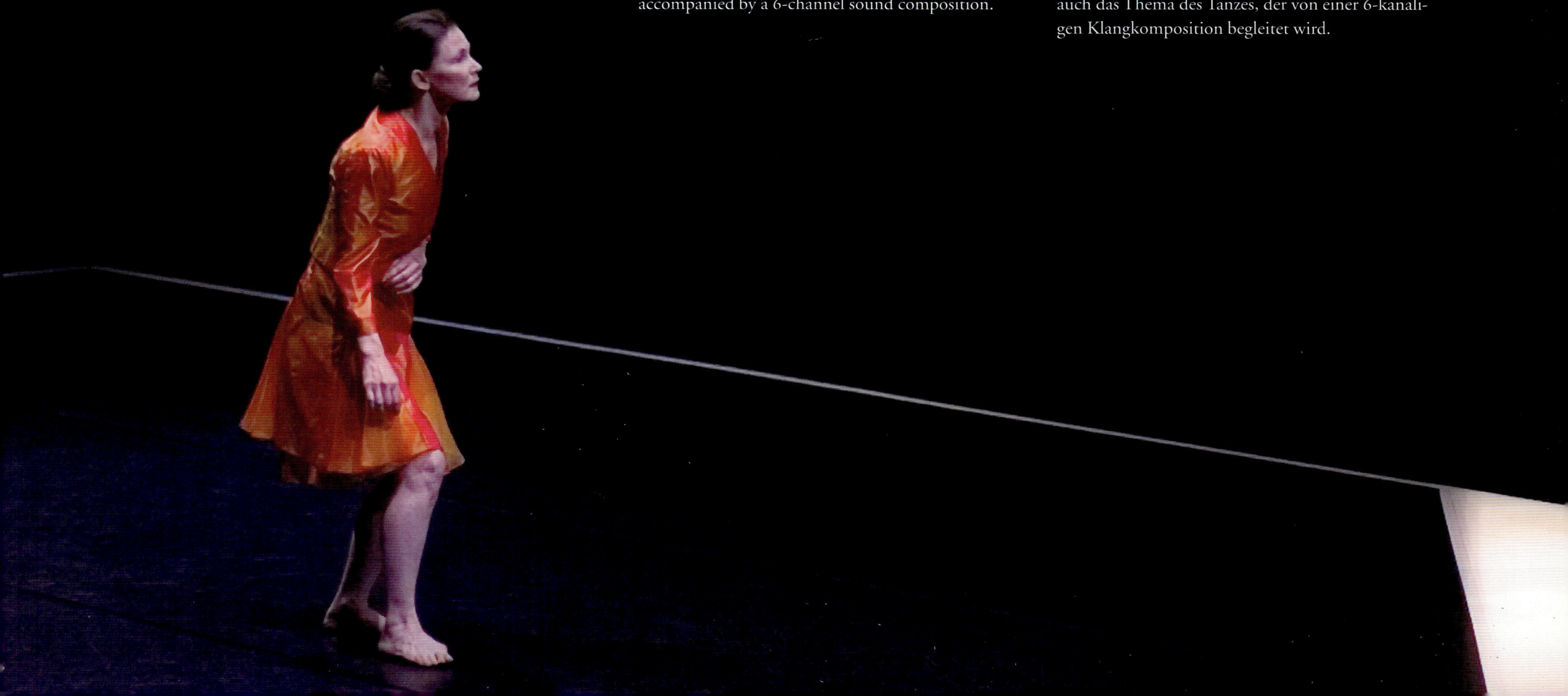

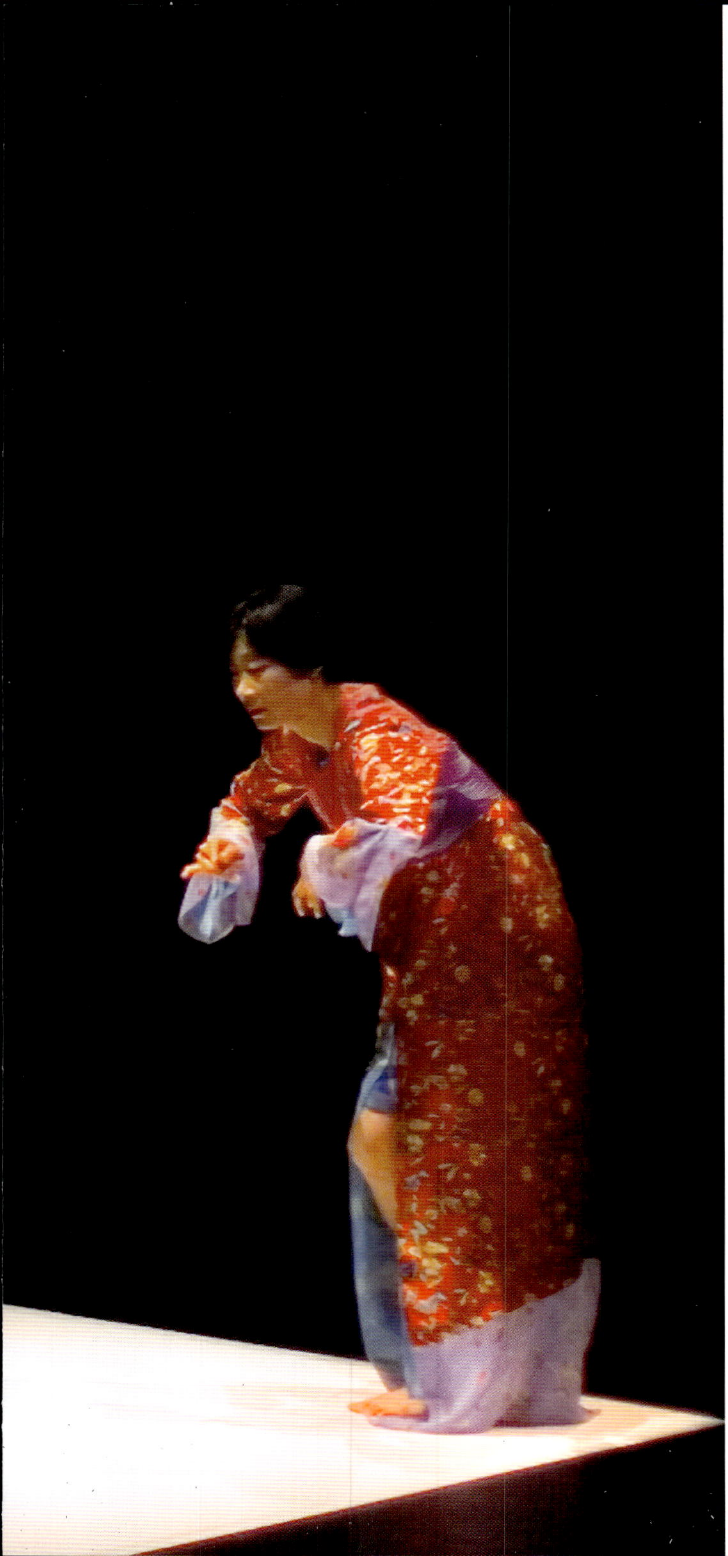

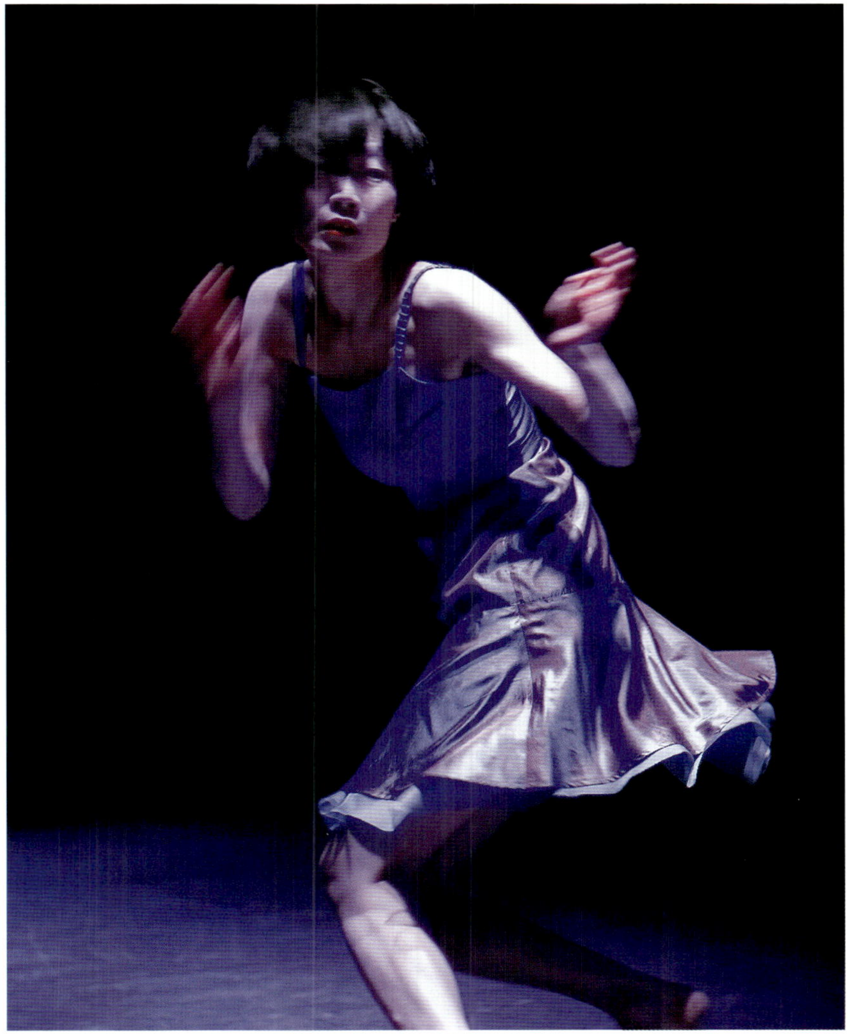

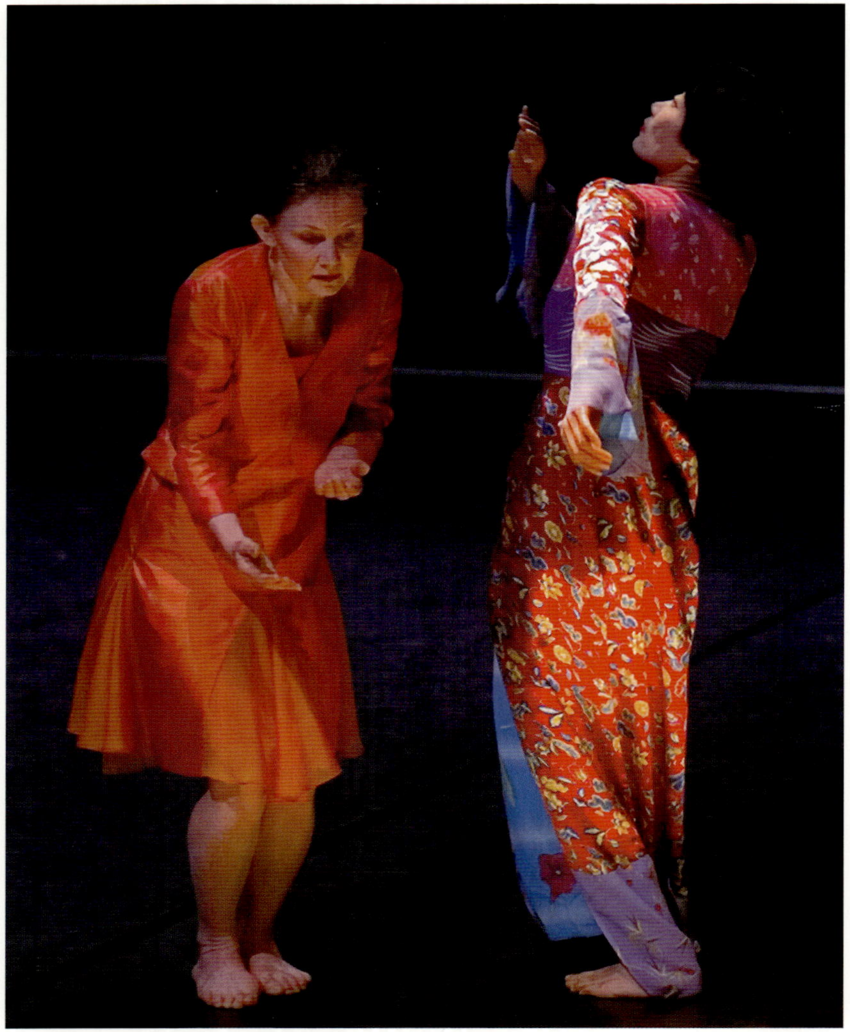

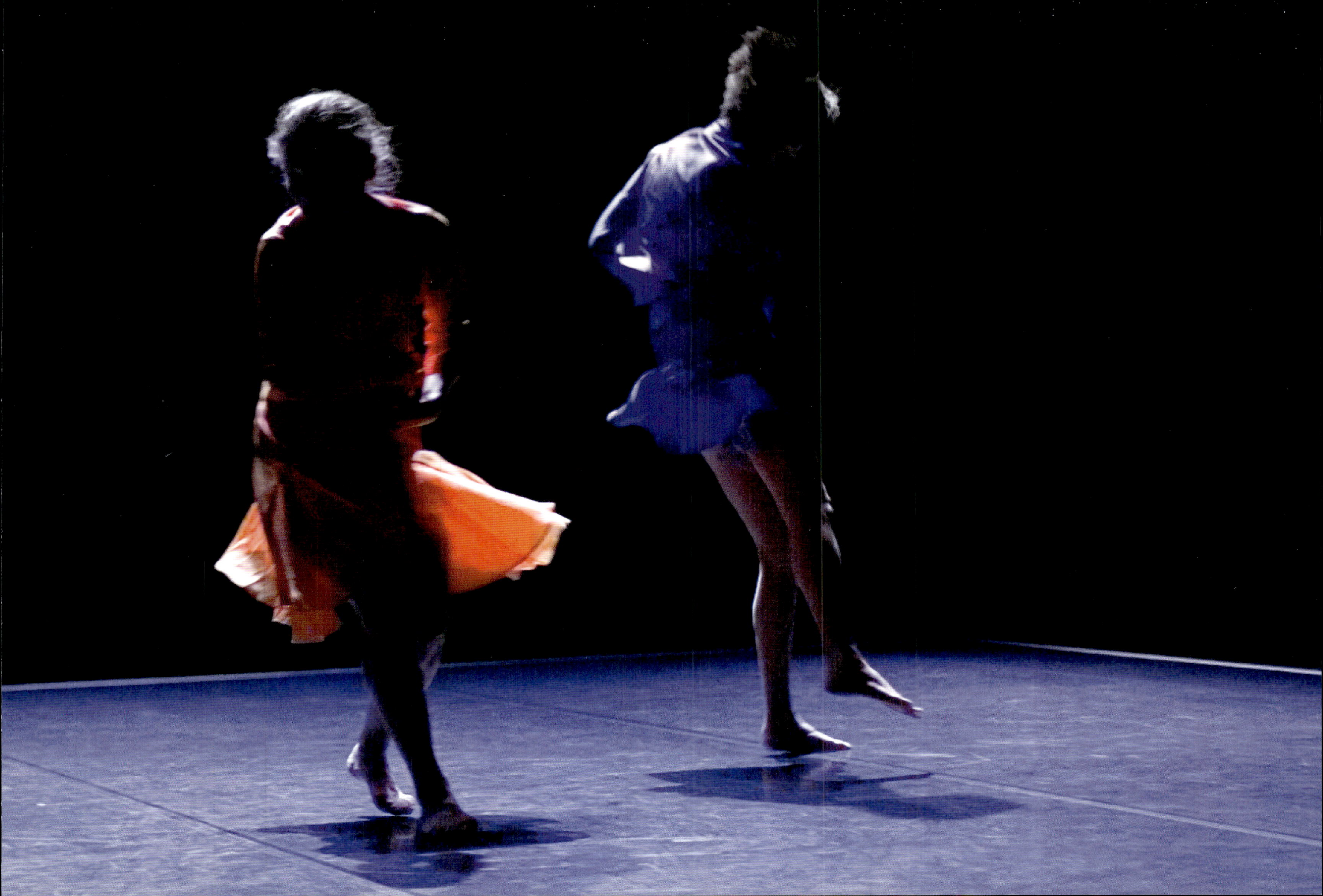

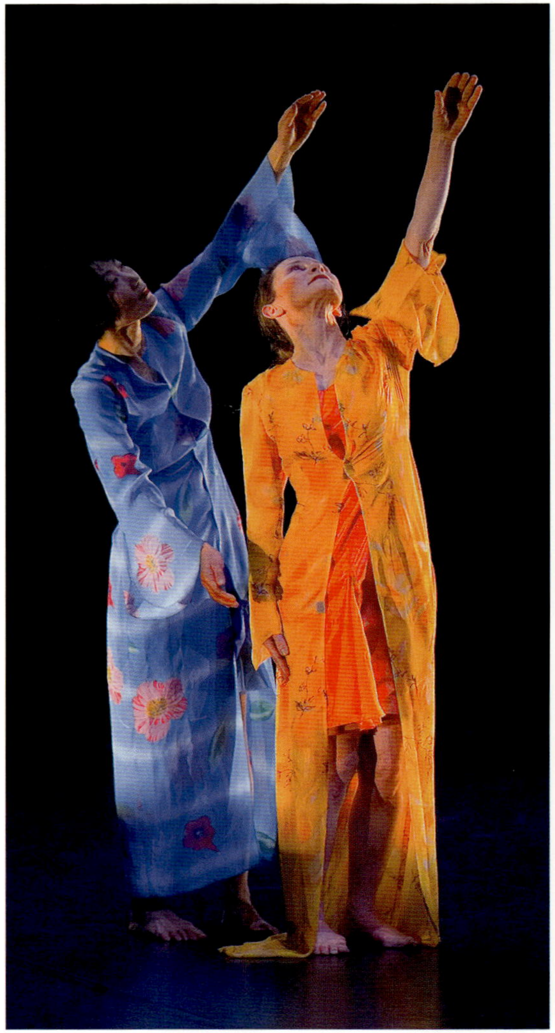

HANS PETER KUHN

Biografi

Hans Peter Kuhn hører til blandt de mest prominente repræsentanter for en genreoverskridende kunstopfattelse. Med udgangspunkt i teater – Kuhn arbejdede i 1970'erne som komponist og tonemester ved det højt anerkendte Berliner Schaubühne – har han siden de tidlige 1980'ere realiseret lys- og klanginstallationer, der forbinder performative elementer med et koncentreret diskussion af fænomenerne syn og hørelse. Spændvidden i hans arbejder rækker fra klang- og lysskulpturer i miniature over klangenvironments til store lys- og klanginstallationer i det offentlige rum (*Lys*, Verdenskulturarv Völklinger Hütte, 1999; *The Pier*, New York 1996). Den subjektive oplevelse af rum og tid i konteksten af en iscenesat situation er et centralt motiv i disse arbejder. De kendetegnes ikke blot af håndværksmæssig-teknisk perfektion, men også af en præcis anvendelse af midlerne (lys, klang, objekter). Den ofte minimalistiske fornemmelse i hans værker, betoningen af det serielle og de fineste og mindste afvigelser i kompositionen stemmer overens med konsekvensen i arbejdet med klange, som Kuhn udvinder fra hverdagens toner og lyde, manipulerer i studiet med velovervejede indgreb og former til komposito-riske objekter. Såvel stedsspecifikke aspekter og historiske forbindelser som en veludviklet følsomhed overfor den givne situation indgår i udformningen. Kuhns installationer er blandt andet blevet vist på Museum of Fine Arts

Biography

Hans Peter Kuhn is one of the most prominent representatives of a trans-genre approach to art. Starting from theater – Kuhn worked in the 1970s as a sound engineer and composer at Berlin's renowned Schaubühne – in the early 1980s he realized light and sound installations, that combine performative elements with a concentrated exploration of the phenomena of hearing and seeing. His works range from miniaturized sound and light sculpture through sound environments to large-scale sound and light installations in public space (*Light*, World Cultural Legacy Völklinger Hütte, 1999; *The Pier*, New York, 1996). The subjective experience of space and time in the context of a staged situation is a central motif of these works. They are characterized not only by craftsmanlike/technical perfection, but also by a precise use of their means (light, sound, objects).
The often minimalistic appearance of his works, the emphasis on serialization, and the fine and minimal variations in their construction corresponds with the consistency of his work with sounds, which Kuhn extracts from everyday tones and noises, manipulates in the studio with cautious interventions, and forms into compositional objects. Site-specific aspects and historical references flow into the design, as does a great sensitivity for the given situation. Kuhn's installations have been shown at the Museum of Fine Arts Boston/MA, the Centre

Biographie

Hans Peter Kuhn zählt zu den prominentesten Vertretern einer genreübergreifenden Kunstauffassung. Ausgehend vom Theater – Kuhn arbeitete in den 1970er Jahren als Tonmeister und Komponist an der renommierten Berliner Schaubühne – realisiert er seit den frühen 1980er Jahren Licht- und Klanginstallationen, die performative Elemente mit einer konzentrierten Auseinandersetzung mit den Phänomenen des Hörens und Sehens verbinden. Die Spannweite seiner Arbeiten reicht von der miniaturisierten Klang- und Lichtskulptur über Klangenvironments bis zu großen Klang- und Lichtinstallationen im öffentlichen Raum (*Licht*, Weltkulturerbe Völklinger Hütte, 1999; *The Pier*, New York, 1996). Die subjektive Erfahrung von Raum und Zeit im Kontext einer inszenierten Situation sind ein zentrales Motiv dieser Arbeiten. Sie zeichnen sich nicht nur durch handwerklich-technische Perfektion, sondern auch durch eine präzise Verwendung der Mittel (Licht, Klang, Objekte) aus. Der häufig minimalistischen Anmutung seiner Werke, der Betonung des Seriellen und der feinen und kleinsten Abweichungen in der Faktur entspricht die Konsequenz in der Arbeit mit Klängen, die Kuhn aus alltäglichen Tönen und Geräuschen gewinnt, im Studio durch behutsame Eingriffe manipuliert und zu kompositorischen Objekten formt. Ortspezifische Aspekte und historische Bezüge fließen in die Gestaltung ebenso ein wie eine hohe Sensibilität für die gegebene

Boston/MA, på Centre Pompidou, Paris, på Neue Nationalgalerie, Berlin og på Seattle Art Museum/WA.

På teaterområdet er han udover samarbejdet med instruktører som Luc Bondy, Claus Peymann og Peter Zadek på internationale scener særligt blevet kendt for det mangeårige samarbejde med Robert Wilson (blandt andet *Death, Destruction & Detroit,* 1979; *Dr. Faustus Lights the Light,* 1992). For installationen *Memory Loss* modtog han sammen med Wilson i 1993 den Gyldne Løve på biennalen i Venedig. Allerede i 1970'erne skabte Kuhn lyddesignet til spillefilm, blandt andet *Die Abfahrer* (1978) og *Jede Menge Kohle* (1980) af Adolf Winkelmann. Siden 1980'erne er der opstået hørespil, arbejder til radio og performances. Regelmæssigt arbejder han sammen med danserne Laurie Booth, Dana Reitz, Suzushi Hanayagi, Sasha Waltz og Junko Wada. For sin balletmusik blev han allerede i 1990 udmærket med en Bessie Award, New York, og med Suzukinu Hanayagi Award, Osaka.

En omfangsrig dokumentation af Kuhns arbejder til og med år 2000 forefindes i *Hans Peter Kuhn. Licht und Klang* (2000), der ligeledes er udkommet hos Kehrer Verlag, og på internettet: www.hanspeterkuhn.com

Pompidou, Paris, the New National Gallery, Berlin, and the Seattle Art Museum, Seattle/WA.

In theater, he became known through his work with directors like Luc Bondy, Claus Peymann, and Peter Zadek on international stages and especially through his years of collaboration with Robert Wilson (including *Death, Destruction & Detroit*, 1979; *Dr. Faustus Lights the Light*, 1992). In 1993, together with Wilson, he won the Golden Lion at the Venice Biennial for the installation *Memory Loss.* Already in the 1970s, Kuhn created the sound design for such feature films as *Die Abfahrer* (1978) and *Jede Menge Kohle* (1980) by Adolf Winkelmann. Since the 1980s, he has written radio plays and other works for radio and performances. He regularly works together with the dancers Laurie Booth, Dana Reitz, Suzushi Hanayagi, Sasha Waltz, and Junko Wada. In 1990, his ballet music was honored with the Bessie Award, New York, and the Suzukinu Hanayagi Award, Osaka.

Extensive documentation of Hans Peter Kuhn's works up to the year 2000 is available in the volume *Hans Peter Kuhn. Licht und Klang* (2000), also published by Kehrer Verlag, and in the Internet at www.hanspeterkuhn.com.

Situation. Kuhns Installationen wurden u. a. am Museum of Fine Arts Boston/MA, am Centre Pompidou, Paris, an der Neuen Nationalgalerie, Berlin, und am Seattle Art Museum, Seattle/WA, gezeigt.

Im Theaterbereich ist er neben der Arbeit mit Regisseuren wie Luc Bondy, Claus Peymann und Peter Zadek an internationalen Bühnen besonders durch die langjährige Kooperation mit Robert Wilson bekannt geworden (u.a *Death, Destruction & Detroit,* 1979; *Dr. Faustus Lights the Light*, 1992). Für die Installation *Memory Loss* erhielt er 1993 gemeinsam mit Wilson den Goldenen Löwen bei der Biennale in Venedig. Bereits in den 1970er Jahren schuf Kuhn das Sounddesign für Spielfilme, u. a. *Die Abfahrer* (1978) und *Jede Menge Kohle* (1980) von Adolf Winkelmann. Seit den 1980er Jahren entstehen Hörstücke, Arbeiten für das Radio und Performances. Mit den Tänzern Laurie Booth, Dana Reitz, Suzushi Hanayagi, Sasha Waltz und Junko Wada arbeitet er regelmäßig zusammen. Für seine Ballettmusiken wurde er schon 1990 mit dem Bessie Award, New York, und dem Suzukinu Hanayagi Award, Osaka, ausgezeichnet.

Eine umfangreiche Dokumentation der Arbeiten von Hans Peter Kuhn bis zum Jahr 2000 findet sich in dem ebenfalls im Kehrer Verlag erschienen Band *Hans Peter Kuhn. Licht und Klang* (2000) und im Internet: www.hanspeterkuhn.com

Priser / Awards / Preise

2001 ADAM Award in Gold for / for / für *Salon du Livre* (med / with / mit Sabine Weissmüller)
2002 Contractworld – Preis für innovative Raumkonzepte for / for / für *Salon du Livre* (med / with / mit Sabine Weissmüller)

Installationer / Installations / Installationen

2000
randbemerkung, *Auf zu den Sternen*, (g) Brandenburgischer Kunstverein, Potsdam (D). · ***Poured, Curved & Deep*** (med / with / mit Liza Cough Daniels, Julia Manheim, Anna Heinrich & Leon Palmer), Norden Farm Arts Centre, Maidenhead (GB) (permanent). · ***Freiheitsglocke***, 50 Jahre Freiheitsglocke im Rathaus Schöneberg Berlin, (c) BEWAG / Southern Energy, Rathaus Schöneberg, Berlin. · ***Up & Down***, Festival of Vision – Berlin in Hongkong, Subwaystation Hongkong. · ***Farbfenster, Tunnel & Sommer in Rüschlikon***, *Discover Rüschlikon*, (c) Swiss RE, Zürich. · ***Aquarium***, Klangkunstforum, HVBprojekt, Parkkolonnaden, Potsdamer Platz, Berlin. · ***Memory Loss*** (med / with / mit Robert Wilson), Galeria Krzysztofory, Krakow (PL).

2001
Scanner, *Visual Sound Part 2*, (g) Mattress Factory, Pittsburgh (USA) · ***Salon du Livre*** (med / with / mit Sabine Weissmüller), Den tyske pavillion ved den franske bogmesse, Paris / German pavillion at the French book fair, Paris / Deutscher Stand auf der französischen Buchmesse, Paris, (c) Frankfurter Buchmesse, Deutsches Außenministerium. · ***Mehr Licht fürs Goethe Institut***, Goethe-Institut, London. · ***Klangremise***, Bornstedter Feldflur, (c) Bundesgartenschau Potsdam (D). · ***Raster*** und ***Landschaft***, (s) Singuhr Hörgalerie, Parochialkirche, Berlin. · ***Neues Rathaus***, Stadtgalerie / Neues Rathaus Kiel (D).

2002
2 in 3, (g) Kamakura Gallery, Kamakura (JP). · ***Wenn Sommer ist, soll auch Sommer sein***, Podewil Berlin. · ***Soundline***, *Power of Art*, (g) Hyogo Prefectural Museum of Art, Kobe (JP).

2003
W.E.SOFA (med / with / mit Akio Suzuki), Klangturm St. Pölten (A). · ***Meikyu (Labyrinth)***, i forbindelse med / in connection with / im Rahmen von Junko Wadas Performance-serie *Process Vol 2*, Haus am Lützowplatz, Berlin. · ***Echtzeit 24***, Festival *Schicht-Wechsel*, Industrie Kultur Saar, Bergwerk Göttelborn-Quierschied (D). · ***Lichtwechsel***, Festival *Schicht-Wechsel*, Industrie Kultur Saar, Bergwerk Reden, Neunkirchen-Reden (D). · ***Lichterfeld F60***, (c) LMBV, Wirtschaftsministerium Brandenburg, Lichterfeld-Schacksdorf (D) (permanent). · ***Installationen***, (s) GalerieVostell Berlin. · ***Heiersturm***, *7 Türme – 7 Lichter*, (g) Paderborn (D) (permanent).

2004
Trypt, Festival International d'Art Video, Casablanca (MA). · ***Crossing Lines***, *Sonoric Atmospheres*, (g) Ostseebiennale der Klangkunst, Seebrücke Heiligendamm (D). · ***Dialoge '04***, Palast der Republik, Berlin. · ***works with sound***, (s) Galerie e/static Turin (I). · ***CHAOS A*** und ***CHAOS B***, *Lydbilleder VII*, (g) Museet for Samtidskunst, Roskilde (DK).

2005
true colors, (c) EnBW – Energie Baden-Württemberg, Spreekarree Berlin. · ***Inde – Ude***, (s) Kunsthallen Brandts, Odense (DK). ***Advertising***, constallations, Artissima 12, Turin (I). · ***MODULE 2, 4 & 5***, *Lichtkunst aus Kunstlicht*, (g) Musum für Neue Kunst ZKM, Karlsruhe (D). · ***Det frosne fakkeltog***, (c) H. C. Andersen 2005, The Kingdom of Denmark & The Bikuben Foundation, Odense Bys Kunstfond, Odense (DK).

(g) – gruppeudstilling / group exhibition / Gruppenausstellung
(c) – bestillingsopgave for / commissioned by / Auftragsarbeit
(s) – separatudstilling / solo exhibition / Einzelausstellung

Teater / Theatre / Theater

2001 ***Solaris***, teatralsk installation af / theatrical installation by / theatralische Installation von Penelope Wehrli, Staatsbank Berlin.
2003 ***Emily on the Rocks***, teatralsk installation af / theatrical installation by / theatralische Installation von Penelope Wehrli, Podewil Berlin.
2005 ***mikrogramme***, Robert Walser, tekster, iscenesat af / texts, directed by / Texte, Inszenierung Christian Bertram.

Dans / Dance / Tanz

2000 ***Licht und Klang***, Solo af / by / von Junko Wada, Stadtgalerie Saarbrücken (D). · ***Up and Down***, Solo af / by / von Junko Wada, Festival of Vision – Berlin in Hongkong.
2001 ***Mittwoch,*** Duett af / by / von Junko Wada & Regina Baumgart, Theater am Halleschen Ufer Berlin, Hauptstadtkulturfonds. · ***Chidori III …***, Solo af / by / von Junko Wada, *Spirit of Zen*, Asian Art Museum and Goethe Institut San Francisco.
2002 ***noBody***, Choreographie af / by / von Sasha Waltz, Schaubühne am Lehniner Platz, Berlin. · ***Description (of a Description),*** Solo af / by / von Lucinda Childs, Text af / by / von Susan Sontag, The Kitchen New York.
2003 ***Sugoroku***, Solo af / by / von Junko Wada, i samarbejde med / in collaboration with / in Zusammenarbeit mit Akio Suzuki, KlangRaumKrems, Minoritenkirche, Krems (A). · ***Process Vol. 2 – Reflection, <Punkt und Linie Berlin>***, Choreographie af / by / von Junko Wada, InTransit Festival, Haus der Kulturen der Welt, Berlin.
2004 ***Trypt***, Solo af / by / von Junko Wada, Festival International d'Art Video, Casablanca (MA). · ***Dialoge '04,*** Choreographie af / by / von Sasha Waltz, Volkspalast, Palast der Republik, Berlin, realiseret gennem midler fra / implemented through grants from / realisiert mit Mitteln des Hauptstadtkulturfonds. · ***between***, Solo af / by / von Junko Wada, Galerie e/static Turin (I).

Performances

2004 ***Sunset Scientists*** (med / with / mit Stefan Kurt & David Moss), Theater am Neumarkt, Zürich.

Kataloger / Catalogues / Kataloge

Durchreise, Künstlerhaus Bethanien, Berlin 2000
Musik im Dialog III. Klangkunst – Musiktheater. Jahrbuch der Berliner Gesellschaft für Neue Musik, hg. von S. Sanio / B. Wackernagel / J. Ravenna, Saarbrücken 1999
Tarnung: Enttarnung, Kunstprojekte der Bundesgartenschau Potsdam 2001, hg. von E. Zorn / K. Vöckler, Potsdam 2001
Ch. Metzger, Klang (Kunst) im öffentlichen Raum, in: Populär? Elitär?, hg. von F. Schneider, München 2001
Visual Sound, Mattresss Factory, Museum for Contemporary Art, Pittsburgh 2001
Die neue Alte National Galerie, Köln 2002
Licht, Völklinger Hütte, Quantum Books 2002
Off Limits. 40 Artangel Projects, London 2002
Power of Art, Hyogo Prefectural Museum of Art, Kobe 2002
Messedesign Jahrbuch 2002/2003, Ludwigsburg 2003
Cocktails, Nicolai Berlin 2003
Das Helle und das Dunkle, hg. von U. Claassen / J. Hogrefe, Göttingen 2003
Junko Wada Chidori, Haus der Kulturen der Welt, Berlin 2004
Dokumentation Theater Neumarkt 1999 – 2004, hg. von C. Dünsser / O. Kukla, Bern 2004
Sonoric Atmospheres, Ostseebiennale der Klangkunst, Saarbrücken 2004
7 Türme – 7 Lichter, Paderborn 2004

Tidsskrifter / Periodicals / Zeitschriften (Udvalgte / Selection / Auswahl)

H. de la Motte-Haber, Das Einmaleins vom Sehen und Hören. Über die Installationen von Hans Peter Kuhn, in: Positionen 50 (2002)
CIRCA Art Magazin. Contemporary Visual Culture in Ireland 100 (2002)
H. P. Kuhn, Warum Klang und warum dann auch noch Licht?, in: Kunstmusik. Schriften zur Musik als Kunst 3 (2004)

Discografi / Discography / Discographie

The Night Before The Day, Robert Wilson's Vision, Boston 1991
Mr. Bojangles Memory – Og Son Of Fire, Centre Pompidou, Paris 1991
Hans Peter Kuhn, Künstlerhaus Bethanien, Berlin 1992
Rot Gelb Blau, Multiple, Galerie Klaus Fischer, Berlin 1993
Soundscape Brasilia (compilation), Brasilia 1994
You Can't Judge A Book By Its Cover, Berlin 1995
Und, Klangkunstfestival *Und*, Wiesbaden 1997
Saints And Singing, Hebbeltheater Berlin, SFB, Arte, Berlin 1997
David Moss – Time Stories, Intakt CD 054, Zürich 1998
because tomorrow comes (compilation), btc 02, Köln 1999
Rhythm in the 21st Century, Theater am Neumarkt, Zürich 2000
Licht und Klang, Stadtgalerie Saarbrücken, Heidelberg 2000
Visual Sound, Mattress Factory, Museum of Contemporary Art, Pittsburgh 2001

Forfatterbiografier

Gernot Böhme

Født 1937. Studier i matematik, fysik og filosofi. Dr. Phil. Hamborg 1965. Habilitation ved Universität München 1972. 1970–1977 videnskabelig medarbejder ved Max-Planck-Instituttet for udforskning af den videnskabelige-tekniske verdens livsbetingelser, Starnberg. 1977–2002 professor i filosofi ved Teknisk Universitet Darmstadt. Forelæsninger i den akademiske forelæsningsrække Teknificering og Samfund 1997–2001. Højeste pris for utraditionel tænkning 2003. Fra 2005 direktør for Institut for Filosofisk Praksis (IPPh). Skrifter om æstetik bl. a.: Für eine ökologische Naturästhetik, 3. opl. 1999; Atmosphäre. Essays zur neuen Ästhetik, 4. opl. 2003; Anmutungen. Über das Atmosphärische, 1998; Theorie des Bildes, 2. opl. 2004; Aisthetik. Vorlesungen über Ästhetik als allgemeine Wahrnehmungslehre, 2001.

Helga de la Motte-Haber

Født 1938. Studier i psykologi, diplomeksamen 1961. Studier i musikvidenskab, doktorgrad 1967. Habilitation i systematisk musikvidenskab ved Teknisk Universitet Berlin 1971. 1965–1972 frit tilknyttet medarbejder ved Statsligt Institut for Musikforskning Berlin. 1972–1978 professor ved Pædagogisk Universitet Køln, 1978–2004 ved Teknisk Universitet Berlin. Pensioneret siden 2004. Skrifter om musikpsykologi, musikæstetik, klangkunst og ny musik.

Authors' Biographies

Gernot Böhme

Born 1937. Studies in mathematics, physics and philosophy. Ph. D. Hamburg 1965. Postdoctoral lecture qualification University of Munich 1972. 1970–1977 member at the academic staff at the Max-Planck-Institute for research on the life conditions of the scientific-technical world, Starnberg. 1977–2002 professor of philosophy at the Technical University in Darmstadt, spokesman in the course of lectures Mechanization and Society 1997–2001. Award for untraditional thinking 2003. Since 2005 director of the Institute for the Practice of Philosophy (IPPh). Writings on aesthetics among others: Für eine ökologische Naturästhetik, 3. ed. 1999; Atmosphäre. Essays zur neuen Ästhetik, 4. ed. 2003; Anmutungen. Über das Atmosphärische, 1998; Theorie des Bildes, 2. ed. 2004; Aisthetik. Vorlesungen über Ästhetik als allgemeine Wahrnehmungslehre, 2001.

Helga de la Motte-Haber

Born 1938. Studies in psychology, certification 1961. Studies in musical science, Ph. D. 1967. Postdoctoral lecture qualification for systematic musical science at the Technical University of Berlin 1971. 1965–1972 freelance employee at The State Institute for Musical Research Berlin. 1972–1978 professor at The Pedagogical University of Cologne, 1978–2004 at the Technical University in Berlin. Retired since 2004. Writings on the psychology of music, aesthetics of music, sound art and new music.

Autorenbiographien

Gernot Böhme

Geboren 1937. Studium der Mathematik, Physik und Philosophie. Promotion Hamburg 1965. Habilitation an der Universität München 1972. 1970–1977 Wissenschaftlicher Mitarbeiter des Max-Planck-Instituts zur Erforschung der Lebensbedingungen der wissenschaftlich-technischen Welt, Starnberg. 1977–2002 Professor für Philosophie an der Technischen Universität Darmstadt, Sprecher des Graduiertenkollegs Technisierung und Gesellschaft 1997–2001. Denkbarpreis für obliques Denken 2003. Ab 2005 Direktor des Instituts für Praxis der Philosophie (IPPh). Schriften zur Ästhetik u. a.: Für eine ökologische Naturästhetik, 3. Aufl. 1999; Atmosphäre. Essays zur neuen Ästhetik, 4. Aufl. 2003; Anmutungen. Über das Atmosphärische, 1998; Theorie des Bildes, 2. Aufl. 2004; Aisthetik. Vorlesungen über Ästhetik als allgemeine Wahrnehmungslehre, 2001.

Helga de la Motte-Haber

Geboren 1938. Studium der Psychologie, Diplomhauptprüfung 1961. Studium der Musikwissenschaft, Promotion 1967. Habilitation für Systematische Musikwissenschaft an der Technischen Universität Berlin 1971. 1965–1972 Freier Mitarbeiter beim Staatlichen Institut für Musikforschung Berlin. 1972–1978 Professur an der Pädagogischen Hochschule Köln, 1978–2004 an der Technischen Universität Berlin. Seit 2004 im Ruhestand. Schriften zur Musikpsychologie, Musikästhetik, Klangkunst und Neuen Musik.

Thorsten Sadowsky

Født 1961. Studier i historie, filosofi og etnologi ved Universität Hamburg 1983–1990. Ph. D.-afhandling i 1996 om rejselitteratur og storbyerfaring. 1997–2000 kurator ved Sønderjyllands Kunstmuseum i Tønder, derefter leder af afdelingen for møbeldesign ved kunstmuseet Trapholt i Kolding. Siden 2001 kurator og siden 2004 assisterende direktør i Kunsthallen Brandts Klædefabrik i Odense.

Carsten Seiffarth

Født 1963. Lever og arbejder i Berlin. Efter diverse studier siden 1991 freelance projektarbejde som kurator og producent af udstillingsprojekter inden for området klangkunst og koncerter. Siden 1996 kurator og projektleder ved »singuhr – hörgalerie in parochial« in Berlin (ca. 50 klangkunstudstillinger). Siden 2000 medlem af ledelsen af festivalen *Inventionen* Berlin. Siden 2005 medlem af den kunstneriske ledelse af mediekunstplatformen *Tesla* i Podewils'schen Palais Berlin

Markus Steffens

Født 1965. Studier i musikvidenskab, nyere historie og sociologi i München og Berlin 1986–1993. Siden 1998 freelance publicistvirksomhed (forfatter, konsulent) inden for området ny musik og klangkunst. Siden 1998 medarbejder ved »kunst in parochial« (projektansvarlig og projektkoordination) og »singuhr – hörgalerie in parochial« i Berlin, samme sted co-kurator og producent af udstillinger og koncertprojekter.

Thorsten Sadowsky

Born in 1961. Studied History, Philosophy and Ethnology at the University of Hamburg 1983–1990. Ph. D. thesis in 1996 on travelling literature and the experience of urban life. 1997–2000 curator at Sønderjyllands Kunstmuseum in Tondern, then head of the department of furniture design and curator, at the art museum Trapholt in Kolding. Since 2001 curator and since 2004 assistant director at Kunsthallen Brandts Klædefabrik in Odense.

Carsten Seiffarth

Born 1963. Lives and works in Berlin. After studies in different areas since 1991 freelance project work as curator and producer of exhibitions in the area of sound art and concerts. Since 1996 curator and project leader at the »singuhr – hörgalerie in parochial« in Berlin« (approximately 50 sound art exhibitions). Since 2000 member of the management of the festival *Inventionen* Berlin. Since 2005 member of the artistic management of *Tesla* the platform for media art in Podewils'schen Palais Berlin.

Markus Steffens

Born 1965. Studies in musical science, history and sociology in Munich and Berlin 1986–1993. Since 1998 freelance publicist (author, consultant) in the area of new music and sound art. Since 1998 employee at »kunst in parochial« (project manager and project coordinator) and »singuhr – hörgalerie in parochial« in Berlin, at the same place co-curator and producer of exhibitions and concert projects.

Thorsten Sadowsky

Geboren 1961. 1983–1990 Studium der Geschichte, Philosophie und Ethnologie an der Universität Hamburg. 1996 Promotion über Reiseliteratur und Großstadterfahrung. 1997–2000 Kurator am Sønderjyllands Kunstmuseum in Tondern, danach Leiter der Abteilung für modernes Möbeldesign am Kunstmuseum Trapholt in Kolding. Seit 2001 Kurator und seit 2004 assistierender Direktor an der Kunsthallen Brandts Klædefabrik in Odense.

Carsten Seiffarth

Geboren 1963. Lebt und arbeitet in Berlin. Nach diversen Studien ab 1991 freie Projektarbeit als Kurator und Produzent von Ausstellungsprojekten im Klangkunstbereich und von Konzerten. Seit 1996 Kurator und Projektleitung der »singuhr – hörgalerie in parochial« in Berlin (ca. 50 Klangkunst-Ausstellungen). Seit 2000 Mitglied der Festivalleitung *Inventionen* Berlin. Seit 2005 Mitglied der künstlerischen Leitung der Medienkunstplattform *Tesla* im Podewils'schen Palais Berlin.

Markus Steffens

Geboren 1965. 1986–1993 Studium der Musikwissenschaft, Neueren Geschichte und Soziologie in München und Berlin. Seit 1998 freiberufliche publizistische Tätigkeit (Autor, Lektorate) im Bereich Neue Musik und Klangkunst. Seit 1998 Mitarbeiter von »kunst in parochial« (Projektbetreuung und Projektkoordinierung) und »singuhr – hörgalerie in parochial« in Berlin, dort Co-Kurator und Produzent von Ausstellungen und Konzertprojekten.

Om vedlagte CD

Den vedlagte CD indeholder tre kompositioner af Hans Peter Kuhn, som alle er stykker for dansere. Det første og det tredje stykke stammer fra produktionen *noBody* af Sasha Waltz og havde premiere i 2002 på teatret Schaubühne am Lehniner Platz i Berlin. Det andet stykke er musikken til et dansestykke fra performancerækken *Process Vol.2 – Reflection, <Punkt und Linie Berlin>* af Junko Wada og havde premiere i 2003 i Haus der Kulturen der Welt i Berlin. Alle tre titler afspilles i originalversionen over fire kanaler og er blevet remixed til denne CD.

About the enclosed CD

The enclosed CD includes three compositions that Hans Peter Kuhn wrote for dancers. The first and third pieces are from Sasha Waltz's production *noBody* and had their world premieres in 2002 at the Schaubühne am Lehniner Platz in Berlin. The second composition is the music for a dance piece from the performance series *Process Vol.2 – Reflection, <Punkt und Linie Berlin>* by Junko Wada and had its world premiere in 2003 at the Haus der Kulturen der Welt in Berlin. All three pieces are four-channel in the original and were remixed for this CD.

Zur beiliegenden CD

Die beiliegende CD enthält drei Kompositionen von Hans Peter Kuhn, die er für Tänzer geschaffen hat. Das erste und dritte Stück sind aus der Produktion *noBody* von Sasha Waltz und wurden im Jahr 2002 an der Schaubühne am Lehniner Platz in Berlin uraufgeführt. Das zweite Stück ist die Musik zu einem Tanzstück aus der Performancereihe *Process Vol.2 – Reflection, <Punkt und Linie Berlin>* von Junko Wada und wurde 2003 im Haus der Kulturen der Welt in Berlin uraufgeführt. Alle drei Titel sind im Original vierkanalig und wurden für diese CD neu gemischt.

1 *noBody: Prolog* 9:17
2 *Process Vol. 2* 29:38
3 *noBody: Celebration* 29:48

KOLOFON / COLOPHON / IMPRESSUM

Katalog / Catalogue / Katalog

Redaktion / Editing / Redaktion
Thorsten Sadowsky & Carsten Seiffarth
Redaktionel stab / Editorial staff / Redaktionelle Mitarbeit
Nanna Schmelling
Forfattere / Authors / Autoren
Gernot Böhme, Hans Peter Kuhn, Helga de la Motte-Haber,
Thorsten Sadowsky, Markus Steffens
Oversættelser / Translations / Übersetzungen
Mitch Cohen, Jeanne Haunschild, Christine Heinzius,
Annette Mester, Bram Opstelten, Esben N. Petersen
Korrektur / Proofreading / Lektorat Ariane Mensger

Grafisk design / Design / Gestaltung
Kehrer Design Heidelberg & Hans Peter Kuhn
Litografi / Reproduction / Litho
Gerhard Kassner
Fotos / Photos / Photos
Gerhard Kassner, Shigefumi Kato (130, 131),
Hans Peter Kuhn (64, 65, 87, 125)

CD produktion / CD production / CD Produktion
CUE Sound Service, Berlin

Produktion / Production / Herstellung
Kehrer Design Heidelberg

Kataloget er udgivet af Odense Bys Kunstfond i forbindelse med udstillingen *Skulptur i Eventyrhaven 2005: Hans Peter Kuhn, Det frosne fakkeltog* / The catalogue is published by Odense Bys Kunstfond on the occasion of the exhibition *Sculpture in Eventyrhaven 2005: Hans Peter Kuhn, The Frozen Torchlight Parade* / Der Katalog wird vom Odense Bys Kunstfond herausgegeben anlässlich der Ausstellung *Skulptur im Eventyrhaven 2005: Hans Peter Kuhn, Der gefrorene Fackelzug* 06.12.2005 – 31.12.2005

Bibliographic information published by Die Deutsche Bibliothek
Die Deutsche Bibliothek lists this publication in the Deutsche Nationalbibliografie; detailed bibliographic data are available in the Internet at http://dnb.ddb.de.

ISBN 3-936 636-70-2
Kehrer Verlag Heidelberg

Udstilling / Exhibition / Ausstellung

Kurator / Curator / Kurator
Thorsten Sadowsky & Carsten Seiffarth

Udstillingssekretær / Exhibition office / Ausstellungssekretariat
Nanna Schmelling

Udstillingsopbygning / Exhibition set-up / Ausstellungsaufbau
Mediapool, Artavi, Berlin

Udstillingen er blevet til med generøs støtte fra / The exhibition has received generous support from / Die Ausstellung wurde großzügig unterstützt von:

Augustinus Fonden
Oticon Fonden
Hans Christian Andersen 2005 – www.hca2005.com – The Kingdom of Denmark – The Bikuben Foundation
Odense Energi
Montana
Dansikring
Becker & Kries
Odense Kommune